29번째 설교집 김정호 목사 은퇴 설교집

여호와를 아는 나무 같은 성도

김정호 지음

쿰란출판사

여호와를 아는 나무 같은 성도

머/리/말/

내가 누려왔던 모든 것들이
내가 지나왔던 모든 시간이
내가 걸어왔던 모든 순간이
당연한 것 아니라 은혜였소

아침 해가 뜨고 저녁의 노을
봄의 꽃향기와 가을의 열매
변하는 계절의 모든 순간이
당연한 것 아니라 은혜였소

내가 이 땅에 태어나 사는 것
어린 아이 시절과 지금까지
숨을 쉬며 살며 꿈을 꾸는 삶
당연한 것 아니라 은혜였소

내가 하나님의 자녀로 살며
오늘 찬양하고 예배하는 삶
복음을 전할 수 있는 축복이
당연한 것 아니라 은혜였소
모든 것이 은혜 은혜 은혜 한없는 은혜 (손경민 곡)

육군 군목으로 3년 6개월과 동승교회 부목사로 4년과 성은교회 담임 10년과 번동제일교회 담임 30년은 전적인 하나님의 은혜였습니다. 이제 금년 말로 목사 46년을 마치고 은퇴를 합니다. 사랑하는 가족과 번동제일교회 당회원, 모든 성도님에게 눈물겹도록 감사를 드립니다. 이제 설교집을 29권으로 마무리하면서 특별히 쿰란출판사 이형규 장로님과 직원들에게 감사를 드립니다.

2025년 12월 14일
김정호 목사

차/례/

2부

선한 목자 예수님

3부

여호와를 아는 나무 같은 성도

4부

행복한 사람

1부

인생의 주인

오직 이것을 기록함은

(요 20:30-31)

절대적 주권자가 그의 백성에게 베푸시는 무조건적인 사랑, 은총, 자비, 인자, 인애를 한마디로 은혜라고 합니다. 하나님께서 우리에게 은혜를 베푸셨습니다. 은혜는 따뜻함, 평화로움, 만족스러움, 기쁨입니다. 은혜는 돈을 주고 사는 것이 아니며, 노력해서 얻는 것도 아닙니다. 은혜는 우리의 노력이나 헌신의 대가가 아니라, 하나님께서 원하는 누구에게나 그냥 주시는 선물입니다. 그러니 그냥 받으세요. 왜 그렇게 힘들게 뭘 하고 받으려고 그러십니까? 그냥 준다는데…. 선물은 원래 "고맙습니다!" 하고 그냥 받는 것입니다. 예수 그리스도의 말씀이 기록된 성경은 구원의 책이며, 하나님이 모든 인류에게 주시는 최고의 선물입니다.

오늘 본문은 요한이 본서를 기록한 목적과 그 방법에 대하여 설명하고 있습니다. 즉, 요한은 역사적인 차원에서 예수님의 행적을 다루지 않고, 오직 예수님께서 하나님의 아들 그리스도이심을 증명하기 위해 총력을 기울였음을 밝히고 있습니다. 이를 위해 예수님의 많은 표적 중 이 목적에 부합하는 것을 선별해 기록한 것입니다. 모든 표적은 본서의 기록 목적에 부합하게 사용되었거니와, 예수 그리스도를 믿음에서 영생이 주어지는 까닭입니다. 우리의 신앙도 "나의 주님이시요 나의 하나님이시니이다"(요 20:28)라는 고백에 이르러야 합니다. 우리의 신앙은 오직 말씀과 그리스도 중심이 되어야 합니다. 말씀이 없거나 그리스도가 없으면 그것은 결코 신앙이 아니며, 어느 순간 무너지게 됩니다. 모두 말씀과 예수 그리스도로 충만한 믿음의 성도들이 되시기를 축원합니다.

1. 예수 그리스도를 알게 하기 위함입니다

"예수께서 제자들 앞에서 이 책에 기록되지 아니한 다른 표적도 많이 행하셨으나"(30절).

요한은 자신이 기록한 것은 예수님의 행적 가운데 일부분에 지나지 않음을 밝히고 있습니다. 즉, 본서를 기록하면서 자신의 집필 의도와 일치하는 것들만 선별하였음을 고백하고 있습니다. 요한이 표적을 설명함에서 '제자들 앞에서 행한 것'이라고 표현한 사실이 중요합니다. 예수님의 모든 표적은 역사적 사실이고, 동시에 제자들이 그 증인입니다. 그러므로 요한 자신이 꾸미거나 과장할 수 없습니다. 요한은 예수님의 여러 가지 기적과 말씀 가운데 일부만 선별하여 기록했지만, 그 나머지 사실은 제자들의 증언을 통해 증거되었음을 말하고 있습니다(행 4:33). 누구도 예수님의 전부를 보거나 기록할 수는 없습니다. 누구도 예수님을 독점할 수는 없는 것입니다. 예수님은 사람의 증언이나 기록으로 제한할 수 없는 분이십니다.

사람들은 누구나 다른 사람이 건들면 몹시 아프고 예민해지는 일종의 아킬레스건이 있습니다. 특히 부부 사이에서 절대로 해서는 안 되는 말이 있지요. 남자들의 경우에는 "남자답지 못하다" "무능하다" "돈을 못 벌어 온다" "가장으로서 책임감이 없다" 같은 말을 특히 자녀들 앞에서 들으면, 마음속에 숨어 있던 열등감이 폭발하면서 화를 내거나 마음이 슬픔으로 가득 차게 됩니다. 여자들의 경우에는 "못생겼다" "살림을 잘 못한다" "무식하다" "친정에서 뭘 배웠냐" 같은 말을 들으면, 그것이 평생토록 가슴에 상처로 남아 지워지지 않는 아픔이 됩니다. 시력이 매우 안 좋은 여성과 결혼하게 된 어느 잘생기고 멋진 청년이 한 말이 참 감동적입니다. "눈앞에 있는 것도 더듬거리며 찾는 그녀를 보면서, 나는 시력이 좋으니 평생 그녀의 눈이 되어 주어야겠다는 마음으로 결혼을 결심하게 되었습니다." 절대로 상대방의 약점인 아킬레스건을 건드리지 마십시오. 오히려 나의 장점으로 배우자의 약점을 감싸주고, 또 배우자의 장점으로 나의 약한 부분이 보호받게 될 때, 그 가정은 참으로 행복한 가정이 될 수 있습니다.

요한복음의 기록 목적은 예수님이 하나님의 아들이심을 강조하는 것입니다. 예수님은 하나님에게서 보내심을 받은 분으로서, 하나님의 사랑을 받고 있으며, 하나님께 철저히 의존적이라는 사실을 말하고자 한 것입니다. 그리고 아버지의 뜻에 철저하게 순종했다는 것입니다. 요한은 이와 같은 사실을 기록함으로 예수님이 하나님의 아들이심을 분명하게 증거하고 있습니다. 그러므로 예수님을 통하지 않고는 하나님을 알 수 없고, 구원받을 수도 없습니다. 예수님만이 참 하나님의 아들로서 참 구주가 되시는 것입니다. 요한복음을 통해 예수 그리스도를 메시아로 알게 되는 은혜가 모두에게 충만하기를 축원합니다.

2. 예수 그리스도를 믿게 하기 위함입니다

"오직 이것을 기록함은 너희로 예수께서 하나님의 아들 그리스도이심을 믿게 하려 함이요 또 너희로 믿고 그 이름을 힘입어 생명을 얻게 하려 함이니라"(31절).

예수님이 하나님의 아들 그리스도이심을 아는 지식은 하나님의 계시로 주어지는 것으로 큰 복입니다(마 11:27). 그러나 성경 말씀을 아는 데서 끝나는 것이 아니라, 믿는 데까지 나아가야 합니다. 예수님이 하나님의 아들 그리스도이심을 믿게 하는 것이 복음을 전하는 목적입니다. 복음을 받아들일 때 구원과 죄 사함과 다양한 복이 임합니다. 요한은 성도들에게 직접 화법으로 자신이 본서를 기록한 목적을 요약하여 설명하고 있습니다. 성도들로 하여금 예수께서 하나님의 아들 그리스도이심을 믿게 하려는 것입니다. 성경에 아무리 많은 말씀이 기록되어 있더라도 거기에 예수 그리스도가 없다면 그것은 더는 성경이 아니며, 그 말씀을 통해 예수 그리스도를 믿지 못한다면 그것은 더는 복음이 아닙니다. 예수 그리스도가 기록되어 있고, 그것을 통해 예수 그리스도를 믿게 될 때, 복음이 진짜 복음이 되고, 성경이 진짜 성경이 되는 것입니다. 예수님이 그리스도이심을 믿는 것이 신앙이고 복음이며 성경적인 것입니다. 성경을 기록한 목적은 우리로 예수님을 믿고 구원받게 하려는 것입니다.

현대인들은 집에서 거실은 물론 침실에까지 텔레비전, 컴퓨터, 손전화, 신문 같은 정보 전달 도구가 널려 있어서, 아침에 눈을 뜨면서부터 끊임없이 일방적으로 정보를 전달받습니다. 짜증 나는 정치 이야기, 타락한 남녀들의 사랑놀이, 인생의 허무함을 노래하는 대중가요, 연예인들의 말장난, 허영심을 부추기는 과대광고 등이 머리가 터지도록 가득 입력됩니다. 어린이나 청소년들도 폭력, 쾌락, 섹스에 노출되어 너무나 조숙하고, 컴퓨터게임이나 연예인의 사생활에 관한 내용을 줄줄 외우고 다닙니다. 머리에 가득 찬 쓰레기에 가까운 정보들은 현대인들을 점점 본능적으로 사는 짐승과 다를 것이 없는 바보로 만들어가고 있습니다. 머리에 든 것이 많은 똑똑한 사람들은 일시적인 쾌락을 추구하는 데도 머리 회전이 빨라 값비싼 음식, 큰 차, 넓은 집 등 안락함 속에서 육체를 만족시키는 능력이 탁월합니다. 그런데 그런 사람들 중에 자살하는 경우가 많은 것은 왜일까요? 사람은 머리로만 사는 것이 아닙니다. 사람이 사람답게 살려면 가슴으로 살아야 합니다. 건강한 인생관, 가치관, 윤리관, 도덕관, 국가관, 종교관은 모두 가슴에서 나옵니다. 따뜻함, 부드러움, 감동, 사랑, 행복, 만족함, 평화로움도 모두 가슴에서 나옵니다. 사람답게 살려면 머리를 비우고 가슴을 채워야 합니다. 일단 별로 유익하지 않은 정보는 차단하세요. 텔레비전, 컴퓨터, 손전화를 끄기만 해도 머리가 훨씬 가벼워질 것입니다.

사람을 죽이는 것과 살리는 것을 구분하고, 죽이는 것은 멀리하고 끊어야 합니다. 죽이는 것에 붙어 있으면 결국은 죽게 됩니다. 우리는 우리를 살리는 것에 목숨을 걸고 붙어 있어야 합니다. 예수님을 떠나서는 아무도 구원받을 수 없고, 살 수 없습니다(요 15:5). 예수님 당시 유대인들은 이스라엘의 정치적인 독립을 이루어주고, 옛 다윗의 영광을 되찾아 줄 메시아를 기대하는 오류를 범했습니다. 모든 것을 초월하여 예수님은 우리의 유일하고 영원한 구원자이자 메시아이심을 믿는 은혜가 모두에게 임하시기를 축원합니다.

3. 예수님의 이름을 힘입어 생명을 얻게 하기 위함입니다

"오직 이것을 기록함은 너희로 예수께서 하나님의 아들 그리스도이심을 믿게 하려 함이요 또 너희로 믿고 그 이름을 힘입어 생명을 얻게 하려 함이니라"(31절).

복음을 기록한 목적은 우리로 예수님을 알고 믿어 영생에 이르게 하려는 것입니다. 믿음의 궁극적인 목표는 생명을 얻는 것입니다. 작은 복음이라고 불리는 요한복음 3장 16절에서도 분명하게 말씀하고 있습니다. 믿음은 사람이 하나님께 올려드리는 것이고, 영생은 하나님께서 예수님을 믿고 고백하는 자에게 주시는 최고의 선물입니다. 영생은 믿음의 결과이고 증거이며, 최고의 재산입니다. 성도가 이 영생을 얻는 방법은 오직 믿음에 있습니다. 믿음으로만 영생을 얻을 수 있습니다. 다른 것으로는 불가능합니다. 예수님을 믿는다는 것은 온 세상의 빛이시며 구원이신 메시아 예수님을 영접하고 교제하며 살아가는 것을 말합니다. 바른 그리스도관이 정립될 때 바른 구원이 임하게 됩니다. 이것은 과학보다 더 정확한 것입니다. 그리스도에 대한 참된 믿음에 놀라운 구원과 생명과 영생의 꽃과 열매가 맺히는 것입니다. 그리고 그것은 하나님이 하시는 일입니다.

어떤 사람이 우리 인생을 긴 야간열차에 비유했습니다. 그 열차에는 지금 막 태어난 갓난아기로부터 백발이 성성한 노인에 이르기까지 각양각색의 사람이 타고 있습니다. 그런데 종소리가 들릴 때마다 자기 나이와 상관이 없이 정해진 정거장에서 내려야 합니다. 여기서 잠시 열차 안에 있는 사람들의 모습을 살펴봅시다. 첫 번째 사람은 열차 안에서 부지런히 일해서 많은 돈을 벌었습니다. 그에게도 어느 날 종소리가 울렸습니다. 그 사람은 내리지 않겠다고 발버둥을 치면서 외쳤습니다. "이 돈 보따리를 다 줄 테니 제발 내리지 않게 해주시오!" 그러나 그는 어쩔 수 없이 빈 몸으로 쓸쓸하게 홀로 열차에서 내려야 했습니다. 두 번째 승객은 사상가였습니다. 그러나 그에게 종소리가 울려 퍼졌을 때 그도 어쩔 수 없이 열차에서 내려야 했습니다. 사람들은 그가 남긴 글을 통해 오랫동안 그를 기억했습니다. 세 번째 사람은 열차 안을 분주히 돌아다니면서 가난하고 병든 사람들을 열심히 도왔습니다. 결국은 과로로 쓰러져 그 역시 젊은 나이에 열차에서 내릴 수밖에 없었습니다. 열차에 있던 몇몇 사람은 그의 삶을 본받기 위해 그가 하던 일을 계속하기도 했습니다. 네 번째 승객은 자기 주변에 있는 사람들에게 안타까운 목소리로 호소합니다. "여러분! 여러분도 언젠가는 이 열차에서 내려야 합니다. 그러나 절망하지 마시기를 바랍니다. 그것은 마지막을 알리는 종소리가 아닙니다. 오히려 영원한 세계를 향하여 새롭게 출발하는 시작을 알리는 종소리입니다!" 확신에 찬 그의 음성은 사람들에게 큰 용기를 주었습니다. 지금도 인생의 열차는 계속 달리고 있습니다. 여러분은 과연 어떠한 삶을 살아가고 있습니까?

세상의 모든 것과 종교는 죽음과 무덤으로 끝납니다. 그리고 둘째 사망에 떨어져 영원한 지옥에 들어갑니다(계 21:8). 그러나 메시아이신 예수 그리스도를 믿고, 복음을 믿는 자는 생명과 영생에 들어갑니다. 이 신앙만이 구원과 생명과 영생에 이르게 합니다. 이 외에 다른 길은 없습니다(요 14:6; 행 4:12). 예수 그리스도에게만 생명의 능력이 있는 것입니다. 모두 예수 그리스도의 복음을 믿음으로 생명과 영생에 이르시기를 축원합니다.

사랑하는 번동 가족 여러분!

성경은 하나님께서 우리에게 주신 최고의 선물입니다. 우리는 이 성경 말씀으로 충만해야 합니다. 모두 성경을 통하여 예수 그리스도를 믿고 닮아 생명에 이르시기를 축원합니다.

마음이 약해질 때

(시 61:1-8)

시간에는 세 종류가 있습니다. 하나는 달력상의 시간(calendar time)입니다. 이것은 천문학적 시간으로 지구의 회전 및 태양과 관계된 것입니다. 해가 뜨고 해가 짐으로 결정되는 시간입니다. 둘째는 생물학적 시간(biological time)입니다. 이것은 모든 생물에 부여된 것입니다. 기러기가 지역을 옮겨가고, 연어가 이동하여 알을 낳고, 사람이 나고 죽는 시간입니다. 달력의 시간을 '남의 시간'이라고 한다면, 생물학적 시간은 '나의 시간'이라고 할 수 있습니다. 그런데 이것들과 다른 종류의 시간이 있습니다. 그것은 하나님의 시간입니다. 나의 시간이 제한된 데 비하여 하나님의 시간은 제한되어 있지 않다는 점에서, 이는 인간의 이해를 초월합니다. 보통 '구원'이라는 것은 나의 시간에서 하나님의 시간으로 옮겨가는 것을 뜻합니다. 하나님의 시간을 산다는 것은 나의 세계를 잊어버리는 것입니다. 이는 물론 시간에 맞춰 생활하는 것을 무시하라는 뜻이 아닙니다. 하나님의 시계에 나의 인생을 맞추어 어느 것이 더 중요하고 덜 중요한지 우선순위를 생각하며 시간을 쓰라는 뜻입니다.

뉴욕 퀸즈에 있는 부로바(Bulova) 시계 공장에 도둑이 들어 25만 달러어치의 시계를 훔쳐 갔습니다. 그런데 경찰 보고에 의하면, 새벽에 이 사실을 발견한 회사원이 경찰에 신고할 때 너무 급해서 도둑이 '시계'를 훔쳐 갔다고 하지 않고 '시간'을 훔쳐 갔다고 말했다고 합니다. 사실 25만 달러를 도난당하는 것보다 시간을 도둑맞는 것이 훨씬 더 타격이 큽니다. 시간은 회수가 되지 않기 때문입니다. 실패를 정의하는 한마디가 있는데, 그것은 '시간이 없었다'는 말입니다. 이는 시간이 없어서 해야 할 일과 해야 할 준비를 하지 못해 실패했다는 말인데, 사실 시간이 없었던 것이 아닙니다. 시간 사용에서 우선순위가 잘못되었기 때문입니다. 누구에게나 24시간이라는 같은 양의 시간이 주어집니다. 무엇을 더 중요하게 생각하여 그 시간을 분배하느냐에 따라 후회와 만족, 실패와 성공이 결정됩니다. 하나님을 의지하는 자에게 시간은 언제나 그의 친구가 됩니다. 내일은 오늘보다 나을 것이라고 하나님께서 약속해 주셨기 때문입니다. 하나님을 믿는 자는 내일이라는 미래의 시간에 무엇이 담겨 있는지는 알 길이 없어도, 내일을 하나님께서 붙잡고 계신다는 것은 알고 있습니다(시 31:15; 전 9:1; 사 64:8; 렘 18:6; 롬 9:2).

사람은 누구나 어떤 확신을 가지고 삽니다. 나름대로 자기 확신을 따라 살아갑니다. 그런데 이 자기 확신을 통해 꿈을 이루는 사람도 있지만, 그 확신을 도중에 포기하는 경우도 많습니다. 이때 스스로 실망하고 마음이 약해집니다. 그래서 모든 꿈과 생명까지도 포기하는 가슴 아픈 일이 벌어지기도 합니다. 우리 성도는 하나님의 뜻에 합당한 확신을 가지고 그에 따라 열심히 노력하며 살아야 합니다. 세상과 상황이 힘들고 어렵더라도 하나님이 주시는 지혜와 능력으로 일어나 사명을 감당하는 성도들이 되시기를 축원합니다.

1. 주께 부르짖어야 합니다

"하나님이여 나의 부르짖음을 들으시며 내 기도에 유의하소서 내 마음이 약해질 때에 땅끝에서부터 주께 부르짖으오리니 나보다 높은 바위에 나를 인도하소서"(1-2절).

본문의 시편은 다윗이 압살롬의 반란을 피하여 요단강 동편 마하나임에 거할 때를 배경으로 하는 듯합니다. 부르짖음은 애통함에서 우러나오는 간절한 외침입니다. '유의하소서'는 하나님의 관심을 호소하는 것입니다. '내 마음이 약해질 때'는 다윗이 낙심하고 기진맥진한 때를 말합니다. 다윗은 지금 내란으로 먼 지방에서 지내면서 기진맥진한 상황입니다. '땅끝'은 먼 지방 곧 요단강 동편을 가리킵니다. '높은 바위'는 하나님의 구원이 있는 안전한 지대를 의미합니다. 즉, 가장 위험한 곳과 가장 안전한 곳을 대조하고 있습니다. 이는 지옥과 천국, 땅과 하늘의 차이입니다. 하나님만이 이러한 상황을 조정하고 관리하실 수 있습니다. 당시 최고의 왕이었던 다윗도 이제는 해결할 수 있는 것이 아무것도 없었습니다. 자신의 가능성은 '제로'(0)이고, 하나님의 가능성은 '백'(100)인 것입니다.

영국 트렌취 감독의 시에 다음과 같은 구절이 있습니다. "어떤 사람은 자기의 가는 평탄한 길에 조그마한 구렁텅이만 있어도 벌써 하나님을 원망하고 사람을 원망한다. 또 어떤 사람은 자기의 가는 험하고 캄캄한 길에 조그마한 빛만 비추어도 하나님이 주시는 자비로운 빛이라 하여 감사의 기도를 올린다."

감사는 받는 것에서 시작되지 않습니다. 현재의 은혜를 깨닫는 것이 감사의 출발점입니다. 우리는 살아가면서 '감사'라는 말을 정말 많이 사용합니다. 참 좋은 말입니다. 우리의 삶을 풍요롭고 행복하게 만들어주는 말입니다. 그런데 아무나 감사를 말하지는 않습니다. 이 마음은 하늘이 주시는 마음입니다. 결코 쉽게 가질 수 있는 마음이 아닙니다. 일본의 내촌감삼은 "하나님께서 만일 인간을 저주하신다면 질병이나 실패 그리고 배신이나 죽음으로 저주하시는 것이 아니라, 하나님이 계신 것을 믿지 못하는 불신앙과 성경을 읽어도 귀에 들어오지 않는 막힌 귀, 그리고 감사하는 마음이 전혀 생기지 않도록 메마른 마음으로 저주하실 것이다"라고 말했습니다. 정말 그렇습니다. 그래서 감사하는 마음은 하나님이 주셔야 가질 수 있는 마음입니다.

다윗은 과거의 체험을 바탕으로 고난을 당할 때마다 하나님 앞에 겸손하게 무릎을 꿇었습니다. 다윗은 기도를 통해 성숙한 신앙인으로 성장했습니다. 성도는 고난이 있을 때마다 기도하는 기회로 삼아야 합니다. 하나님이 기도에 응답해 주신다는 믿음이 있는 성도는 어려움을 당할 때 반드시 무릎을 꿇고 부르짖습니다. 그때 하나님은 귀를 크게 여시고 그의 목소리와 마음의 소리까지도 다 들으시고 가장 좋은 것으로 응답하십니다. 모두 고난으로 마음이 약해질 때 주님께 부르짖어 놀라운 응답을 받으시기를 축원합니다.

2. 주님의 장막에 머물러야 합니다

"주는 나의 피난처시요 원수를 피하는 견고한 망대이심이니이다

내가 영원히 주의 장막에 머물며 내가 주의 날개 아래로 피하리이다 (셀라) 주 하나님이여 주께서 나의 서원을 들으시고 주의 이름을 경외하는 자가 얻을 기업을 내게 주셨나이다"(3-5절).

하나님은 우리의 피난처시요 견고한 망대이십니다. 그래서 적의 침입과 위험에서 우리를 지키시며 보호해 주십니다. 주의 장막에 머물며 주의 날개 아래로 피한다는 것은 하나님에 대한 절대적인 신뢰를 고백하는 것입니다. 병아리가 어미 닭의 날개 아래 피하듯, 주의 날개 아래로 피한다는 것입니다. '셀라'는 시편의 중간이나 끝에 주로 사용되는데, 곡조를 올리거나 쉬라는 의미입니다. 시편에 71회 사용된 음악적 용어입니다. 다윗은 하나님께서 과거에도 자신의 기도와 서원을 들어주시고 응답해 주셨음을 기억하고 지금도 주님의 장막에 머물며 기도하고 예배하기를 구했습니다. 신앙적인 체험이 없는 사람은 말에 힘이 없으며, 생명력도 없습니다. 기도는 신앙적인 체험의 자리이자, 하나님께로 나아가는 지름길입니다. 아무리 논리적인 것도 고난 앞에서는 모두 깨지고 사라집니다. 성도는 기도와 예배의 응답과 축복을 체험하는 사람이 되어야 합니다.

하루 한 시간의 걷기 운동은 우리 몸에 매우 유익합니다. 걷기 운동을 하다 보면 즐거워지는 이유는 세 종류의 호르몬 때문입니다. 걸으면 먼저 뇌에서 '베타엔도르핀'(Beta Andorphin)이란 호르몬이 분비되어 기분이 좋아집니다. 어떤 일이라도 긍정적으로 생각할 수 있는 뇌가 만들어집니다. 계속해서 20분쯤 걸으면 '도파민'(Dopamine)이란 호르몬이 분비됩니다. 도파민은 희망의 호르몬이라 불리는데, 점점 더 큰 행복감이 느껴지며 아이디어와 꿈이 자꾸 생겨납니다. 그리고 35분 정도가 지나면 '세로토닌'(Serotonin)이란 호르몬이 분비됩니다. 세로토닌은 흥분을 억제하여 편안함을 느끼게 하는 호르몬입니다. 이미 떠오른 아이디어를 정리하며 실현성 있는 계획으로 구체화할 수 있도록 돕는 호르몬입니다. 이 같은 걷기 운동은 단순히 신체적인 건강을 유지하게 할 뿐 아니라, 공부나 일에 대한 의욕을 상승시키는 효과도 있습니다. 한 가지 더 놀라운 점은 '나는 건강하다'는 믿음이 '나는 뭐든 할 수 있다'는 자신감으로 연결된다는 점입니다. 걷는 도중에 생성되는 호르몬의 힘으로 자신감이 강해집니다. 우리 속담에 "꿩 잡는 것이 매"라는 말이 있습니다. "도랑 치고 가재 잡고"란 말도 있습니다. 이처럼 걷기 운동도 '건강해지고 자신감도 생기고'란 말로 표현할 수 있습니다. 모두 시간을 내 걷기 운동을 한번 해보시기를 권합니다. 걷기 운동으로 생성된 베타엔도르핀과 도파민과 세로토닌 호르몬이 사람을 건강하고 행복한 존재로 만듭니다. 행복하니까 걷고, 걸으니까 행복한 것입니다.

다윗의 행복은 주의 장막에 머무는 데 있었습니다. 주의 장막이 피난처요 망대였기 때문입니다. 주의 장막은 하나님을 만나고 하나님과의 교제가 이루어지는 거룩한 장소입니다. 당시 다윗은 압살롬을 피하여 예루살렘을 떠나 있었기 때문에 희생 제사를 통한 하나님과의 교제가 불가했습니다. 그러나 다윗은 하나님께 드리는 기도를 통하여 영적 교제를 이어갈 수 있었습니다. 다윗은 장소를 초월하여 하나님과 교제하고 기도하는 그곳이 주의 장막이며 피난처라는 신앙을 고백하고 있습니다. 언제나 우리의 삶이 주의 장막에 머물며 예배하고 섬기는 삶이 되고, 하나님이 임재하시는 영적 장막이 되기를 축원합니다.

3. 주님을 찬양해야 합니다

"주께서 왕에게 장수하게 하사 그의 나이가 여러 대에 미치게 하시리이다 그가 영원히 하나님 앞에서 거주하리니 인자와 진리를 예비하사 그를 보호하소서 그리하시면 내가 주의 이름을 영원히 찬양하며 매일 나의 서원을 이행하리이다"(6-8절).

다윗은 자신의 기도가 응답되어 영원히 하나님 앞에 거하며, 또 하나님이 인자와 진리로 자신을 보호하실 것을 확신하고 있습니다. 하나님께서 자신에게 은혜를 내리시어 왕권을 되찾고 예루살렘으로 환궁하게 하시면, 자기도 왕으로서 영원히 하나님을 찬양하고 전에 서원한 대로 매일 하나님께 제사를 드리겠다는 것입니다. 이는 곧 '선불' 감사와 찬양이며, 또한 '후불' 감사와 찬양을 서원하는 것입니다. 절대적인 믿음의 고백입니다. 모든 통치권은 하나님께서 주시는 것이기에 지금은 일시적으로 압살롬의 수중에 있지만 다시 다윗에게로 돌아갈 것입니다. 다윗의 왕권은 다윗뿐 아니라 후대에까지 계속 이어질 다윗 가문의 왕권을 뜻합니다. 다윗 왕권의 실체는 곧 그 원형인 메시아의 왕권을 의미합니다. 다윗은 메시아의 그림자이고 모형인 것입니다.

칭찬의 효과에 대한 다음과 같은 글이 있습니다.

① 칭찬은 다이아몬드입니다. 최고의 변하지 않는 가치입니다.

② 칭찬은 만병통치약입니다. 칭찬으로 안 낫는 상처가 없습니다.

③ 칭찬은 샘물입니다. 갈증을 깨끗이 씻어줍니다.

④ 칭찬은 노래방 기계입니다. 칭찬을 받으면 노래가 절로 납니다.

⑤ 칭찬은 저금통장입니다. 칭찬이 늘어날수록 기쁨도 늘어납니다.

⑥ 칭찬은 자석입니다. 사람을 끌어들입니다.

⑦ 칭찬은 메아리입니다. 간 것이 돌아옵니다.

⑧ 칭찬은 컴퓨터 전문가입니다. 인생을 업그레이드해 줍니다.

⑨ 칭찬은 씨앗입니다. 무한한 가능성을 가지고 있습니다.

⑩ 칭찬은 달콤한 아이스크림입니다. 칭찬은 무엇보다 달콤합니다.

칭찬은 고래도 춤추게 한다는 말이 있듯, 칭찬은 사람을 행복하게 하고 변화시키고 성장하게 합니다. 우리가 사람에게 하는 칭찬과 같은 것이 하나님께는 곧 하나님을 찬양하는 것입니다.

하나님의 은혜를 받은 자는 언제나 하나님께 나아가 기도하고 감사하며 찬양을 드립니다. 모든 서원을 기쁨으로 이행합니다. 서원 이상의 예배와 헌신의 삶을 삽니다. 다윗은 하나님이 자신을 위험에서 구원하시고 왕권을 회복하게 하심을 믿고 무조건적이며 무제한적인 감사와 찬양을 드린 것입니다. 찬양할 때 약한 마음이 강해지고 승리하게 됩니다.

사랑하는 번동 가족 여러분!

여러분의 마음은 지금 어떠하십니까? 혹시 약해져 있지는 않으십니까? 모두 다윗처럼 주님께 부르짖고 장막에 머물고 찬양함으로 약함이 강함이 되는 은혜가 충만하시길 축원합니다.

번동의 바나바가 됩시다

(행 4:36-37, 11:24-26)

습관은 인생에서 매우 중요한 요소입니다. 습관은 성품을 드러내기 때문입니다. 습관을 관찰해 보면 그 사람의 성품을 알 수 있습니다. 또 습관은 우리를 유능하게도 하고, 무능하게도 합니다. 습관을 보면 그 사람의 미래를 볼 수 있습니다. 습관이란 정말 무서운 것입니다. 그것이 사람들의 생각과 감정과 행동 등 모든 방면에 커다란 영향을 미치기 때문입니다. 가장 주의해야 할 습관은 사고의 습관입니다. 모든 습관의 뿌리는 마음의 습관에 있기 때문입니다. 마음의 습관이란 곧 생각의 습관을 의미합니다. 생각이 마음을 움직이며, 마음의 습관에 따라 자신의 환경이 결정됩니다. 그렇기에 환경을 변화시키려면 먼저 마음의 습관을 바꾸어야 합니다. 하찮고 작은 습관이라도 소홀히 여겨서는 안 됩니다. 작은 일에 태만하면 하나님께서 실망하시는 나쁜 습관이 형성될 수 있습니다. 프랑소아 페넬롱은 "가장 위험한 일은 작은 일들을 태만하게 함으로 그 영혼이 습관적으로 불성실하게 되는 것이다. 그것은 성령을 슬프게 한다. 그런 영혼은 자기 하고 싶은 대로 한다. 그리고 하나님을 실망시키는 일을 아무것도 아닌 것으로 생각한다"라고 말했습니다. 현재 우리의 모습이 과거에 형성한 습관의 열매라면, 미래의 우리 모습을 바꾸기 위해서는 지금 새로운 습관을 형성해야 합니다. 윌리엄 제임스가 한 이 말을 기억하십시오. "행동을 심으십시오. 습관을 거둘 것입니다. 습관을 심으십시오. 인격을 거둘 것입니다. 인격을 심으십시오. 운명을 거둘 것입니다."

오늘 본문은 어려웠던 초대 교회 시절 말씀에 대한 순종과 헌금과 선교와 제자 양육에서 모범을 보인 바나바에 관한 내용입니다. 베드로와 바울을 이어주고, 사울이 바울이 되기까지 중요한 역할을 한 사람이 바나바입니다. 오늘날의 교회는 직분을 내세우고 큰소리는 내지만 정작 섬김과 희생은 없는 직분자가 많습니다. 참으로 마음 아프고 슬픈 현실입니다. 초대 교회처럼 어려운 오늘날의 현실에서 우리 모두가 번동의 바나바로 거듭나는 놀라운 은혜와 역사가 있기를 축원합니다.

1. 헌신하는 사람입니다

"구브로에서 난 레위족 사람이 있으니 이름은 요셉이라 사도들이 일컬어 바나바라(번역하면 위로의 아들이라) 하니 그가 밭이 있으매 팔아 그 값을 가지고 사도들의 발 앞에 두니라"(행 4:36-37).

바나바는 구브로 태생의 헬라계 레위 지파 유대인이었습니다. 레위인은 원래 재산을 소유하는 것이 금지되었으나(민 18:20), 포로기 이

후 이 제도가 존속되지 못해 당시에는 레위인도 재산을 소유할 수 있었습니다(렘 32:7). 바나바의 특징은 관용함에 있습니다. 단호한 믿음을 가지고 있으면서도 관용의 미덕을 겸비했던 그는 초대 교회에 보배로운 존재였습니다. 지금까지 남아있는 외경 '바나바 서신'은 그의 저작으로 보입니다. '바나바'는 '위로의 아들'이라는 뜻입니다. 이는 그가 좋은 성품으로 상처받은 많은 사람을 위로한 사람이었음을 말해줍니다(파라클레시스 παράκλησις). 또 바나바는 자기의 밭을 팔아 공동체에 내어놓은 믿음과 헌신의 사람이었습니다. 보통 재산이 많으면 교만하거나 탐욕의 노예가 되기 쉬운데, 그는 하나님만 섬기고 하나님의 교회의 필요를 위하여 아낌없이 자신의 것을 내어놓았습니다. 이처럼 그는 물질보다 하나님과 교회를 더욱 사랑하고 헌신의 본을 보인 진정한 하나님의 사람이었습니다.

학자이자 정치가, 목사, 주한 미국대사(1993~1997)였던 제임스 레이니는 임기를 마치고 귀국하여 에모리 대학의 교수가 되었습니다. 건강 관리를 위해 매일 걸어서 출퇴근하던 어느 날, 그는 쓸쓸하게 혼자 집 앞에 앉아 있는 한 노인을 보았습니다. 레이니 교수는 노인에게 다가가 다정하게 인사를 나누고 말벗이 되어 주었습니다. 그 후 그는 시간이 날 때마다 외로워 보이는 그 노인을 찾아가 잔디를 깎아주거나 커피를 함께 마시면서 2년여 동안 교제를 나누었습니다. 그러던 어느 날 여느 때처럼 출근하는데 노인이 보이지 않아 노인의 집을 방문하였고, 노인이 전날 돌아가셨다는 것을 알게 되었습니다. 그리고 바로 장례식장을 찾아 조문하면서 그는 깜짝 놀랐습니다. 그 노인은 바로 코카콜라 회사의 회장을 지낸 분이었습니다. 그때 한 유족이 다가와 봉투를 건네며 말했습니다. "회장님께서 당신에게 남긴 유서가 있습니다." 유서의 내용을 보고 그는 너무나 놀랐습니다. "2년여 동안 내 집 앞을 지나면서 나의 말벗이 되어 주고, 우리 집 뜰의 잔디도 함께 깎아주며 커피도 나누어 마셨던 나의 친구 레이니! 고마웠어요. 나는 당신에게 25억 달러와 코카콜라 주식 5퍼센트를 유산으로 남깁니다." 너무 뜻밖의 유산을 받은 레이니 교수는 세계적인 부자가 그렇게 검소하게 살았다는 것과 그가 코카콜라 회사의 회장이었음에도 자신의 신분을 밝히지 않았다는 것, 그리고 아무런 연고도 없는 사람에게 잠시 친절을 베풀었다는 이유만으로 그가 그렇게 큰돈을 자신에게 주었다는 사실에 놀랐습니다. 레이니 교수는 받은 유산을 에모리대학 발전 기금으로 내놓았습니다. 우연히 한 노인에게 보여준 따뜻한 마음으로 엄청난 부가 들어왔지만, 그는 그 부에 도취해 정신을 잃지 않았습니다. 오히려 그 부를 학생과 학교를 위한 발전 기금으로 내놓았을 때, 그에게는 에모리 대학의 총장이라는 명예가 주어졌습니다.

자기 밭을 팔아 교회와 사도들 앞에 내놓은 바나바와 무조건적으로 친절을 베풀었던 레이니 대사의 삶은 참으로 감동적이고 아름답습니다. 저마다 형편과 상황은 다르지만 우리 모든 번동의 성도가 이렇게 헌신의 삶을 살아가시기를 축원합니다.

2. 착한 사람입니다

"바나바는 착한 사람이요 성령과 믿음이 충만한 사람이라 이에 큰 무리가 주께 더하여지더라"(행 11:24).

바나바에 대한 칭찬이 계속됩니다. 사도행전의 저자인 의사 누가는 아낌없이 그를 칭찬하고 있습니다. '착함'은 '바르다'라는 뜻 이상으로 선행을 많이 하는 것을 뜻합니다. 즉, 바나바가 자기 재물을 아낌없이 내어놓으며 선행을 많이 했다는 것입니다. 악한 사람과 크게 대조가 됩니다. 성도가 악하면 전도가 막힙니다. 교회와 하나님과 성도에게 상처를 줍니다. 모든 성도는 바나바처럼 착한 사람이 되어야 합니다. 성도이기 이전에 먼저 사람이 되고, 거기서 더 나아가 착한 사람이 되어야 합니다.

세상이 아름답다는 것은 물질적인 것이 풍요롭다거나 보이는 것이 다채롭다는 것이 아니라 다른 사람에게 감동을 주는 사람이 많다는 뜻입니다. 물론 감동은 인위적이거나 작위적인 것이 아닙니다. 그것이 바로 감동과 선동의 다른 점입니다. 타인을 감동시키는 것이 그리 쉬운 일이 아닌 것은, 감동은 강요로 생겨나는 게 아니기 때문입니다. 감동은 인위적으로 뿌리는 향수 같은 것이 아니라, 자연스럽게 우러나는 향기이며, 두 사람의 가슴과 가슴이 열려 공감이 생겨날 때 피어나는 꽃과 같은 것인데, 그런 감동이 있는 인생이 바로 복된 인생이라고 할 수 있습니다. 요즘 사람들에게 가장 필요한 것이 감동을 주고받는 일인데, 그런 일이 없다는 것은 저주인 셈입니다. 특히 예수 믿는 사람이 성경을 읽어도 말씀이 마음에 와닿지 않으면 무언가 하나님과의 관계에 문제가 있는 것이며, 그 자체가 그리스도인에게는 가장 괴로운 일입니다. 감동을 받을 수 있다는 것은 은총이고 축복입니다. 우리의 마음에 감동이 있고, 말씀에 대해 마음의 깨달음이 있고, 말씀을 들을 때마다 눈물이 나고 가슴이 벅차다면 그것이 곧 은혜입니다. 사실 진정한 감동은 순수함에서 나오고, 자연발생적이며, 잔잔함에서 우러나옵니다. 감동할 줄 모르는 사람은 창조력을 잃어버린 사람이요, 영적 성장이 멈춰버린 사람이라고 할 수 있습니다. 오늘 우리가 사는 이 시대는 감동을 잃어버린 시대입니다. 사람들이 '나를 감동시켜 달라!' 외쳐대지만 정작 감동할 줄을 모릅니다. 그래서 창조력을 잃어버리고 영적 성장이 멈춰버린 시대입니다. 그동안 인간 세상을 지배해 온 권력이 무력(군사력), 경제력(돈), 지식의 힘(정보)이었음을 부인할 수는 없지만, 그럼에도 그와 같은 것들과 비교할 수 없이 큰 힘이요 영원한 힘, 위대한 힘은 감동이라는 힘입니다. 이렇게 말할 수 있는 것은, 감동은 하나님의 숨이기 때문입니다. 하나님의 감동이란 감동의 주체가 하나님이심을 뜻합니다. 감동은 하나님이 주시는 선물이자 하나님의 소유이며, 감동의 본질은 하나님의 숨이고, 하나님의 숨은 생명입니다. 하나님의 감동이 있으면 날마다 기뻐하며 살 수 있습니다. 감동은 하나님의 숨에 있습니다. 하나님에게서 감동을 얻는 것입니다. 이제 남은 생애 동안은 우리 모두가 하나님에게서 얻은 감동으로 누군가를 감동시키며 살아갈 수 있기를 바랍니다.

감동을 주는 사람은 착한 사람이고, 착한 사람은 또 많은 감동을 줍니다. 바나바는 모두가 인정하는 착한 사람이었습니다. 모든 악을 버리고 착한 성도가 되어 하나님의 교회를 잘 섬기고 하나님 나라 확장에 쓰임 받는 은혜가 우리 모든 성도에게 충만하기를 축원합니다.

3. 성령과 믿음이 충만한 사람입니다

"바나바는 착한 사람이요 성령과 믿음이 충만한 사람이라 이에 큰 무리가 주께 더하여지더라"(행 11:24).

'성령과 믿음이 충만하다'는 말은 누가가 자주 사용한 표현이며(행 6:5), 그 자신이 성령과 믿음이 충만했습니다. 바나바는 주님께 대한 믿음과 사람을 대하는 인격 모두를 구비한 아름다운 인물이었습니다. 성령과 믿음은 하나입니다. 성령 없는 믿음이 없고, 믿음 없는 성령도 없습니다. 상호 보완과 상승의 관계인 것입니다. 성령 충만이 곧 믿음 충만이며, 믿음 충만은 곧 성령 충만입니다. 오늘날과 같은 어려운 세상에서 성령과 믿음이 충만하지 않고는 신앙을 유지할 수 없고, 사명을 감당할 수도 없습니다. 이것은 사탄을 이기는 강력한 무기입니다.

사람의 마음속에는 세 개의 점령해야 할 성(成)이 있는데, 가장 낮은 곳에 있는 성은 지성이고, 중간에 있는 성은 감성, 가장 높은 곳에 있는 성은 영성입니다. 우리 사회는 지식 위주의 사회이기 때문에 IQ 높고 머리 좋은 사람이 공부도 잘하고 성공한다고 믿고 그 지성을 점령하기 위해 태어나면서부터 공부를 시작합니다. 인생의 중요한 전반기 20년을 지성을 점령하는 일에 다 씁니다. 그러나 거기에 만족함이 없다는 것을 곧 깨닫습니다. 행복은 성적순이 아니라는 것을 왜 20년 이상 공부를 해보아야 아는 것일까요? 평생을 살아도 아직 지성도 점령하지 못한 사람이 많습니다. 그러나 이제는 똑똑한 사람이 아니라 가슴이 따뜻한 사람, 즉 EQ가 높은 사람이 환영받고 있습니다. EQ는 감성지수입니다. 그러나 감성을 점령했다고 해서 거기에 만족함이 있는 것은 아닙니다. 아직도 부족한 2퍼센트가 있습니다. 그 채워지지 않는 자리가 바로 하나님의 자리이자, 영성입니다. 하나님은 바로 이 영성(SQ) 안에 계십니다. 지식과 생각이 아니라 영성 안에 계십니다. 지성과 감성을 통과하여 비로소 영성에 도달하면 하나님을 만날 수 있습니다. 그리고 하나님을 만난 그리스도인이 하나님과 지속적으로 교제하고 영적인 풍성함을 누리려면 감사하는 마음을 지녀야 합니다.

지금으로부터 50년 전 미국 사람들의 생활에서 필요한 것은 72가지였고, 그중 절대적으로 필요한 것은 18가지였는데, 오늘날에 와서는 그것이 각각 496가지, 28가지로 늘었다고 합니다. 오늘날 우리는 풍요로운 생활을 누릴 줄은 알지만, 그 복을 주신 하나님께 감사할 줄은 모릅니다. 우리가 반드시 회개해야 할 부분입니다. 파아핀이라는 사람은 세 가지만 있으면 하나님께 감사드려야 한다고 했는데, 첫째는 일용할 양식이요, 둘째는 몸의 건강, 셋째는 소망이라는 것입니다. W. 브레이크는 말하기를 "감사할 줄 아는 자는 풍성한 수확이 그 뒤를 따른다"고 했습니다. 마치 기관차가 앞에 있으면 객차가 그 뒤를 따르듯이, 감사가 앞에 있으면 그 뒤로 계속해서 풍성한 수확이 따르지만, 불평과 원망의 생활을 계속하면 수확이 없어진다는 것입니다. 즉, 감사하며 살아갈 때 감사할 일이 넘치는 것입니다.

성령과 믿음이 충만한 사람은 지성과 감성을 넘어 영성의 사람입니다. 영성의 사람은 감사의 사람입니다. 하나님을 잘 섬길 때 영성이 풍성해지고, 범사에 감사가 넘칩니다. 우리 모든 성도가 성령과 믿음이 충만하여 영성이 풍성하고 범사에 감사하며 사는 이 시대의 바나바가 되시기를 축원합니다.

4. 다음 세대를 세우는 사람입니다

"바나바가 사울을 찾으러 다소에 가서 만나매 안디옥에 데리고 와서 둘이 교회에 일 년간 모여 있어 큰 무리를 가르쳤고 제자들이 안디옥에서 비로소 그리스도인이라 일컬음을 받게 되었더라"(행 11:25-26).

바나바는 사울을 찾아 안디옥에서 다소까지 먼 길을 갔습니다. 사울이 회개한 후 처음으로 예루살렘을 방문했을 때 사울을 사도들에게 소개하고 옹호한 사람도 바나바였습니다(행 9:27). 모두가 사울을 꺼리고 두려워하는 상황에서 그에 대한 보증을 선 것입니다. 바나바에게는 사울의 거듭남에 대한 확신과 영적 안목이 있었습니다. 안디옥 교회의 설립과 확장을 따라, 은거 중인 사울을 찾아내 큰 일꾼으로 만든 사람도 바나바였습니다. 바나바는 다음 세대를 세우고 앞길을 여는 지도자이자, 영적 어른이었습니다. 이로써 사울은 10년간의 준비와 은거의 생활을 끝내고 이방의 사도로서의 사역을 시작하게 되었습니다. 바나바가 사울에게 동력과 날개를 달아준 것입니다. 안디옥에서 바나바와 사울은 큰 무리를 가르쳤고, 처음으로 그리스도인이라는 이름을 얻게 되었습니다.

헝가리의 피아노 연주자이며 작곡가인 프란츠 본 리스트는 소년 시절 두 번이나 베토벤의 격려를 받았습니다. 베토벤은 바흐의 곡을 열심히 친 리스트에게 나지막한 소리로 "너의 음악에는 혼이 살아 있구나"라고 격려했습니다. 얼마 후 리스트가 독주회에서 연주를 마쳤을 때 베토벤은 무대 위로 걸어 나가 리스트를 안아주며 이렇게 말했습니다. "연주가 정말 훌륭했습니다. 앞으로도 언제나 이렇게 최선을 다하길 바랍니다." 베토벤의 격려는 리스트의 삶에 큰 영향을 주었고, 리스트는 결국 세계적인 음악가로 대성했습니다. 우리도 다음 세대를 인정하고 칭찬하고 세워주어야 합니다. 하나님을 모르는 다른 세대(삿 2:10)가 아닌 하나님을 잘 섬기는 다음 세대를 세우는 가정과 교회가 되어야 합니다. 우리 모든 성도가 사울을 바울 되게 한 바나바와 같은 사람이 되시기를 축원합니다.

사랑하는 번동 가족 여러분!

바나바는 헌신한 사람이었고, 착한 사람, 성령과 믿음이 충만한 사람, 다음 세대를 세우는 사람이었습니다. 우리 교회에도 바나바와 같은 성도가 가득하기를 축원합니다.

유다 지파와 같은 신앙

(삿 1:1-7)

교통 신호등은 1868년 12월 영국에서 처음 등장했습니다. 오늘날과 같은 전자식 신호등은 1914년 미국에서 시작되었고, 4년 후 이것이 개량되어 지금처럼 세 가지 색상을 사용하게 되었습니다. 전 세계적으로 붉은색은 정지, 청색은 통과, 황색은 신호 변경 예고이고, 비보호 좌·우회전이나 자전거 통행을 위한 신호도 있습니다. 운전자들이 신호등을 잘 지켜야 사고가 나지 않으며, 차량 흐름도 원만해집니다. 영적인 세계도 마찬가지입니다. 하나님께서는 우리 삶에도 영적 신호등으로 어떤 사인을 주십니다. 때로는 막으시며 멈춰서라 하시고, 때로는 길을 열어주시며 나아가라고 하십니다. 영적 신호등을 지키는 데서 가장 중요한 것은 하나님에 대한 신뢰입니다. 그리고 우리의 순종입니다. 운전자가 저마다의 형편과 상황을 주장한다면 신호등은 존재의 의미가 없고 도로에서는 대혼란이 생길 것입니다. 마찬가지로 하나님께서 우리에게 보여주시는 영적 신호등의

색깔을 잘 구분하십시오. 길을 막으실 때는 멈추시고, 열어주실 때는 즉각 나아가십시오. 어떤 색이든 하나님의 사인은 무조건 우리에 대한 사랑에 근거한 것입니다. 그 뜻에 순종하면서 살아가는 것이 복입니다.

여호수아가 죽은 후 이스라엘 자손이 자기들 중 누가 먼저 올라가 가나안 족속과 싸워야 하는지 하나님께 여쭈었습니다. 하나님께서는 유다 지파가 올라가게 하라고 하셨습니다. 이 말씀에 순종하여 이스라엘은 큰 승리를 거두었습니다. 유다 지파가 승리한 요인을 보면 첫째, 유다 지파의 정복 사업에는 하나님이 함께하셨습니다. 둘째, 유다 지파는 철저한 순종으로 전쟁에 임했습니다. 셋째, 유다 지파는 겸손했습니다. 넷째, 유다 지파에는 갈렙과 같은 우수한 지도자가 있었습니다. 우리가 삶과 신앙에서 승리하기 위해서는 하나님의 함께하심과 철저한 우리의 순종과 겸손, 그리고 우수한 지도자가 있어야 합니다. 오늘 말씀을 통하여 우리 모든 성도가 각자 자기 자신과 가정과 교회를 점검하면서 유다 지파와 같은 신앙으로 무장하여 성공과 승리의 삶을 사시기를 축원합니다.

1. 먼저 하는 신앙

"여호수아가 죽은 후에 이스라엘 자손이 여호와께 여쭈어 이르되 우리 가운데 누가 먼저 올라가서 가나안 족속과 싸우리이까 여호와께서 이르시되 유다가 올라갈지니라 보라 내가 이 땅을 그의 손에 넘겨주었노라 하시니라"(1-2절).

모세의 죽음으로 여호수아서가 시작되고, 여호수아의 죽음으로 사사기가 시작됩니다. 여호수아에 의해 가나안 정복 전쟁이 일단락되고 분배도 끝난 지금, 어느 지파가 먼저 그 세부적인 소탕전을 시작해야 하는지 하나님께 여쭙는 것입니다. 그런데 하나님께서는 유다 지파를 한 개인처럼 취급하고 있습니다. 당시 유다 지파는 인구도 가장 많았고, 광야에서 진을 칠 때 회막 동편에 치고 행진할 때는 선두에 섰으며(민 2:1-9), 가나안 땅 분배 때도 가장 먼저 분배받았습니다(수 15장). 그리고 이후 이 유다 지파에서 다윗왕이 나고, 마지막에는 예수 그리스도께서 나셨습니다. 이제 지도자 여호수아가 죽은 마당에 유다 지파가 선두에서 백성을 영도하는 것이 당연했던 것입니다. 언제나 특권과 축복에는 책임과 사명이 따르게 됩니다(노블레스 오블리주).

1985년 하버드 대학의 저명한 신학자이자 베스트셀러 작가였던 53세의 헨리 나우웬(Henri Nouwen) 교수가 대학을 떠나, 자신이 아는 진리를 몸으로 체험하고 싶어 캐나다의 '라르쉬'(파리에 본부를 둔 발달장애인 공동체)로 들어갔습니다. 라르쉬에서 그는 허드렛일을 하면서 특별히 말도 못 하고, 걷지도 못하고, 밥도 혼자 못 먹고, 감정 표현도 못 하는 26세의 청년 아담을 돌보는 일을 했습니다. 매일 아침 아담의 면도를 해주고, 머리를 빗겨주고, 이를 닦아주고, 식사를 돕고, 약을 먹이고, 치료실로 데려가는 데 대략 2시간이 걸렸습니다. 그 일은 매일 의미 없이 반복되는 것 같았지만, 얼마 후 나우웬의 마음에 이상한 변화가 생겼습니다. 차라리 나지 않았으면 좋았을 것 같은 아담이 낯선 이방인이 아니라 오랜 연인처럼 느껴진 것입니다. 아담을 씻겨주고 식사를 도와줄 때 대화는 없었지만 생각과 감정이 잇닿는 공감대가 형성되며 나우웬에게는 신비한 평화가 임했습니다. 그 삶은 인생의 낭비가 아니라 평화를 체험하는 시간이었습니다. 아담을 통해 나우웬은 사랑과 용서와 넉넉함과 인내와 눈물과 미소를 배웠고, 봉사자들 간에는 따뜻한 말이 오갔습니다. 아담이 '하는' 것이 아니라 '있는' 것이 라르쉬 공동체의 평화의 원천이었습니다. 그때 나우웬은 무력(無力)의 위력을 깨닫고 자랑의 허무함과 사랑의 풍성함을 실감했습니다. 성공을 붙들고 달려간 오르막길에서 발견하지 못한 사랑을 아담을 붙들고 걸어간 내리막길에서 발견한 것입니다. 아담은 사랑을 일깨워주기 위해 자기에게 찾아온 위대한 백년손님이었습니다. 아담을 도우면서 오히려 나우웬은 큰 선물을 받았습니다. 그 선물은 아담의 몸을 만질 때마다 임하는 치유의 능력이었습니다. 아담의 몸을 만지면 거꾸로 천사가 자신을 만지는 것 같았고, 아담의 몸을 만지는 사람마다 신비하게 그들의 상처가 치유되었습니다. 나우웬은 이렇게 고백했습니다. "나는 아담을 도운 것이 아니라 오히려 도움을 받았습니다."

우리는 남을 높일 때 평안해지고, 남을 낮출 때 불안해집니다. 남의 허물과 약점을 지배의 기회로 생각하면 마음이 병들고, 사랑의 기회로 생각하면 마음이 치유됩니다. 비천한 사람과 장애인과 고아와 노숙자와 낯선 이방인들의 몸과 마음을 어루만지면 우리에게 있는 정신의 장애가 극복됩니다. 조용한 선행은 치유의 뿌리입니다. 위대한 선행보다 조용한 선행이 더 어렵습니다. 선행을 위해 물질과 시간을 내려고 마음먹는 것보다, 선행을 하면서 이름을 안 내려고 마음먹는 것이 더 힘듭니다. 보상이 기대되지 않을 때의 선행이 진짜 선행입니다. 이처럼 우리의 선행에 보상할 길이 없는 사회적 약자를 우리 인생의 귀한 손님으로 맞이하고, 그의 곁에 머물기를 기뻐하며, 그를 위해 손을 내밀 때 우리 마음에 치유가 일어나는 것입니다.

다른 사람에게 유익한 일을 하려면 먼저 결단과 모험과 희생이 필요합니다. 가나안 전쟁에서 먼저 해야 할 일은 목숨을 내놓는 것입니다. 이는 결코 쉬운 결단과 선택이 아닙니다. 사람들은 박수와 갈채와 영광과 이익은 서로 먼저 받으려고 하지만, 희생과 위험은 피하거나 맨 마지막에 감당하려고 합니다. 하나님은 열두 지파 가운데 유다 지파에게 먼저 올라가서 가나안 사람들과 싸우라고 하셨습니다. 우리 모든 성도가 복음과 교회와 하나님 나라를 위하여 유다 지파의 정신과 믿음으로 그리고 에스더의 '죽으면 죽으리라'(에 4:16)라는 결단으로 먼저 기도하고 헌신하고 섬기고 충성하고 순종하실 수 있기를 축원합니다.

2. 함께하는 신앙

"유다가 그의 형제 시므온에게 이르되 내가 제비 뽑아 얻은 땅에 나와 함께 올라가서 가나안 족속과 싸우자 그리하면 나도 네가 제비 뽑아 얻은 땅에 함께 가리라 하니 이에 시므온이 그와 함께 가니라"(3절).

유다와 시므온은 둘 다 레아의 자손으로 특별히 가까운 사이였고, 시므온이 얻은 땅은 유다의 기업 중 남방에 있었으므로(수 19:1-9), 두 지파가 같이 가나안 족속과 싸우러 가는 것은 당연한 일이었습니다. 두 지파가 협력하여 먼저 유다의 기업을 정복하고, 이후 시므온의 기업을 정복하자는 것이었습니다. 시므온 지파는 이의 없이 유다 지파의 제의를 따랐습니다. 유다와 시므온 지파가 올라간 출발지는 길갈이었습니다. 즉, 이 싸움은 내부에서의 소탕전이 아니라 외부로부터 공격한 것입니다. 길갈은 요단 계곡 해변보다 250미터나 낮은 지대이고, 가나안 남부 산지는 해변 750~1000미터의 고원 지대이므로 올라가자고 표현한 것입니다. 또 이 표현은 진군을 가리키는 일반적인 표현입니다. 전쟁에 함께하는 것은 쉽지 않은 일입니다. 그러나 유다 지파 혼자 나서거나 분열하면 전쟁에서 패할 수 있었습니다. 한 지파가 패하면 도미노 현상으로 또 다른 지파로 패하게 됩니다. 그러므로 이들은 분열이 아닌 하나가 되고, 모든 것을 넘어 함께해야 했습니다.

사람들은 대부분 '성공' 하면 사업가나 기업가를 떠올립니다. 그러나 그들을 제외한 99퍼센트의 사람은 사업이나 기업을 운영하는 것이 아니라 평범한 일을 하며 살아갑니다. 그렇다면 평범한 사람은 성공할 수 없는 것일까요? 이런 의문을 가지고 있던 작가 니콜라스 콜(Nicolas Cole)은 자신이 성공했다고 느끼는 개인들을 수소문해 인터뷰를 진행했는데, 이들에게는 다음과 같은 일곱 가지의 공통적인 습관이 있었습니다.

① 항상 마음에 여유를 가지려고 노력한다.

② 또래가 아닌 사람들과도 잘 어울린다.

③ 최대한 많은 돈을 저축하고 투자한다.

④ 학교를 졸업한 후에도 계속해서 공부한다.

⑤ 뚜렷한 인생의 목표를 찾기 위해 노력한다.

⑥ 평생 배울 수 있는 멘토를 찾는다.

⑦ 지금 관계를 맺고 있는 소중한 사람들을 중요하게 여긴다.

하나님은 우리 인생을 천편일률적으로 창조하지 않으셨습니다. 인생에는 수도 없이 다양한 길이 있습니다. 내가 성공을 뭐라고 생각하는지 명확히 정해두지 않으면 다른 사람이 성공이라고 부르는 허상을 좇다가 인생이 끝날 수도 있습니다. 주님이 나에게 주신 사명과 성경이 가르치는 지혜를 통해 내가 좇아야 할 성공을 재정의하십시오.

전도서 4장 9-12절에서는 이렇게 말씀합니다. "두 사람이 한 사람보다 나음은 그들이 수고함으로 좋은 상을 얻을 것임이라 혹시 그들이 넘어지면 하나가 그 동무를 붙들어 일으키려니와 홀로 있어 넘어지고 붙들어 일으킬 자가 없는 자에게는 화가 있으리라 또 두 사람이 함께 누우면 따뜻하거니와 한 사람이면 어찌 따뜻하랴 한 사람이면 패하겠거니와 두 사람이면 맞설 수 있나니 세 겹 줄은 쉽게 끊어지지 아니하느니라."

협력에 대한 말씀입니다. 세 겹 줄은 끊어지지 않고 반드시 승리하게 됩니다. 이 세상과 교회에서도 유다에게는 시므온이 많아야 합니다. 모세에게 아론과 훌이 있었고, 바울에게 디모데와 누가, 아굴라와 브리스길라가 있었던 것처럼, 우리 모든 성도가 함께 기도하며 섬기고 헌신하고 충성하시기를 축원합니다.

3. 하나님께 영광 돌리는 신앙

"유다가 올라가매 여호와께서 가나안 족속과 브리스 족속을 그들의 손에 넘겨주시니 그들이 베섹에서 만 명을 죽이고 또 베섹에서 아도니 베섹을 만나 그와 싸워서 가나안 족속과 브리스 족속을 죽이니 아도니 베섹이 도망하는지라 그를 쫓아가서 잡아 그의 엄지손가락과 엄지발가락을 자르매 아도니 베섹이 이르되 옛적에 칠십 명의 왕들이 그들의 엄지손가락과 엄지발가락이 잘리고 내 상 아래에서 먹을 것을 줍더니 하나님이 내가 행한 대로 내게 갚으심

이로다 하니라 무리가 그를 끌고 예루살렘에 이르렀더니 그가 거기서 죽었더라"(4-7절).

가나안과 브리스 족속은 가나안 일곱 족속 중 두 종족입니다. 가나안은 성읍에 거주했고, 브리스는 들판이나 촌에 사는 시골 사람들이었습니다. 유다 지파는 베섹에서 가나안인과 브리스인 1만 명을 죽이고 큰 승리를 거두었습니다. '아도니 베섹'은 '베섹의 주인'이라는 뜻으로, 그는 70명의 군왕을 지배하던 막강한 군주였으나, 이때 유다군에게 패하여 군사 1만 명을 잃고 그 자신은 포로가 되어 엄지손가락과 엄지발가락이 잘리게 되었습니다. 매우 가혹한 법이었으나, 이보다 더 가혹한 것은 눈을 뽑는 것이었습니다. 고대 그리스에서는 보통 포로의 손과 발과 귀를 잘랐다고 합니다. 고대의 왕이란 한 성읍의 성주나 촌장 또는 부족장을 가리킵니다. 아도니 베섹은 이런 왕 70명을 정복하고 포로로 만들어, 그들의 엄지손가락과 엄지발가락을 자르고 주리게 한 후, 그가 먹던 식탁 아래에서 개처럼 식물을 주워 먹게 한 것입니다. 고대 군주로서 가혹하고 거만하게 행세했음을 알 수 있습니다. 그런 그가 이제는 자기가 행한 대로 갚음을 받게 되었습니다. 무리가 이 아도니 베섹을 예루살렘으로 끌고 와 죽였습니다. 후일에 다윗이 여부스인을 멸하고 예루살렘을 완전히 점령하여 그의 수도로 삼았습니다(삼하 5:6-9).

흔히 '로렌스 형제'라는 이름으로 알려진 니콜라스 헤르만(Nicholas Herman)은 1611년 프랑스에서 태어나 십대 때 30년 전쟁에서 부상을 당해 다리를 절게 되었습니다. 그 후 여러 일을 전전하다 55세 때 영혼의 목마름을 채우려고 파리에 있는 카르멜 수도원에 평신도 수도사로 들어가 부엌일을 하게 되었습니다. 그는 수도사들의 식사를 준비해 주면서 부엌을 천국으로 만들었습니다. 그는 자신이 만든 음식을 수도사들이 먹는 것을 바라보면서 항상 감사했습니다. "하나님! 이 귀한 천사들을 섬기게 해주셔서 감사합니다." 그에게 비천한 부엌일은 가장 즐거운 일이었습니다. 그는 아무리 하찮은 일도 사명감을 가지면 소중한 일이 된다고 여겼습니다. 수도사들을 섬기면서 행복은 갈수록 커졌습니다. 그는 작은 일도 큰 일로 생각했고, 접시 하나 닦는 것을 수많은 군중에게 설교하는 것처럼 여겼습니다. 그렇게 20년을 변함없이 살자, 수도사들은 점차 그를 존경하게 되었고, 나중에 수도원에서 원장을 뽑을 때 원장 후보조차 될 수 없었던 평신도 수도사인 그가 원장으로 뽑혔습니다. 그에게 인간적인 행복의 조건은 없었습니다. 그는 교육도 받지 못했고, 절름발이로 가정도 이루지 못했지만, 날마다 산더미처럼 쌓인 힘든 부엌일을 하면서도 항상 기쁜 얼굴로 "나는 참 행복하다!"라고 말했습니다.

어느 날 국왕 루이 12세가 수도원을 방문해 그에게 행복의 비결을 묻자, 그는 이렇게 대답했습니다. "행복의 비결은 섬기는 데 있습니다." 그렇습니다. 행복은 별난 곳에 있는 것이 아닙니다. 행복은 사랑과 섬김에 있습니다. 환경이 아니라 사랑이 필요한 것입니다. 참된 사랑이 참된 행복을 만듭니다. 그는 고백합니다. "내 생애 최대의 발견은 초라한 오두막도 최고의 궁전으로 만들 수 있다는 것이었습니다. 메마른 환경은 아무 문제 될 것이 없고, 아무런 영향도 주지 못합니다." 그는 수도원에 가게 된 이유에 대해 이렇게 말했습니다. "나는 죄와 허물과 잘못이 많았습니다. 그래서 수도원으로 들어가 내 모든 잘못에 대한 벌을 받고 인생의 즐거움을 희생하기로 했습니다. 그러나 내 결심은 완전히 실패했습니다. 내가 희생으로 얻은 것은 만족밖에 없었기 때문입니다." 희생하면 더 많은 것을 얻습니다.

큰 희생은 큰 인생을 만듭니다. 절대 사랑은 절대 행복을 불러옵니다. 행복은 좋은 자리보다 섬기는 자리에서 생깁니다. 진짜 좋은 자리는 영광의 자리가 아니라 섬김의 자리입니다. 자극적이고 신비한 것이 아니라 꾸준하고 평범한 것에서 아름다움을 찾는 삶이 더 귀한 삶입니다. 우리는 갑자기 등장하는 신비한 혜성은 없어도 살지만, 매일 떠오르는 평범한 태양이 없으면 살지 못합니다. 그처럼 평범한 것에 행복의 조건이 숨어 있습니다. 행복은 멀리 있지 않습니다. 행복은 다른 사람을 행복하게 할 때 찾아옵니다.

유다 지파는 먼저 전쟁터로 나갔고, 시므온 지파와 연합했습니다. 가나안과 브리스 족속과 싸웠으며, 강하고 악한 아도니 베섹을 잡아서 죽였습니다. 그리고 그 모든 공로를 열두 지파와 나누고, 영광을 하나님께 돌렸습니다. 희생은 내가 하지만, 영광은 사람들과 나누고 하나님께 돌려야 합니다. 그래서 유다 지파는 결국 온 인류를 구원하기 위한 메시아가 태어나는 지파로 하나님께 쓰임 받았습니다. 이런 겸손과 나눔이 있고 하나님께 영광 돌리는 성도가 되시기를 축원합니다.

사랑하는 번동 가족 여러분!

우리는 지금 경쟁과 갈등이 가득한 세상에 살고 있습니다. 그래서 매일 전쟁과 같은 삶을 살아가고 있습니다. 이러한 때에 먼저 희생하고, 함께 협력하고, 하나님께 영광 돌리는 유다 지파와 같은 성도와 교회가 되어 모든 사람과 세상을 구원하는 도구로 쓰임 받기를 축원합니다.

복을 주시는 하나님

(시 67:1-7)

멋진 그림을 그리고 싶어 하는 화가가 있었습니다. 어느 날 그는 곧 결혼을 앞둔 예비 신부에게 세상에서 가장 아름다운 것이 무엇이냐고 물었습니다. 그러자 신부는 수줍어하며 대답했습니다. "사랑이지요. 사랑은 가난한 것을 부유하게, 적은 것을 많게, 눈물도 달콤하게 만들지요. 사랑 없이는 아름다움도 없어요." 화가는 고개를 끄덕였습니다. 이번엔 목사에게 똑같은 질문을 했습니다. 목사는 "믿음이지요. 하나님에 대한 간절한 믿음이야말로 세상에서 가장 아름답습니다" 하고 말했습니다. 그는 목사의 말에도 수긍했습니다. 그러나 그보다 더 아름다운 무엇이 있을 것만 같았습니다. 때마침 지나가는 한 지친 병사에게 물었더니, 그는 "무엇보다 평화가 가장 아름답고, 전쟁이 가장 추하지요"라고 대답했습니다. 순간 화가는 사랑과 믿음과 평화를 한데 모으면 멋진 작품이 될 것 같았습니다. 그 방법을 생각하며 집으로 돌아온 그는 아이들의 눈 속에서 믿음을 발견했습니다. 또 아내의 눈에서는 사랑을 보았으며, 사랑과 믿음으로 세워진 가정에 평화가 있음을 깨달았습니다. 얼마 뒤 화가는 세상에서 가장 멋진 작품을 완성했습니다. 그것은 다름 아닌 "가정"이라는 제목의 그림이었습니다. 우리 모든 성도의 가정과 교회 생활과 인생에 사랑과 믿음과 평화가 가득하기를 바랍니다.

세상에서 복을 싫어하는 사람은 없습니다. 예수님을 믿으면서도 복을 받기 위해 심지어 사주팔자 또는 토정비결을 보거나 점쟁이들을 찾아가는 경우도 있습니다. 교회에 다니면서도 믿음이 없거나 미래에 대해 불안해 하나님이 아닌 대상에게서 복을 구하는 것입니다. 그러나 성도에게는 예수님을 믿어 구원받고 성령님과 동행하는 것 자체가 복입니다. 사도 바울이 갈라디아 교인들에게 "너희의 복이 지금 어디 있느냐"(갈 4:15)라고 질문했을 때 그 복은 참된 복음을 통한 구원을 의미합니다. 복음이 변하지 않는 영원한 복입니다. 성령의 감동과 강림이 성도에게는 변치 않는 복입니다. 하나님은 하나님의 모든 자녀가 복 받기를 원하십니다. 복 주시는 하나님께서 오늘도 예배드리는 모든 분에게 영원히 변하지 않는 복을 부어주시기를 축원합니다.

1. 얼굴빛을 비추어 주십니다

"하나님은 우리에게 은혜를 베푸사 복을 주시고 그의 얼굴빛을 우리에게 비추사 (셀라)"(1절).

본문 시편 67편은 하나님이 이스라엘을 축복하시고, 그 이스라엘을 통하여 세계 만민을 구원하는 세계 선교의 정신이 가득 담겨 있습니다. 만민 구원과 만민 찬송과 만민 감사입니다. 특히 1절은 제사장의 축복의 내용이기도 합니다(민 6:24-25). 시인은 먼저 이스라엘을 축복해 주시기를 기도하고 있습니다. 이스라엘은 하나님의 백성이므로, 먼저 은혜를 베푸시고 복을 주시고 그 얼굴빛을 비추어 달라는 것입니다. '셀라'는 150개의 시편 중 39개에 71회 사용되었습니다. 시의 중간이나 끝에 사용하고 있는데, 곡조를 높이거나 쉬는 것을 뜻합니다. 또는 멈추고 들으라는 뜻도 있습니다. 앞 구절을 강조한다는 의미에서 '아멘'과 비슷한 면도 있습니다. 또 '셀라'는 속죄를 위해 이 땅에 보냄을 받은 예수 그리스도를 상징하고, '보내다'라는 뜻이기도 합니다. 하나님의 얼굴은 하나님의 임재를 뜻합니다(창 4:16). 얼굴이 빛난다는 것은 일반적으로 기쁨과 즐거움의 표현이며, 상대방에 대한 호의(잠 16:15)나 관계 회복을 뜻하는 표현이기도 합니다. 하나님께서 얼굴빛을 우리에게 비추어 주신다는 것은 하나님께서 온전히 함께하시어 최고의 은혜를 베풀어 주신다는 뜻입니다.

'아프리카의 성자'라 불리는 알베르트 슈바이처가 운영하는 아프리카(현재 가봉 공화국) 오고우에라는 강변 근처에 있는 랑바레네(Lambaréné)라는 병원이 있습니다. 이곳에 병원의 궂은일을 도맡아 하는 마리안 프레밍거라는 아름다운 간호사가 있었습니다. 헝가리 귀족의 딸로 태어난 그녀는 여러 악기의 연주에 능했으며, 비엔나에서 연극배우로 명성을 떨치기도 했습니다. 무엇 하나 부족함이 없던 그녀가 어느 날 슈바이처의 찬송가 연주를 듣게 되었습니다. 그러면서 '지금까지 내 인생은 허무한 것이었다. 가장 고귀하고 아름다운 삶은 남을 위한 삶이다'라고 생각하게 되었고, 이에 곧 아프리카행을 결심했습니다. 그리고 20년 동안 슈바이처가 운영하는 병원에서 흑인 병자들을 위해 헌신하다 눈을 감았습니다. 프레밍거가 남긴 마지막 말은, 다른 사람을 위한 삶이야말로 정말 행복한 삶이라는 것이었습니다. “오직 선을 행함과 서로 나누어 주기를 잊지 말라 하나님은 이 같은 제사를 기뻐하시느니라”(히 13:16). 먼저 주고, 조건 없이 주고, 더 많이 주십시오. 줄 때는 아무 말도 하지 마십시오. 그리고 가능하면 빨리 모두 잊어버리십시오. 주면서 받을 것을 생각하지 마십시오. 그것처럼 추한 것이 없습니다.

하나님의 얼굴빛이 비치면 인생과 가정과 교회와 세상이 밝아지고, 어둠과 악령의 역사는 다 떠나게 됩니다. 반대로 하나님의 얼굴빛이 떠나거나 약해지면 어둠과 마귀의 역사가 일어납니다. 인생 최고의 복은 하나님의 얼굴빛이 머무는 것입니다. 우리 모든 성도의 마음과 가정과 인생에, 그리고 우리 교회에 늘 하나님의 얼굴빛이 비치기를 축원합니다.

2. 찬송하게 하십니다

"하나님이여 민족들이 주를 찬송하게 하시며 모든 민족들이 주를 찬송하게 하소서 온 백성은 기쁘고 즐겁게 노래할지니 주는 민족들을 공평히 심판하시며 땅 위의 나라들을 다스리실 것임이니이다 (셀라) 하나님이여 민족들이 주를 찬송하게 하시며 모든 민족으로 주를 찬송하게 하소서"(3-5절).

본문에 ‘찬송하게’라는 표현이 네 번이나 반복되고 있습니다. 구원의 복음이 세계만방에 전파되고 세상 모든 민족이 회개하여 주를 믿음으로 주를 찬송하게 해달라는 기도입니다. 하나님께서 땅 위의 모든 나라를 공평히 심판하실 것이기에 온 백성이 기쁘고 즐겁게 하나님을 찬양할 것이라고 말합니다. 하나님이 통치하시는 나라에서 그분의 공의로운 통치를 받는 것보다 더 큰 기쁨은 없습니다. 차별이 많은 세상에서 공정하게 대우받으며 사는 것은 하나님의 은혜이기에 하나님을 높이, 평생 찬양하는 것입니다(시 146:2).

하나님은 외로움과 서운함이 교차하고 있던 아브라함에게 나타나셨습니다. 아브라함에게 꼭 필요한 때에 나타나신 것입니다. 하나님은 우리가 건강 문제 때문에 괴로워하고 있을 때 우리를 찾아오실 것입니다. 하나님은 우리가 물질의 어려움으로 남모르는 눈물을 흘릴 때 우리를 찾아오실 것입니다. 하나님은 우리가 신앙을 지키기 위해 홀로 외로운 길을 걷고 있을 때 우리를 찾아오실 것입니다. 하나님은 우리에게 하나님의 위로와 도움이 필요할 때마다 나타나십니다. 조카 롯이 떠난 후 여호와께서 아브라함에게 나타나셨습니다. 그리고 그에게 동서남북을 바라보라고 하셨습니다. 우리 모든 성도가 이 위대한 하나님의 음성을 듣기를 바랍니다. 이 축복의 음성은 아브라함에게만 국한된 것이 아니라, 하나님을 믿는 모든 자녀에게 주신 것입니다. 믿음은 소원을 갖게 합니다. 우리가 하나님을 믿는 순간 하나님은 우리에게 소원을 주십니다. 그리고 그 소원을 이루어 가십니다. 믿음의 사람들은 그 소원을 이루기 위해 절대로 넘어지지 않습니다. 혹 넘어져도 다시 일어납니다. 하나님께서 주신 소원을 위하여 땀과 눈물과 피를 흘리며 삽니다. 믿음의 사람들은 하나님께서 주신 꿈을 따라 살기 때문에 환경을 초월하고, 나이를 초월하고, 사람의 말을 초월해 하나님을 찬송하며 살아갑니다.

사람이 실패하고 약해지고 가난해지고 희망이 사라진 것처럼 보이면 주위에 있던 많은 사람이 슬그머니 하나둘씩 떠납니다. 때로는 친구와 가족과 성도들까지 떠납니다. 당연한 일입니다. 그러나 하나님은 사람들이 떠난 바로 그 자리에 오셔서 우리와 공감하고 울고 위로해 주십니다. 그렇기에 하나님을 평생 찬양하는 것입니다. 하나님은 우리의 찬양을 받기 위해 우리를 창조하셨습니다. "이 백성은 내가 나를 위하여 지었나니 나를 찬송하게 하려 함이니라"(사 43:21). 구원받은 백성은 입에서 찬양이 절로 나옵니다. 가장 크고 놀랍고 영원한 최고의 복은 구원입니다. 찬양과 구원은 함께 갑니다. 구원의 복을 주신 하나님을 평생 찬양하는 복된 성도들이 다 되시기를 축원합니다.

3. 경외하게 하십니다

"땅이 그의 소산을 내어주었으니 하나님 곧 우리 하나님이 우리에게 복을 주시리로다 하나님이 우리에게 복을 주시리니 땅의 모든 끝이 하나님을 경외하리로다"(6-7절).

추수에 대한 감사로서 찬양을 드리는 것입니다. 땅이 소산을 내어주어 추수하게 된 것이 곧 그들이 믿고 의지하는 하나님이 주신 복임을 노래하고 있습니다. 하나님이 주신 복에 대한 감사는 아무리 반복하고 강조해도 지나치지 않습니다. 감사와 찬양은 계속적이고 점진적이며 반복적으로 확대되고 있습니다. 하나님은 세상을 창조하시고 땅끝까지 통치하시기에 만방의 백성은 그 통치에 기쁘게 순종하여 하나님을 경외하는 것입니다. "물이 바다를 덮음같이 여호와를 아는 지식이 세상에 충만할 것임이니라"(사 11:9; 합 2:14). 모든 백성이 여호와를 경외하는 것이 하나님이 사람을 만드신 목적입니다. 또 독생자 예수 그리스도를 이 땅에 보내신 이유입니다(요 3:16). 모든 민족이 하나님의 창조와 통치와 복과 구원을 깨닫고 하나님께 돌아와 하나님을 찬양하고 경외하는 그날, 하나님의 뜻과 나라는 완성되는 것입니다.

사람은 누구나 부자가 되기를 원합니다. 그리고 우리는 부자가 되어야 합니다. 첫째, '돈 부자'(Money Rich)입니다. 돈 부자는 얼마나 가졌느냐가 아니라, 어떻게 쓰느냐가 중요합니다. 수백억의 돈을 은행에 보관만 하고 평생 쓰지 않는다면 그 사람은 부자가 아닙니다. 적은 돈이라도 좋은 일에 쓰는 사람이 진정한 부자입니다. 우리는 바로 이런 부자가 되어야 합니다. 둘째, '시간 부자'(Time Rich)입니다. 인생은 빠르게 지나갑니다. 쓸데없는 일에 시간을 낭비하여 쫓기며 사는 시간 가난뱅이가 되지 말고, 시간을 잘 선용하는 시간 부자가 되어야 합니다. 셋째, '친구 부자'(Friend Rich)입니다. 친구가 많은 사람이 인생 후반이 풍요로운 진짜 부자입니다. 넷째, '취미 부자'(Hobby Rich)입니다. 취미 부자는 늘 생기가 넘칩니다. 즐길 수 있는 일이 있어 나날이 설레기 때문입니다. 지금이라도 취미 부자가 되면 좋습니다. 다섯째, '건강 부자'(Health Rich)입니다. 건강이 좋지 않으면 앞의 모든 것이 무의미해집니다. 특히 다리가 튼튼해야 합니다. 나이 들어 다리가 약해지면 여행을 가도 멋진 풍경이나 훌륭한 건물보다 의자가 먼저 눈에 들어옵니다. 지금부터라도 건강 재산을 쌓아가야 합니다.

하나님은 하나님을 경외하는 자에게 물질과 시간과 친구와 취미와 건강의 복을 주십니다. 이 모든 복은 하나님에게서 나오고, 하나님이 주셔야 받을 수 있습니다. 성도는 이러한 복에 감사하며 하나님께 영광 돌리고, 하나님만 경외해야 합니다. 하나님을 경외하는 것과 복은 정비례합니다. 인간 최고의 지혜와 영원한 복은 오직 하나님을 경외하는 것에 있습니다(십계명 1~4계명). 하나님만 경외하는 최고의 복, 영원한 복이 우리 모든 성도의 가정과 우리 교회에 충만하기를 축원합니다.

사랑하는 번동 가족 여러분!

하나님 자신이 복이고, 하나님을 섬기는 것이 복이며, 하나님이 주시는 것이 복입니다. 여러분 모두에게 평생 하나님의 얼굴빛이 비치고, 하나님만 찬송하고 경외하는 복이 충만하시기를 축원합니다.

열둘을 세우신 예수님

(막 3:13-19)

우리 그리스도인의 인생 여정이 천국을 목적지로 하는 여행길이라고 한다면, 그 길에는 이 세상의 즐거움과 행복에 안주하게 하는 유혹이 참 많은 것 같습니다. 영혼은 더 많이 기도하고 더 신실하게 말씀대로 살아야 한다고 주장하지만, 육체의 정욕은 힘들고 피곤한 여행보다 이 세상이 제공하는 즐거움과 쾌락에 더 많은 시간과 힘을 사용하자고 주장합니다. 이 세상이 이렇게 좋은데 왜 힘들게 고생하며 그런 여행을 해야 하느냐고 합니다. 얼핏 들으면 맞는 말인 것 같습니다. 그러나 명절에 고향 가는 사람들이 그 여정이 힘들다고 중간에 포기하고 주저앉는 일은 없습니다. 마찬가지로 예수 그리스도께서 우리에게 주신 천국을 바라보는 사람들은 그 천국을 향한 여행을 멈추거나 늦출 수 없는 것입니다. 그런데 그런 모습으로 살아가는 것은 종종 세상의 비난거리가 되기도 합니다. 세상은 자기들과 다른 모습으로 살아가는 우리를 달가워하지 않습니다. 그래서 우리를 보고 배타적이고 독선적이라고 비방합니다. 베드로 사도는 우리가 그런 비방에 대항해 싸우는 것이 아니라, 그 사람들이 우리의 선한 모습을 보고 놀라고 감동하도록 해야 한다고 말합니다. 우리를 달가워하지 않는 사람들이 우리의 선한 모습에 감동하게 하려면 웬만큼 착해서는 안 될 것 같습니다. 그래서 우리 그리스도인의 삶은 힘들고 피곤합니다. 그러나 힘들고 피곤한 것이 우리가 목적지를 포기해야 하는 이유가 될 수는 없습니다. 우리는 누구나 힘들고 지칠 때가 있습니다. 혹시 지금 우리 중에 그렇게 지치신 분이 계실지도 모르겠습니다. 만약 그렇다면 하나님의 따뜻한 위로와 격려가 그분의 마음에 임하기를 바랍니다. 또 같은 믿음의 길을 가는 우리가 서로 힘들 때 부축하고 끌어주고 위로하면서 이 힘든 길을 기쁨과 감사함으로 함께 걸어갈 수 있기를 바랍니다. 우리의 본향으로 가는 길이 비록 어렵고 피곤할지라도 목적지를 향한 소망과 기대로 행복한 여행이 되기를 바랍니다. "서로 돌아보아 사랑과 선행을 격려하며 모이기를 폐하는 어떤 사람들의 습관과 같이 하지 말고 오직 권하여 그날이 가까움을 볼수록 더욱 그리하자"(히 10:24-25).

예수님이 열두 제자를 선택하신 일은 그분의 공생애에서 중심적인 사건이었습니다. 예수님은 공생애 3년 동안 그 열두 제자를 선택하고 훈련시키는 데 집중하셨습니다. 이 제자들에 의해 초대 교회가 세워지고, 구속의 사역이 기적적으로 계승된 것입니다. 예수님이 열두 제자를 선택하신 기사는 공관복음서가 똑같이 중요하게 다루고 있으나, 전후 연결 관계는 서로 다릅니다(마 10:1-4; 눅 6:12-16). 이 어려운 시대에 예수님은 우리 모두를 천국 본향을 위해 일하라고 불러주셨습니다. 오늘 본문을 통하여 주시는 은혜로 우리 모든 성도가 제자의 사명을 끝까지 잘 감당할 수 있기를 축원합니다.

1. 산에서 세우셨습니다

"또 산에 오르사 자기가 원하는 자들을 부르시니 나아온지라"(13절).

전해지는 말에 의하면, 이 산은 팔복을 말씀하신 히틴산이라고도 하고, 가버나움 북쪽의 벌판을 가리킨다고도 합니다. 모세가 시내산에서 십계명을 받고, 엘리야가 갈멜산에서 바알 선지자들과 싸우고, 예수님께서 산에서 산상수훈을 말씀하시고 또 영광스럽게 변화되시는 등 중요한 성경적 사건이 산에서 많이 일어난 것은 우연이 아니라 중요한 영적 의미가 있는 것입니다. 누가는 예수님께서 이 산에서 밤이 새도록 기도하신 후 아침에 열두 제자를 부르셨다고 밝힙니다(눅 6:12). 소일 삼아 산에 오르신 것이 아니라, 밤새 마음껏 기도하기 위해 오르신 것입니다. 산이 인간에게 엄숙하고 고요한 심성을 갖게 하고, 하나님을 경외하는 마음을 일깨워주는 훌륭한 영적 장소였기 때문에 간절히 기도하는 장소로 사용하신 것입니다. 예수님께서 밤새 산에서 기도하신 것처럼, 우리도 때로는 산이나 특별한 곳에서 땀이 피가 되도록 밤을 지새우며(눅 22:44) 기도하는 성도가 되기를 축원합니다.

2. 원하는 자들을 세우셨습니다

"또 산에 오르사 자기가 원하는 자들을 부르시니 나아온지라"(13절).

예정의 교리입니다. 제자들은 그들의 자격이나 바람에 의해서가 아니라, 전적으로 예수님의 원하심을 따라 선택되었습니다(롬 9:16).

예수님의 부르심은 단순한 부르심이 아니라 부르시고 특수한 사명을 맡겨주신 초청을 뜻합니다. 즉, 부르심은 곧 소명과 사명입니다. '나아온지라'는 제자들의 즉각적인 응답을 보여줍니다(마 4:19-22). 하나님의 부르심은 오로지 그분의 의지에 따라 주어진다는 사실을 분명히 하고 있습니다. 하나님의 주권적인 부르심에 인간의 적극적인 수용이 요청되기도 하지만, 그것은 부차적인 것에 불과합니다. 예수님은 모든 것을 기도 곧 하나님과의 대화로 해결하셨습니다. 이에 제자들이 자기의 모든 관심과 소망을 내려놓고 예수님의 부르심에 즉각적으로 따른 것입니다. 예수님이 그 원하심을 따라 우리 모두를 부르셨음에 깊이 감사하며, 우리 모두 전적인 순종으로 부르심에 응답하는 진정한 제자가 되기를 축원합니다.

3. 열둘을 세우셨습니다

"이에 열둘을 세우셨으니 이는 자기와 함께 있게 하시고 또 보내사 전도도 하며"(14절).

예수님께서는 숫자적으로 열두 명을 제자로 세우셨습니다. '세우셨다'는 것은 왕이나 제사장 같은 직에 임직할 때 사용하는 표현입니다. 예수님께서 열두 제자의 제도를 창설하신 것입니다. 이 숫자는 즉흥적으로 결정한 숫자가 아니라, 예정과 깊은 기도를 통해 결정된 하나님의 숫자입니다. '12'는 이스라엘 12지파의 수이자 유대인이 좋아하는 수로, 하늘의 수인 '3'과 땅의 수인 '4'를 곱한 것입니다. 이 열두 명은 새 이스라엘의 핵심이었습니다. 열둘이라는 숫자에는 신학적인 의미가 있습니다. 이 숫자는 궁극적으로 하나님의 백성 이스라엘을 상징합니다. 열두 명의 제자는 새 이스라엘의 보좌에 오른 12족장과 같은 영광을 얻었음이 분명합니다(계 21:14-15). 열두 제자의 선택은 이스라엘이 종말의 때 곧 메시아 시대에 열두 지파의 백성으로 회복되고 완성되리라는 예언서와 묵시 문학에 근거한 기대와 관련되어 있습니다. 열두 제자의 선택은 전체 이스라엘에 대한 예수님의 소원을 상징할 뿐 아니라, 이스라엘의 종말론적 구원에 대한 약속입니다. 즉, 열두 제자의 선택은 예수님의 구속사적 관점에서 새로운 역사적 실제의 탄생을 뜻합니다. 우리를 부르시고 구원하시며 영광의 나라에 들어가게 하시는 예수님께 감사와 찬양을 드리는 성도들이 되시기를 축원합니다.

4. 함께 있게 하시고 전도도 하며 귀신을 내쫓는 권능도 주셨습니다

> **"이에 열둘을 세우셨으니 이는 자기와 함께 있게 하시고 또 보내사 전도도 하며 귀신을 내쫓는 권능도 가지게 하려 하심이러라" (14-15절).**

예수님은 이 세 가지 목적을 위해 제자들을 부르셨습니다. 이는 예수님의 권능을 제자들에게 부여하신 것이며, 복음 전도에 사용하도록 주신 것입니다. 예수님이 제자들을 세우신 것은 첫째로 예수님과 함께 있게 하시기 위함이고, 둘째는 전도하게 하시기 위함이며, 셋째는 귀신을 내쫓는 권능을 주시기 위함이었습니다. 예수님의 열두 제자는 예수님과 가장 친밀한 관계를 맺으며 살아가야 했습니다. 예수님과 함께 살고 대화하며 배워야 했습니다. 그리고 훈련된 제자들은 세상으로 나아가 전도해야 했습니다. 전도하지 않는 제자는 더는 제자가 아닙니다. 전도할 때 진정한 제자가 되는 것입니다. '사도'의 헬라어 '아포스톨로스'(ἀπόστολος)는 '보냄을 받은 자'라는 뜻입니다. 제자는 전도의 사명을 온전히 감당해야 합니다. 열두 제자의 사역은 복음을 전하며 귀신을 내쫓는 것이었습니다. 이 귀신 축출의 권세는 원래 예수께서 지니신 권능으로, 이제 사탄의 왕국을 몰아내고 하나님 나라를 건설하기 위해 부름 받은 제자들에게 부여되고 있는 것입니다. 하나님 나라의 복음을 전하는 일과 귀신을 내쫓는 일은 서로 밀접하게 연관되어 있습니다. 예수님이 이루고자 하시는 구원은 사탄과 그의 귀신들을 멸하고 구원받은 자들과의 친밀한 교제를 완성하는 것입니다. 사탄이 지배하는 곳에는 복음이 없고, 예수님의 복음이 지배하는 곳에서는 사탄의 세력이 사라집니다. 본문 16-19절에서는 열두 명의 제자 명단을 기록하고 있습니다. 성경은 역사적인 책이고, 제자들은 역사에 분명히 존재한 인물입니다. 기독교는 전설이나 설화, 동화, 소설이 아닌 일점일획도 거짓이 없는, 사실과 진리로만 가득한 역사적인 종교인 것입니다. 예수님은 지금 우리 모두에게도 복음을 전하고 귀신을 내쫓는 사명과 능력을 주셨습니다. 성도인 우리는 이 일을 반드시 해야 하고, 또 할 수 있습니다.

지혜로운 부모는 자녀에게 물고기보다 그물을 유산으로 남깁니다. 유대인의 탈무드에 "자녀에게 물고기 한 마리를 주면 하루를 살 수 있지만, 물고기 잡는 법을 가르쳐주면 평생을 살 수 있다"라는 말이 있습니다. 자녀에게 남겨야 하는 유산은 재물이 아니라 재물을 모을 수 있는 지혜임을 강조한 말입니다. 그런 까닭에 유대인들은 자녀 교육에 매우 힘썼습니다. 재물을 유산으로 남기기보다 재물을 모으는 지혜를 가르쳤습니다. 어떤 환경에서도 살아남을 수 있는 삶의 기술을 가르친 것입니다. 인생에서 성공하기 위해서는 열심히 살아야 합니다. 성공한 사람들을 보면 한결같이 열심히 사는 사람들임을 알 수 있습니다. 그런데 열심히 사는 것보다 더 중요한 것이 있습니다. 그것은 지혜롭게 사는 것입니다. 인생에서 성공하기 위해서는 성공하는 비결을 터득해야 합니다. 곧 지식이 필요한 것입니다. 그리고 그 지식을 활용할 수 있는 지혜를 얻게 되면 독수리처럼 하늘을 비상하는 사람이 될 수 있습니다. 그래서 잠언은 곳곳에서 지식과 지혜의 중요성을 강조하고 있습니다. "집은 지혜로 말미암아 건축되고 명철로 말미암아 견고하게 되며 또 방들은 지식으로 말미암아 각종 귀하고 아름다운 보배로 채우게 되느니라 지혜 있는 자는 강하고 지식 있는 자는 힘을 더하나니"(잠 24:3-5).

인생에서 성공하기 위해서는 지식을 소유하고 지혜를 얻어야 합니다. 참으로 강한 자는 지혜 있는 자입니다. 우리는 자녀에게 환경을 초월해서 복을 받을 수 있는 지혜를 가르쳐야 합니다. 물고기 한 마리가 아니라 그물을 남기는 것은 지혜를 남기는 것과 같습니다. 물고기는 오래가지 못합니다. 시간이 지나면 썩습니다. 냄새가 납니다. 그러나 그물을 소유한 사람은 평생 싱싱한 물고기를 먹을 수 있습니다. 그물을 소유하고 그물을 던져 물고기 잡는 법을 배우면 일평생을 풍요롭게 살 수 있습니다. 이삭은 아버지 아브라함으로부터 환경을 초월해 형통하는 비결을 배웠습니다. 아브라함은 이삭에게 하나님의 말씀을 전수했습니다. 하나님은 하나님의 법도를 자녀들에게 가르칠 것을 아브라함에게 명하셨습니다. 우리의 자녀를 성경으로 바르게 양육하는 것이 곧 물고기 잡는 방법을 가르쳐주는 것입니다. 성경은 지혜의 보고(寶庫)이기 때문입니다. 우리 모두와 그 자녀들이 말씀에 전적으로 순종하여 '아이야요'(아브라함, 이삭, 야곱, 요섭)의 복을 받기를 축원합니다.

사랑하는 번동 가족 여러분!

예수님께서 전도하고 귀신을 내쫓게 하시기 위해 수많은 사람 가운데서 그 뜻대로 우리를 부르시고 예수님과 함께 있게 하셨음에 감사하시기를 바랍니다. 나아가 군중이나 팬이 아니라 순교의 각오로 예수님을 섬기는 이 시대의 진정한 제자들이 되시기를 축원합니다.

여호와는 우리 편

(시 124:1-8)

미국 하버드 대학의 탈 벤 샤하르 교수는 그의 책 《하버드는 학생들에게 행복을 가르친다》(Happier)에서 '행복의 원(圓)'에 대해 이야기합니다. 어린 자녀들이 어머니가 지켜보는 반경 안에서 놀 때 안정을 느끼고 행복해하듯, 행복의 원은 자신을 무조건 사랑하는 사람이 옆에 있을 때 느끼는 행복의 테두리라는 의미입니다. 한번 스스로에게 질문해 봅시다. '나에게는 그런 행복의 원이 있는가?' 누군가 나를 일방적으로 사랑하고 지지해 주고 보호해 주는 행복의 원이 있다면 우리는 안심하고 살 수 있을 것입니다. 그런데 성경은 이렇게 말씀합니다. "여호와께서 너를 지켜 모든 환난을 면하게 하시며 또 네 영혼을 지키시리로다 여호와께서 너의 출입을 지금부터 영원까지 지키시리로다"(시 121:7-8). 하나님이 나를 사랑하고 지켜주신다는 것입니다. 그분은 세상을 창조하시고, 우리에게 십자가의 고귀한 사랑을 허락하신 분입니다. 우주보다 크시고, 햇살보다 뜨거우시며, 꽃보다 아름다우신 분입니다. 누구보다 강하고 위대하지만, 누구보다 의롭고 선하신 그분이 나를 사랑한다고 하십니다. 그렇습니다. 우리에겐 가장 완벽한 행복의 원이 있습니다. 그 사실을 기억하고 누리는 그것이 우리의 행복 습관이 되길 소망합니다.

본문은 큰 위기에서 구원받은 것에 감사하는 시로, 다윗이 수리아 및 에돔과의 전쟁에서 구원받은 것을 회고하는 시입니다. 다윗은 여호와께서 적의 맹렬한 공격에서 자신을 구원해 주셨음을 찬양하고 있습니다. 하나님께서 지금까지 고난과 역경과 수많은 적의 공격으로부터 우리를 보호하시지 않았다면 지금 우리는 이 세상에 존재하지 못했을 것입니다. 오늘의 모든 것은 전적인 하나님의 은혜이고 사랑이며 놀라운 복의 증거입니다. 모든 인간은 하나님의 형상대로 창조되었습니다. 이에 하나님을 섬기고 찬양함이 마땅합니다(사 43:21). 그럼에도 우리는 종종 하나님의 목적대로 살지 못하고 하나님을 떠나지만, 그럴 때도 하나님은 결코 우리를 떠나거나 버리지 않으시고 언제나 우리 편이 되어 주십니다. 우리가 혹 세상과 죄와 사탄의 편이 되었을지라도, 하나님은 결코 우리를 버리지 않으시고 우리 편이 되어 모든 죄악과 위험에서 우리를 구원해 주십니다. 이는 우리의 공로가 아닌 전적인 하나님의 은혜입니다(엡 2:8-9). 이러한 하나님을 믿고 찬양하고 전하며 살아가는 성도가 되시기를 축원합니다.

1. 인간의 위기

"이스라엘은 이제 말하기를 여호와께서 우리 편에 계시지 아니하셨더라면 우리가 어떻게 하였으랴 사람들이 우리를 치러 일어

날 때에 여호와께서 우리 편에 계시지 아니하셨더라면 그때에 그들의 노여움이 우리에게 맹렬하여 우리를 산 채로 삼켰을 것이며 그때에 물이 우리를 휩쓸며 시내가 우리 영혼을 삼켰을 것이며" (1-4절).

다윗은 지난 격전을 회상하며 감사하고 있습니다. 그 어려운 때에 여호와께서 자신들의 편에 계시지 않았다면 자신들은 멸망하고 살아남지 못했을 것이며, 적들에게 산 채로 삼켜졌을 것이라고 말합니다. 이는 급작스럽고 완전한 멸망을 표현한 것입니다. 실제 하나님께서 그들 편에 계시지 않았다면 이스라엘은 완전히 멸망했을 것입니다. 그는 큰물이 모든 집과 물건을 삼킴같이 온 나라와 마을과 모든 사람이 휩쓸릴 뻔했다고 말합니다. 큰물은 인간의 불가항력적인 힘을 가리킵니다. 하나님이 자신들의 편이 아니었다면 모두 물에 떠내려갔을 것이라고 고백하고 있습니다. 즉, 하나님이 원수의 노여움을 막아주셔서 오늘이 있음에 감사하는 시입니다.

어느 책에서 읽은 '카나리아'라는 새에 관한 이야기입니다. 영국에 사는 어떤 부자가 카나리아 한 마리를 사서 발목에 금가락지도 끼워주고, 머리에 꽃으로 만든 관도 씌워주면서 20년 동안 애지중지 키웠습니다. 그런데 어느 날 그 부자의 집에 불이 나서 새장의 문이 열리는 바람에 그 카나리아가 어디론가 날아가 버리고 말았습니다. 그 부자는 오랫동안 정이 들었던 그 카나리아를 찾기 위해 사방으로 수소문했습니다. 그러다 2개월이 지난 어느 날 그 부자가 처음 그 카나리아를 샀던 마을에서 발견되었다는 소식을 들었습니다. 그 부자는 깜짝 놀랐습니다. 그곳은 그가 사는 곳으로부터 무려 4,800킬로미터나 떨어진 곳이었기 때문입니다. 그 카나리아는 무려 20년이란 긴 세월이 흘렀는데도 부잣집의 새장에서 풀려나온 후 자기 고향을 향해 날아간 것입니다. 그 부자는 그 동네 사람들의 손에 의해 자기 집으로 돌아온 그 카나리아를 더는 키울 수가 없었습니다. 그래서 그 카나리아를 새장에서 꺼내 다시 고향으로 날려 보냈다고 합니다.

다소 미스터리 같은 이야기이지만, 이 이야기를 통해 한 가지 알 수 있는 것이 있습니다. 동물의 '귀소본능'(歸巢本能, homing instinct)입니다. 이 귀소본능은 비단 카나리아에게만 나타나는 것이 아닙니다. 꿀벌이나 제비, 연어 등도 태어난 곳으로 다시 돌아가는 귀소본능이 뛰어난 동물로 알려져 있습니다. 이러한 동물들은 아무리 멀리 떨어져 있다 해도, 어떠한 어려움이 있다 해도, 자신들이 태어나고 자란 고향으로 돌아갑니다. 이 귀소본능은 학습이나 훈련을 통해 생기는 것이 아니라 세상을 만드신 창조주 하나님께서 주신 특별한 본능입니다. 그리고 이 귀소본능은 우리 인간에게도 있습니다. 그래서 사람들은 직장이나 학업, 사업, 입대 등으로 고향을 떠나 있어도 항상 고향을 그리워합니다. 여우도 죽을 때는 자기가 난 곳을 향해 머리를 둔다는 '수구초심'(首丘初心)이라는 말이 있는 것처럼, 사람도 나이가 들수록 고향을 그리워합니다. 명절에 고향 가는 길이 쉽지 않음에도 꼭 고향에 가고, 또 혹 어떤 사정 때문에 고향에 가지 못해도 고향을 생각하는 것은 바로 이 귀소본능 때문입니다. 그런데 우리가 여기서 기억해야 할 것이 있습니다. 이 세상의 고향은 우리의 영원한 고향이 아니라는 사실입니다. 이 땅의 고향은 잠시 잠깐 머무르는 정류장과 같습니다. 우리에게는 영원한 고향이 있음을 알아야 합니다. 그리고 그 영원한 고향을 사모해야 합니다(빌 3:20).

우리 주위에는 우리를 삼키려 하는 맹렬한 불과 물이 늘 넘실대고 있습니다. 지금까지 하나님이 우리를 지켜주시지 않았다면 아마 우리는 진작 불과 물에 흔적도 없이 사라졌을 것입니다. 이 세상이 아닌 저 지옥에 떨어져 있을 것입니다. 지금까지의 우리의 모든 것은 우리의 공로가 아니라 전적인 하나님의 은혜입니다. 인간의 연약함을 인정하면서 하나님께서 우리 편이 되어 불과 물의 위험에서 건져주신 은혜에 감사하고 찬양하고 영광 돌리는 성도가 되시기를 축원합니다.

2. 하나님을 찬송함

"그때에 넘치는 물이 우리 영혼을 삼켰을 것이라 할 것이로다 우리를 내주어 그들의 이에 씹히지 아니하게 하신 여호와를 찬송할지로다"(5-6절).

'넘치는 물'은 원어적으로 '거만한 물'을 뜻합니다. 물이 사람을 무시하고 거만하다는 것입니다. 솟구치거나 빙빙 돌거나 구르거나 소리를 지르듯 소동하는 교만하고 오만방자한 인간의 모습을 묘사합니다. 바위에 달려와 부서지고 해안을 향해 돌진하는 파도와 같은 격류는 개인과 무리와 군대와 군중과 같은 다수가 품은 인간적 격정의 상징입니다(시 65:7). 우리의 원수 마귀는 사정없이 몰사시키고 삼키고 파괴하는 물과 같습니다. 이어 다윗은 하나님이 자신들을 씹히지 않게 하셨다고 말하고 있습니다. 비유는 바뀌었으나, 동일 개념이 계속되고 있습니다. 이는 사나운 야수와 짐승으로 말미암아 멸망하는 것입니다. 격류 못지않게 무서운 것입니다. 연약한 인간은 격류도 당할 수 없고, 사나운 짐승도 피할 수 없습니다. 우리는 우리 주위의 수많은 격류와 사나운 짐승 가운데에서도 우리를 건져주신 여호와를 찬송해야 합니다. '찬송할지로다'의 히브리어 '바루크'(בָּרוּךְ)는 '송축하다', '은혜로 복 주다'의 뜻입니다. 여호와만이 최고의 찬양을 받으실 만한 분이시라는 사실을 강조하는 표현입니다. 이는 마음에서 우러나오는 최고의 감사를 강조한 것입니다. 시편 전체는 하나님의 위대한 구원에 대한 감사와 하나님에 대한 경외하는 마음을 담고 있습니다.

조지 휫필드는 미국의 대부흥을 주도했던 위대한 부흥사인데, 사실 그는 미국 태생이 아니라 영국 사람입니다. 여인숙을 하는 부모 밑에서 태어나 큰 은혜를 받고 목회자가 되어 사역하면서 미국에 전도 집회를 하러 많이 왔다가 정착하게 되었다고 합니다. 당시 미국으로 건너온 청교도들이 많았지만, 수적으로는 영국의 국교도가 여전히 많았습니다. 그때는 교회가 세례받은 성도의 숫자만큼 국가의 지원을 받았기 때문에 아이들도 태어나면 바로 유아세례를 주었고, 그 결과 기독교인 10명 중 9명은 거듭나지 않은 명목상의 그리스도인이었습니다. 이 사실을 안타깝게 여긴 휫필드는 거듭나지 못한 명목상의 신자들을 향해 강력한 복음의 메시지를 전하면서 거듭남의 필요성을 강조했습니다. 안타깝게도 당시 교회는 그런 휫필드를 못마땅히 여겨 교회 문을 열어주지 않았고, 그는 할 수 없이 야외 집회를 인도하는 부흥사가 되었습니다. 휫필드는 타고난 큰 목소리와 호소력이 강한 메시지로 많은 사람을 진정한 회심에 이르게 했습니다. 그는 점차 유명해져 요즘의 유명 연예인이나 운동선수처럼 인기가 있었습니다. 그래서 그는 건강에 무리가 되는 줄 알면서도 집회를 요청받으면 어디든 달려가 말씀을 전하고 참된 중생의 복음을 선포했습니다. 그는 죽기 바로 전날까지도 극도로 건강이 좋지 않은 상태에서 2시간을 설교한 다음, 평소 앓던 천식이 발작해 다음 날이자 자신의 생일인 1770년 9월 30일에 56세를 일기로 주님 품에 안겼습니다. 그는 생전에 "나는 닳아서 없어지기보다 타 없어지기를 원한다"라는 유명한 말을 했는데, 자신의 말대로 불꽃 같은 삶을 살았습니다.

더욱 감동적인 것은 그의 비문입니다. 휫필드는 일반 묘지보다 그의 사역의 근거지였던 올드사우스장로교회에 묻히기를 원했고, 교회는 그의 소원대로 강대상 바로 밑 지하실에 그의 시신을 묻었습니다. 그런데 그의 비문이 너무나 인상적입니다. 보통 위대한 사람들의 비문에는 그의 업적이나 생애를 짧게 요약하는 글을 적는데, 휫필드의 비문에는 이렇게 적혀 있었습니다. "여기 조지 휫필드가 묻혔다. 그가 어떤 사람이었는지는 심판 날에 드러날 것이다"(Here lies G. W. What sort of a man he was, the great day will discover). 놀랍게도 이 비문은 휫필드가 스스로 미리 준비한 것이었습니다. 휫필드는 심판대 앞에 섰을 때 자신의 행위가 다 드러난다는 것을 알고 부끄럽지 않은 인생을 살고자 노력했던 것입니다.

우리의 고난을 세밀히 알고 계시는 하나님께 믿음으로 충성하고, 우리를 물과 사나운 짐승으로부터 구원하신 하나님을 평생 찬양하며 살아가는 우리 교회와 성도들이 되시기를 축원합니다.

3. 도우시는 여호와의 이름

"우리의 영혼이 사냥꾼의 올무에서 벗어난 새같이 되었나니 올무가 끊어지므로 우리가 벗어났도다 우리의 도움은 천지를 지으신

여호와의 이름에 있도다"(7-8절).

새가 올무에 걸려 잡히듯이 이스라엘 백성의 생명이 적의 올무에 걸려 죽게 되었으나, 그 올무가 끊어져 구원받게 된 것을 찬양하는 내용입니다. 올무가 끊어졌다는 것은 적의 포위망이 깨졌다는 것을 뜻합니다. 이는 천지를 창조하신 전능하신 하나님이 이스라엘의 편을 들었기 때문입니다(시 121편). 여호와의 이름은 나타나신 바 된 전능하신 하나님을 뜻합니다. 올무가 끊어지게 하신 분은 여호와이십니다. '벗어났다'는 표현이 2회 반복된 것과 '올무가 끊어짐'을 감격조로 노래한 것은 곧 승리에 대한 선포입니다. 여호와께서 도와주시지 않으면 누구도 구원받지 못하고 멸망할 수밖에 없는 것입니다. 구원은 오직 여호와의 손과 이름에 있습니다. 이는 구원은 인간이 아니라 이스라엘과 언약을 맺으신 하나님에게서 온다는 것입니다. 천지를 창조하신 하나님은 이미 인간 구원의 사역까지 계획하셨습니다. 하나님은 인간 구원을 먼저 예정하셨고, 그리고 우리 각자에 대한 창조 사역을 시작하셨습니다(엡 1:4). 인간을 보호하고 구원하는 것은 여호와의 이름으로만 가능합니다.

어느 마을에 한 억만장자가 살고 있었습니다. 그의 집에 보물 창고가 있다는 소문을 들은 전문 털이범 조직원들의 귀가 솔깃해졌습니다. 그도 그럴 것이 그 사람의 재산 규모로 볼 때 보물 창고에는 엄청난 액수의 현찰이나 귀금속 등이 가득 들어 있을 것이 뻔했기 때문입니다. 그래서 기회를 엿보다 그 집을 털기로 작정합니다. 그들은 첨단 기술로 삼엄한 경비와 보안 장치를 뚫고 마침내 보물 창고의 문을 엽니다. 그런데 실망스럽게도 그 큰 창고에는 낡은 자전거 한 대만 덩그러니 놓여 있었습니다. 허탕을 친 털이범 두목이 화가 나 억만장자에게 전화를 겁니다. "당신, 도대체 정신이 있소, 없소? 보물 창고에 숨겨 놓은 게 고작 고물 자전거란 말이오?" 억만장자는 허허 웃으며 털이범에게 이렇게 말했습니다. "우리 가족이 창고를 지어놓고 거기다 집어넣을 가장 소중한 보물이 과연 무엇일지 의논해 봤소. 그랬더니 이구동성으로 말한 게 바로 그거요. 우리가 가장 행복했던 순간은 내가 사업에 크게 성공했을 때도 아니고, 대저택을 구입했을 때도 아니고, 호화롭게 세계 일주를 했을 때도 아니고, 최고급 식당에서 외식을 했을 때도 아니었소. 오히려 가난했던 시절 온 가족이 동네 공원에 함께 모여 그 낡은 자전거를 타며 즐기던 어느 날 오후 한때였소. 그래서 그 고물 자전거를 우리 가정의 보물로 정한 거요. 어쨌든 우리 가정의 보물을 가져가지 않아서 정말 고맙소."

비록 실제 이야기는 아니겠지만, 이 이야기는 우리에게 귀중한 교훈을 줍니다. 사람들이 세상에서 귀하게 여기는 것보다 오히려 소홀히 여기고 무시하는 것이 오히려 우리 인생의 보물과 가정의 가보(家寶)가 될 수 있다는 사실입니다. 어쩌면 많은 사람이 불행한 이유는 정말 소중한 보물을 아직 발견하지 못한 까닭인지도 모릅니다.

세상의 좋은 모든 것이 다 있어도 여호와의 이름이 없으면 아무것도 없는 것이며, 그 결국은 저주와 멸망일 뿐입니다. 모든 것은 구속사적으로 해석해야 합니다. 여호와의 이름을 믿으면 그 결과는 구원과 천국과 영생입니다. 그러나 여호와의 이름이 없으면 저주와 지옥이 기다리고 있을 뿐입니다. 여호와의 이름을 믿고 부를 때 여호와가 우리 편이 되는 것입니다. 여호와가 우리 편인 것처럼, 우리 역시 평생 여호와의 이름을 믿고 찬양하며 여호와의 편이 되기를 축원합니다.

사랑하는 번동 가족 여러분!

우리가 누구 편인지는 매우 중요합니다. 그것으로 모든 것이 결정되기 때문입니다. 우리 모든 성도가 인간의 위기에서 우리를 보호하고 구원하시는 하나님을 찬송하고, 또 도우시는 여호와의 이름을 믿고 전함으로 영원한 여호와의 편이 되시기를 축원합니다.

말씀 밖으로 넘어가지 말라

(고전 4:6-13)

인생에서 지금 이 시간이 가장 중요한 시간입니다. 지금 이 시간이 가장 행복한 시간입니다. 지금 이 시간이 가장 기쁜 시간입니다. 지금 이 시간이 가장 보람된 시간입니다. 우리에게 자족하는 마음만 있다면 우리는 지금 이 시간을 생애 최고의 시간으로 만들 수 있습니다. “다음에 행복할 거야.” “다음에 즐길 거야.” “다음에 웃을 거야.” “다음에…다음에…” 하고 미루지 마십시오. ‘다음’이란 영원히 오지 않는, 존재하지 않는 시간입니다. 이 시간을 놓치지 말고 마음껏 누리십시오. 지금만이 우리의 시간입니다.

바울과 아볼로가 본을 보인 것은 단순히 개인의 영광과 칭찬을 위한 것이 아니었습니다. 그들의 삶을 지켜보며 살아가는 수많은 성도와 무엇보다 모든 것을 판단하실 분은 주님이라는 것을 의식하고 있다는 점에서 그들의 지도자적 자질은 더욱 빛나고 있습니다. 특별히 바울은 기록된 말씀 밖으로 넘어가지 말라고 경고하고 있습니다.

그러면서 고린도 교회의 파당과 분쟁이 그들의 자랑과 교만에서 나온 것이라고 말합니다. 자랑과 교만으로 하나님의 말씀을 마음대로 해석하거나 가감하고 가볍게 생각해서는 안 됩니다. 세상의 그 무엇도 말씀 위에 설 수 없습니다. 하나님의 말씀은 사람이나 상황에 따라 다르게 해석될 수 있는 것이 아니라, 오직 신앙과 행위의 표준이 되는 것입니다. 하나님의 말씀을 아전인수격으로 해석하거나 경홀히 여기거나 경멸해서는 안 됩니다. 언제나 말씀 안에 거하고, 말씀 아래 있어야 합니다. 말씀에 순종하고 그 지배와 영향을 받아야 합니다. 어떤 경우에도 말씀의 선을 넘어 말씀 밖으로 넘어가지 않고 말씀 안에서 순종하고 충성하는 성도들이 되시기를 축원합니다.

1. 교만하지 말아야 합니다

"형제들아 내가 너희를 위하여 이 일에 나와 아볼로를 들어서 본을 보였으니 이는 너희로 하여금 기록된 말씀 밖으로 넘어가지 말라 한 것을 우리에게서 배워 서로 대적하여 교만한 마음을 가지지 말게 하려 함이라 누가 너를 남달리 구별하였느냐 네게 있는 것 중에 받지 아니한 것이 무엇이냐 네가 받았은즉 어찌하여 받지 아니한 것같이 자랑하느냐"(6-7절).

분쟁하는 심리는 자기편을 지나치게 높이고, 다른 편은 지나치게 낮추는 것입니다. 한 편은 천사로 만들고, 다른 편은 마귀로 만들어 버립니다. 이런 것이 자기 분수를 넘어가는 것이고 교만한 일입니다. '교만'은 고린도전서에서 6회나 언급됩니다. 이는 고린도 교인들이 얼마나 오만불손했는지를 짐작하게 해줍니다. '구별하다'의 헬라어 '디아크리노'(διακρίνω)는 '추려내다', '다르게 하다'라는 뜻입니다. 고린도 교인들은 자기들은 다른 사람들과 다르다며 우월감과 교만한 마음을 가졌습니다. 바울은 고린도 교인들도 모두 같은 죄인이기 때문에 어느 누구도 교만할 수 없고, 어느 누구도 은혜와 은사를 자랑할 수 없다고 말합니다. 인간은 자신이 가진 모든 것을 하나님에게서 받았기 때문에 자랑하거나 교만할 수 없다는 것입니다. 누구라도 교만하면 말씀 밖으로 넘어가는 것이고, 말씀 밖으로 넘어가는 자도 교만한 사람입니다.

교만한 사람은 늘 따돌림을 당하지만, 겸손한 사람은 어디서 환영받습니다. 자기를 낮출 줄 아는 것은 큰 지혜입니다. 어떤 지혜보다 겸손을 배우는 지혜가 가장 큽니다. 겸손한 사람은 주위의 충고를 감사한 마음으로 듣지만, 교만한 사람은 좋은 충고를 듣지 않으므로 몰락의 길을 걷습니다. 겸손은 말만 낮추는 것이 아니라 진실로 자기가 부족하다는 사실을 깊이 자각하여 더 배우려고 하는 것입니다. 겉만 겸손한 것은 오래가지 못합니다. 마음이 겸손해야 합니다. 마음이 겸손하고 온유한 사람은 존경을 받습니다. 존경받는 사람은 주변 사람들에게 힘이 됩니다. 그리고 그런 사람은 어려움에 처하면 이웃들이 달려와 도와주고 같이 염려해 줍니다. 아무리 재물이 많은 사람이라도 존경받지 못하면 어려움에 처했을 때 도와주는 사람이 없고, 오히려 주변 사람들이 고소해합니다. 재물이 가장 귀한 것처럼 보여도 진짜 귀한 것은 이웃으로부터 존경을 받는 것입니다. 하나님은 인간을 겸손하게 만드셨습니다. 만물이 창조된 것을 보더라도, 인간은 맨 마지막에 만들어졌기에 그 어떤 만물보다 앞서지 못합니다. 그런데 하나님께서 겸손할 수밖에 없고 더는 낮아질 수 없는 그들에게 다가오심으로 큰 복과 사랑을 받아 에덴동산에 거하게 된 것입니다. 그렇게 겸손할 수밖에 없었던 인간이 죄로 말미암아 거만해지고 험악해졌습니다. 오만불손한 모습의 극치는 하나님을 대적하는 것이며 하나님을 의심하는 것이요, 그 명령을 지키지 않고 자기의 뜻대로, 자기가 원하는 대로 사는 것입니다. 바벨탑의 인류가 그러했고, 노아의 홍수 때가 그러했습니다. 죄로 말미암아, 욕심으로 말미암아 남게 된 것은 교만이었습니다. 사람들은 이 모습이 자신의 본모습인 양 살아갑니다. 그러나 은혜 받고 성령을 받으면 맨 먼저 자신의 연약한 모습을 발견하고 하나님께 엎드립니다. 이것이 하나님이 우리에게 주신 본모습입니다. 하나님을 대적하고 불순종하는 것이 아니라 그 앞에 엎드리는 것이 인간의 본모습입니다.

그럼 어떻게 하면 그 본모습으로 돌아갈 수 있을까요? 인위적으로라도 하나님 앞에 겸손할 때 그렇게 될 수 있습니다. 하나님의 말씀에 최고의 권위를 두어야 합니다. 높고 높은 창조주이신 그분의 권위와 이름을 높여야 합니다. 낮은 자존감과 패배감이 아니라, 믿음으로 자신의 모습을 보고 하나님을 힘으로 삼는 것이 겸손입니다. 예수님은 이 땅에서도 하나님의 아들이셨으나 자기보다 하나님의 이름을 더 높이셨고, 죽기까지 순종하는 모습을 보이셨습니다. 기도를 통해 끝없이 하나님의 도우심을 간구했던 모습이 바로 겸손이었습니다.

그리스도인의 참된 겸손은 모든 것이 하나님에게서 왔다는 사실을 인정하는 것에서 출발합니다. 종교개혁가 칼빈은 타락한 인간의 본성에서 겸손할 수 있는 선한 의지를 발견한다면 그것조차 하나님의 은혜임을 알아야 한다고 말합니다. 우리는 절대로 교만하지 말고 겸손해야 합니다. 겸손은 말씀 안에 있는 것이고, 교만은 말씀 밖으로 넘어가는 것입니다. 겸손함으로 평생 말씀으로 충만한 성도가 되시기를 축원합니다.

2. 정죄하지 말아야 합니다

"너희가 이미 배부르며 이미 풍성하며 우리 없이도 왕이 되었도다 우리가 너희와 함께 왕 노릇 하기 위하여 참으로 너희가 왕이 되기를 원하노라 내가 생각하건대 하나님이 사도인 우리를 죽이기로 작정된 자 같이 끄트머리에 두셨으매 우리는 세계 곧 천사와 사람에게 구경거리가 되었노라"(8-9절).

고린도 교회 교인들은 벌써 하나님의 나라를 차지한 것처럼 이미 배부르고 풍성하며 스스로 왕이 되어 있었습니다. 저들은 스스로 무엇이든 다 할 수 있다고 착각하고 있었습니다. 그리고 고린도에 복음을 전하여 준 사도들은 자신들과 달리 주리고 목마르고 헐벗고 만물의 찌꺼기처럼 천한 상태에 있는 것을 무시하고 정죄하였습니다. 지금 바울은 이러한 고린도 교회 교인들의 영적 위험성을 깨우치고 있는 것입니다. 모든 성도는 장차 그리스도의 재림으로 이루어질 메시아 왕국에서 영원토록 왕 노릇 할 것입니다. 그러한 때가 우리 모두에게 오기를 바랍니다. 교만해 스스로 왕 노릇 하는 것은 결코 하나님의 뜻이 아닙니다. 나는 모두 옳고 다른 사람은 모두 잘못되었다고 정죄하는 것은 사탄이 하는 짓이고, 사탄의 조종을 받는 것입니다. 이런 정죄는 분열과 상처를 남기게 되고, 그 사람이 하나님과 교회를 떠나게 만듭니다. 하나님 나라가 완성되기까지는 누구도 정죄할 수 없습니다. 정죄는 인간의 영역이나 권한이 아닌 하나님의 영역이며 권한입니다.

사실 상처는 육신의 상처보다 마음의 상처가 더 오래갑니다. 우리 주변에 상처를 받은 사람이 많습니다. 우리 자신도 상처를 많이 받은 사람입니다. 가족, 친구, 연인 사이에서의 문제나 반복된 실패의 경험으로 많은 상처를 받습니다. 그 상처는 시간이 오래 지나도 여전히 아프기에 대부분 덮어놓기 마련입니다. 그러다 실수로 누군가 상처를 건드리면 상대방이 이해하기 어려운 격한 반응을 보이기도 합니다. 상처가 우리의 생각과 행동에 부정적인 영향을 미친다는 증거입니다. 그러나 그 상처를 받아들이고 공개하며 비슷한 어려움을 당하고 있는 사람들과 나눌 때, 오히려 타인들이 위로와 격려를 받는 긍정적 영향이 나타나기도 합니다. 헨리 나우웬은 이러한 사람을 가리켜 '상처 입은 치유자'라고 했습니다. 예수님은 우리 죄인들 때문에 몸과 마음에 큰 상처를 입으신 분입니다. 그러나 그 상처를 입힌 사람들을 내치시는 것이 아니라, 오히려 자신의 못 자국과 창 자국을 만져서라도 믿음을 가지라고 말씀하셨습니다. 예수님은 우리를 정죄하시는 것이 아니라 용서와 치유를 베푸셨습니다. 상처는 수치가 아니라 도리어 영광의 흔적이 될 수도 있습니다.

로마 시대에 그리스도에 대한 신앙으로 인하여 원형 극장에 끌려나와 사형과 화형을 당한 사람이 많았습니다. 로마 사람들은 그들을 마음껏 정죄하고 분노하고 죽였으나, 하나님의 판단은 달랐습니다. 하나님의 판단과 심판만이 옳고 영원합니다. 자신을 왕으로 착각하여 다른 사람을 함부로 정죄하는 것은 말씀 밖으로 넘어가는 것입니다. 모든 정죄와 심판은 예수 그리스도께 맡기고, 우리는 그저 용서하고 사랑하고 복음을 전하며 말씀 안에서 평안과 영생을 누릴 수 있기를 축원합니다.

3. 은혜를 잊지 맙시다

"우리는 그리스도 때문에 어리석으나 너희는 그리스도 안에서 지혜롭고 우리는 약하나 너희는 강하고 너희는 존귀하나 우리는 비천하여 바로 이 시각까지 우리가 주리고 목마르며 헐벗고 매 맞으며 정처가 없고 또 수고하여 친히 손으로 일을 하며 모욕을 당한즉 축복하고 박해를 받은즉 참고 비방을 받은즉 권면하니 우리가 지금까지 세상의 더러운 것과 만물의 찌꺼기같이 되었도다"(10-13절).

그리스도의 십자가만 믿고 전하다 보면 사람들에게 무시도 당하게 됩니다. 그러나 그리스도교를 세속적으로 이용하면 지혜로운 것 같지만 미련한 것입니다. 바울은 복음을 전하기 위해 목마르고 헐벗고 매 맞으며 정처 없고 모욕당하고 박해와 비방을 받으면서 살았습니다. 그래서 복음이 다른 사람에게 전해지고 교회가 세워진 것입니다. 복음의 사도들이 만물의 찌꺼기처럼 천대받던 이 초대 교회 시대에는 오히려 교회가 내적으로 청결했던 반면, 교회가 왕의 왕으로 군림한 중세 때는 내부적으로 부패하게 됩니다. 그러나 초대 교회 당시 이런 고난은 세상에서 미덕이 되지 못하였고, 오히려 멸시와 부끄러움으로 돌아왔습니다. 구원과 선교의 역사와 교회는 거저 된 것이 아닙니다. 수많은 전도자의 희생과 순교를 통해 오늘의 열매가 있는 것입니다. 우리는 이 은혜를 기억하고 감사하며 자랑해야 합니다. 오늘의 모든 것은 하나님의 선물이고 은혜이고 복입니다.

교회 음악 작곡가들 가운데 가장 위대한 사람은 요한 제바스티안 바흐입니다. 그는 황무지 같은 환경에서 장미꽃 같은 아름다운 작품들을 남겼습니다. 그의 인생은 고난의 연속이었습니다. 그의 부모는 그가 어릴 때 돌아가셨습니다. 성인이 되어 마리아라는 여성과 결혼했지만, 일곱 자녀를 남기고 바흐가 레오폴드 후작과 연주 여행을 떠난 사이 병으로 세상을 떠나고 말았습니다. 바흐가 집에 돌아왔을 때는 이미 장례식까지 끝난 뒤였습니다. 다시 결혼하여 11명의 아들과 9명의 딸을 두었지만, 그중 10명의 자녀가 어릴 때 죽었습니다. 그의 자녀 가운데는 지적 장애아도 있었다고 합니다. 노년에는 자신도 앞을 보지 못하는 시각장애인이 되고 말았고, 나중에는 뇌출혈로 쓰러져 결국 반신불수가 되었습니다. 경제적으로는 가난에 시달렸습니다. 둘째 부인 안나 마크달레나가 죽었을 때는 장례 치를 형편이 못 되어 장례식이 빈민 장례 조치로 치러졌다고 합니다. 참으로 역경의 연속이었습니다.

그러한 처절한 상황에서도 그는 계속 작곡했습니다. 수많은 사람의 영혼을 완전히 사로잡을 만한 웅장하고 장엄한 불후의 명작들을 만들어 냈습니다. 그럼에도 그는 늘 말하기를 “모든 음악의 유일한 목적은 하나님께 영광을 돌리고, 사람에게 즐거운 감정을 솟아나게 하는 것이다”라고 했습니다. 그는 음악의 근원은 하나님이며, 그 음악을 그분의 영광을 위해 쓰지 않으면 안 된다고 믿었습니다. 바흐는 하나님의 외아들로서 세상 만민의 죄를 홀로 감당하시고 못 박혀 돌아가신 그리스도만 믿으면 누구나 구원받게 된다는 것을 굳게 믿으며 그 황무지 같은 인생에서도 장엄하고 경건한 음악을 만들어 냈습니다.

그는 자신이 작곡한 칸타타나 오라토리오의 마지막 부분에 항상 ‘S.D.G’라는 글자를 적어 놓았다고 합니다. 이것은 ‘오직 하나님의 영광만을 위하여’라는 뜻을 지닌 라틴어 ‘Soli Deo Gloria’의 첫 번째 글자들입니다. 신앙의 힘이 그에게 역경을 극복하게 했습니다. ‘현대 음악의 아버지'라고 일컫는 이 바흐의 가문에서 약 200년에 걸쳐 저명한 음악가 50여 명이 나왔다고 합니다. 우리도 인생에서 때때로 황무지 같은 환경을 만납니다. 건강으로 인하여, 경제적 궁핍으로 인하여, 풀 수 없는 복잡한 인간관계로 인하여 황무지 같은 가정, 황무지 같은 직장, 황무지 같은 교회, 황무지 같은 사람을 만날 때가 있습니다. 그러나 성도는 믿음으로 이 모든 역경을 극복할 수 있습니다. 성도의 삶은 'S.D.G'의 삶이 되어야 합니다.

우리는 하나님과 예수님과 전도자와 교회와 성도들과 부모님과 모든 사람의 은혜를 잊지 말아야 합니다. 은혜를 잊으면 말씀 밖으로 넘어가는 것입니다. 모두 말씀과 은혜 안에서 감사하며 사는 성도가 되시기를 축원합니다.

사랑하는 번동 가족 여러분!

어떠한 상황에서도 교만하지 않고, 다른 사람을 정죄하지 않으며, 모든 은혜를 기억하여 말씀 밖으로 넘어가지 않고 말씀 안에서 평생 승리하시기를 축원합니다.

인생의 주인

(마 6:19-24)

한 남자가 죽음을 앞두고 아들에게 이렇게 말했습니다. "지난 인생을 돌아보니 나는 실패한 인생이다. 출세를 위해 진실을 외면했고, 명예를 위해 사랑을 잃었고, 성공을 위해 믿음을 저버리고 말았다. 이제 마지막 순간이 되니 출세, 명예, 성공이 나에게 아무 도움이 되질 않는구나. 아들아! 너는 진실과 사랑과 믿음을 지키며 살았으면 좋겠구나." 이 세상에 후회가 없는 인생이 어디 있겠습니까? 하지만 가능하면 나중에 후회하지 않도록 지금 최선을 다해야 합니다.

이 세상의 모든 것은 주인을 잘 만나야 행복하고 성공합니다. 식물이나 동물도 주인을 잘 만나야 사랑받고 안전하게 살아갑니다. 사람도 주인을 잘 만나야 성공하고 행복할 수 있습니다. 주인을 잘못 만나 학대받고 노예처럼 살면 불행합니다. 누구나 사랑과 존경을 받으며 살면 더없이 행복한 것입니다. 그러나 이 세상 그 무엇도, 그 누구도 완전할 수 없습니다. 끝까지 무언가를 보장하거나 책임질 수 없습니다. 능력과 사랑과 지혜가 부족하여 포기하고 모든 것이 끝나는 경우도 많습니다. 우리 모두 인생의 참 주인을 만나 성공하고 행복하게 살아가기를 축원합니다.

1. 사람은 인생의 주인이 아닙니다

"너희를 위하여 보물을 땅에 쌓아 두지 말라 거기는 좀과 동록이 해하며 도둑이 구멍을 뚫고 도둑질하느니라 오직 너희를 위하여 보물을 하늘에 쌓아 두라 거기는 좀이나 동록이 해하지 못하며 도둑이 구멍을 뚫지도 못하고 도둑질도 못 하느니라"(19-20절).

땅은 하늘과 상대적인 곳으로 현세를 말하며, 이는 자기를 위해 현세의 일에만 물질을 사용하는 것에 대해 말씀하시는 것입니다. 재물을 땅에 쌓아 두면 좀과 동록이 해하고, 도둑이 침입하게 됩니다. '좀'(moth)은 옷이나 음식을 상하게 하는 벌레이고, '동록'(rust)은 금속의 부식뿐 아니라 간혹 쥐나 곰팡이에 의해 입게 되는 해를 가리키기도 합니다. 성경은 하나님의 영원한 가치와 반대되는 일시적 재물이나 명예나 보물 등이 이것들에 의해 잠식되고 파괴된다고 말씀합니다. 도둑이 구멍을 뚫는다는 것은, 당시 팔레스타인의 가옥이 대개 흙벽돌을 쌓아 만들어졌기 때문에 도둑들이 주택의 출입구를 통과하지 않고 그 흙벽에 구멍을 뚫음으로써 그 집의 귀중품을 훔쳐 가는 것을 말합니다. 좀과 동록은 재물의 내적인 파괴 원인으로 언급되었으나, 도둑은 외부의 힘에 의해 이 땅의 재물이 안전하지 못함을 설명하는 데 사용되고 있습니다. 재물뿐 아니라 이 땅의 모든 것은 안전하지 못하며, 우리 인생과 신앙생활에는 수많은 좀과 동록과 도둑이 득실거리고 있습니다. 우리의 안팎에서 노리며 집요하게 공격하고 있습니다.

어느 산속에 토끼 두 마리가 사이좋게 살고 있었습니다. 토끼들은 매일 평화롭게 들판을 뛰놀며 풀을 뜯어 먹으며 지냈습니다. 어느 날 한 토끼가 풀을 뜯어 먹다 깜짝 놀라 외쳤습니다. "이거 봐! 여기 잎이 네 개인 클로버가 있어." 그 순간 어디선가 사람들이 나타났고, 토끼들은 재빨리 숨었습니다. 사람들은 토끼가 발견한 네잎클로버를 행운의 상징이라며 조심스레 뜯어갔습니다. 이 말을 들은 토끼는 그다음 날부터 종일 네잎클로버만 찾아다녔습니다. 온 천지에 깔린 게 세 잎 클로버였지만 입도 대지 않았습니다. 그런데 네잎클로버는 토끼가 먹고 살 만큼 충분하지 않았습니다. 네잎클로버만 찾던 토끼는 점점 야위었고, 결국 쓰러지고 말았습니다. 그때 친구인 토끼가 세 잎 클로버를 잔뜩 뜯어와 입에 넣어주며 말했습니다. "어제 다른 사람들이 하는 말을 들었는데 세 잎 클로버는 행복이라는 뜻이 있대. 우리가 행운만으로는 살아갈 수 없으니, 이제 이걸 먹고 힘을 내서 행운을 찾아 나서 보자." 인생을 살면서 행운만을 기다리며 살 수는 없습니다. 행복한 인생을 위해 노력하다 보면 행운은 저절로 찾아오기 마련입니다.

시편 146편 1-5절에서는 이렇게 말씀합니다. "할렐루야 내 영혼아 여호와를 찬양하라 나의 생전에 여호와를 찬양하며 나의 평생에 내 하나님을 찬송하리로다 귀인들을 의지하지 말며 도울 힘이 없는 인생도 의지하지 말지니 그의 호흡이 끊어지면 흙으로 돌아가서 그날에 그의 생각이 소멸하리로다 야곱의 하나님을 자기의 도움으로 삼으며 여호와 자기 하나님에게 자기의 소망을 두는 자는 복이 있도다."

모든 사람은 늙고 병들어 죽게 됩니다. 누구도 예외가 없습니다. 그러므로 사람은 의지의 대상이 아닙니다. 믿을 수 있는 대상이 아닙니다. 우리는 사람을 믿거나 의지할 필요가 없고, 실망하거나 싸울 필요도 없습니다. 서로 친절하게 하고 불쌍히 여기며 용서할 뿐입니다(엡 4:32). 사람이 아닌 오직 하나님만 믿고 의지하는 삶이 되시기를 축원합니다.

2. 재물은 인생의 주인이 아닙니다

"네 보물 있는 그곳에는 네 마음도 있느니라 눈은 몸의 등불이니 그러므로 네 눈이 성하면 온몸이 밝을 것이요 눈이 나쁘면 온몸이 어두울 것이니 그러므로 네게 있는 빛이 어두우면 그 어둠이 얼마나 더하겠느냐"(21-23절).

믿음의 사람들에게 주시는 영원한 경고의 말씀입니다. 자신이 가장 소중히 여기는 것이 결국 그 사람의 인격의 중심인 지정의를 지배한다는 것입니다. 인간이 가장 소중히 여기는 보물은 부지불식간에 그의 마음에 들어와 반드시 그의 행동의 방향과 가치관을 결정짓게 됩니다. 종교개혁가 칼빈은 "명예를 가장 귀중히 여기는 자는 야망의 포로가 되고, 돈을 최고로 여기는 자는 돈의 노예가 되며, 쾌락을 제일 좋아하는 자는 필연코 방탕에 빠지게 된다"고 가르쳤습니다. 그러나 늘 위의 것을 생각하고(골 3:1-2), 천국의 법에 지배받기를 원하는 자는 항상 선한 일에 힘쓰게 되며, 또 그 행적이 언제까지나 남아 그에게 영원한 기쁨이 될 것입니다(계 14:13). 재물은 결코 우리에게 만족을 줄 수 없고, 또 죄의 문제를 해결하거나 우리를 천국까지 인도할 수 없습니다.

그리스와 로마 시대에 사람들이 가장 많이 찾던 장소는 신전과 시장이었습니다. 현재 그리스 파르테논 신전과 그 아래의 시장을 연상하면 됩니다. 고대 문명을 살펴봐도 고대인들 역시 신전과 시장을 중심으로 생활했던 것을 알 수 있습니다. 유대인들도 철저하게 예루살렘 성전을 중심으로 살았습니다. 하나님을 떠나서는 살 수 없음을 알았기 때문입니다. 현대인들은 어느 곳을 가장 많이 찾을까요? 국가마다 랜드마크로 내세우는 곳이 있습니다. 프랑스 파리의 랜드마크는 에펠탑입니다. 미국 뉴욕의 랜드마크는 자유의 여신상입니다. 영국 런던의 랜드마크는 빅벤과 런던 아이입니다. 나라마다 랜드마크에는 사람이 몰립니다. 우리나라에는 외국의 유명 랜드마크와 같은 곳이 없습니다. 그래서 한국 사람들은 지역마다 있는 대형 쇼핑몰이나 핫플레이스로 불리는 곳을 찾습니다. 그렇다면 우리 인생의 랜드마크는 어디가 되어야 할까요? 바로 교회입니다. 교회는 하나님과 인간이 만나는 장소이기 때문입니다. 내가 하나님과 만나는 거룩한 장소이기 때문입니다.

미국의 카네기 연구소에서 조사한 바에 따르면, 재정적으로 성공한 사람 중 15%는 자신의 기술적 지식에 의한 것이며, 85%는 사람들과 좋은 관계를 맺는 능력 때문이라고 합니다. 15%의 사람들은 남들보다 뛰어난 능력, 예를 들어 변호사라면 아주 뛰어난 법률 지식을 갖고 있어서, 또 회계사라면 회계 업무 능력이 탁월해서 성공할 수 있었다는 것입니다. 그러나 그보다 훨씬 많은 85%의 사람은 자기 생각을 잘 표현하고 다른 사람의 생각을 잘 받아들여 사람들과 원만하게 지내는 기술을 가졌기 때문에 인생에서 성공했다고 합니다.

사람은 눈이 대단히 중요합니다. 영적인 눈은 더욱 그렇습니다. 영적인 눈이 나쁘면 사물과 하나님을 구별하지 못합니다. 그러나 성하면 모든 것을 잘 구별할 수 있습니다. 건전하고 진실한 눈을 통해 얻는 밝은 빛으로 몸은 바른 판단력을 지니게 되는 것입니다. 영원한 유익과 천국을 얻는 열정으로 가득 차게 됩니다. 진리를 분별하고 믿음으로 하나님의 자녀가 되고 천국 백성이 되는 것입니다. 재물은 때때로 사람의 마음과 눈을 어둡게 만들어 죄와 지옥에 빠뜨립니다. 그러나 밝은 눈과 성한 눈은 사람과의 관계를 화목하게 하고, 재물을 주시는 위에 계신 하나님을 섬기게 함으로 구원과 상급을 받게 합니다. 재물로 인해 사람과 하나님을 떠난 불행하고 어리석은 부자 청년(마 19:21-22)처럼 되는 것이 아니라, 밝고 성한 눈으로 하나님과 하나님 나라를 바라보는 은혜가 충만하시기를 축원합니다.

3. 오직 하나님이 인생의 주인이십니다

"한 사람이 두 주인을 섬기지 못할 것이니 혹 이를 미워하고 저를 사랑하거나 혹 이를 중히 여기고 저를 경히 여김이라 너희가 하나님과 재물을 겸하여 섬기지 못하느니라"(24절).

예수님은 우리가 과연 어디에 보물을 쌓아야 하는지, 또 무엇에 우리의 시선을 고정해야 하는지에 대한 선택지를 제시하셨습니다. 종은 오직 한 주인에게 전적으로 매인 바 되어 그 주인의 명령에 자신의 모든 의지를 동원해 순종해야 합니다. 한 주인을 섬기면서 다른 주인을 또 섬길 수 없습니다. 두 주인을 섬기려 하는 것은 한 주인도 섬기지 못하는 결과가 됩니다. '중히 여기고'라는 말은 주인에게 변함없이 성실하다는 것입니다. '겸하여'는 '대등하다'는 뜻이며, '겸하여 섬긴다'는 것은 천지의 창조자이신 하나님을 그분의 피조물에 지나지 않는 물질과 동등한 위치에 두는 것을 의미합니다. 하나님은 전적인 헌신 또는 아예 섬김을 받지 않는 것 둘 중 하나를 원하십니다. 하나님과 재물을 동시에 섬기려 하는 것은 인간의 탐욕이며 우상숭배인 것입니다. 그리스도인도 재물을 마음껏 모을 수는 있으나, 재물을 인생의 목적으로 삼거나 재물만을 추구해서는 안 됩니다. 오직 재물을 하나님의 뜻에 맞도록 사용하고, 또 모든 재물을 주신 하나님께 감사하고 영광을 돌려야 합니다.

나폴레옹이 유럽을 정복하고 세계를 지배하려다 워털루 전투에서 패전한 뒤 세인트헬레나섬에 유배되어 있었을 때의 일입니다. 과거 그는 세계를 제패했던 영웅이었지만 이제는 죄인의 몸이 되었기에 좀처럼 남들에게 자신의 초라한 모습을 보여주려 하지 않았습니다. 그러던 중 한 기자가 어렵사리 그를 인터뷰하게 되었습니다. 기자가 물었습니다. "지난날을 회상할 때 가장 행복했던 순간은 언제였습니까?" 나폴레옹은 백발을 날리며 눈을 지그시 감은 채 눈물을 흘리며 대답했습니다. "스위스의 알프스산맥을 넘을 때였지. 잠시 전투가 그친 어느 주일 아침이었는데, 산 아래 조그만 교회에서 종소리가 울려왔지. 그 소리에 이끌려 교회로 들어갔다네. 나는 그때 눈물을 흘리며 인생 최고의 행복을 맛보았다네." 인생에서 가장 행복했던 때는 전투에서 승리했을 때가 아니라, 하나님의 은혜 아래 있을 때였다는 고백입니다.

인간은 인간의 참 주인이신 하나님만 섬길 때 가장 기쁘고 행복한 것입니다. 두 주인이나 세 주인을 섬길 수 없고, 그렇게 섬긴다 해도 두려움과 불안으로 가득 차게 됩니다. 하나님만 섬겨야 기쁘고 행복한 인생이 됩니다. 두 주인을 섬기는 것은 본질적으로 다릅니다. 한편을 사랑하려면 다른 한편은 미워해야 합니다. 거기에 중간은 있을 수 없고, 사람의 본성도 그들 사이에서 나뉠 수 없습니다. 재물은 그저 재물일 뿐 신(神)이 될 수 없습니다. 하나님께 신실하면서 동시에 재물을 우상화할 수는 없습니다. 하나님을 하나님으로 섬기고, 하나님만을 인생의 주인으로 영원토록 기쁨으로 섬기는 성도들이 되시기를 축원합니다.

사랑하는 번동 가족 여러분!

사람이나 재물은 우리 인생의 주인이 될 수 없습니다. 오직 하나님만 인생의 주인으로 평생 섬기는 성도들이 되시길 축원합니다.

저주를 받는 그 사람

(렘 17:5-6)

사람은 누구나 마음에 소중한 무엇인가를 품고 살아가는 것 같습니다. 어떤 이는 슬픈 기억을 품고 살아갑니다. 어떤 이는 서러운 기억을 품고 살아가고, 또 어떤 이는 아픈 상처를 안고 평생을 살아갑니다. 그런가 하면 어떤 이는 아름다운 기억을 품고 살아갑니다. 기뻤던 일을 떠올리고 되새기며 감사하면서 살아갑니다. 사람의 행복과 불행은 바로 여기에서 갈리는 것이 아닌가 싶습니다. 누구에게나 똑같이 주어지는 기쁨과 슬픔, 만족과 불만족 중 어느 것을 마음에 품느냐에 따라 행복한 사람이 되기도 하고 불행한 사람이 되기도 하는 것입니다. 행복한 사람이 되고 싶다면, 맑고 푸른 하늘을 가슴에 품고 살면 됩니다. 아름다운 꽃 한 송이를 품고 살면 되고, 누군가의 맑은 눈동자 하나, 미소 짓는 그리운 얼굴 하나, 따뜻한 말 한마디를 품고 살면 됩니다. 그러면 흔들리지 않고 늘 행복하게 살 수 있습니다. 좋은 것을 품고 살면 좋은 삶을 살 수밖에 없습니다.

사람은 누구나 사랑받으며 건강하고 행복하게 살기를 원합니다. 저주받고 불행하게 살기를 원하는 사람은 아무도 없습니다. 그러나 우리 주위에는 저주받고 불행하게 사는 사람이 많습니다. 이에 대해 호세아 4장 6절에서는 "내 백성이 지식이 없으므로 망하는도다 네가 지식을 버렸으니 나도 너를 버려 내 제사장이 되지 못하게 할 것이요 네가 네 하나님의 율법을 잊었으니 나도 네 자녀들을 잊어버리리라"라고 말씀합니다. 이스라엘이 하나님을 아는 지식이 없어 망하고, 제사장이 되지 못하고, 하나님께 잊어버린 바 되었다는 것입니다. 하나님을 아는 지식이 없으면 망하고 저주를 받는 것입니다. 오늘 본문을 통해 왜 저주를 받고, 또 어떤 사람이 저주를 받는지 살펴보면서 반면교사로 삼아 저주의 길을 걷지 않는 우리 모두가 되기를 축원합니다.

1. 사람을 믿으면 저주를 받습니다

"여호와께서 이와 같이 말씀하시니라 무릇 사람을 믿으며 육신으로 그의 힘을 삼고 마음이 여호와에게서 떠난 그 사람은 저주를 받을 것이라"(5절).

본문에서는 사람을 의지하는 길과 여호와를 의지하는 길이 대조되고 있습니다. 내용은 시편 1편 3-4절과 유사합니다. 사람이 여호와를 떠나면 반드시 사람을 의지하게 됩니다. 사람을 믿고 따르며, 그를 하나님처럼 생각하게 됩니다. 일명 '사람 바보'가 되는 것입니다. 부모와 자녀와 가족과 도움을 주는 사람을 위해 신앙과 교회를 떠나고, 사람으로 그 자리를 대체합니다. 물론 다른 사람들과 교제하며 화목하게 잘 지내야 하지만, 분명한 것은 사람은 누구도 신앙과 믿음의 대상이 아니라는 것입니다. 시편 146편 3-5절에서는 "귀인들을 의지하지 말며 도울 힘이 없는 인생도 의지하지 말지니 그의 호흡이 끊어지면 흙으로 돌아가서 그날에 그의 생각이 소멸하리로다 야곱의 하나님을 자기의 도움으로 삼으며 여호와 자기 하나님에게 자기의 소망을 두는 자는 복이 있도다"라고 명확하게 말씀하고 있습니다. 우리는 여호와를 섬기며 찬양하면서도 세상의 귀인이나 방백이나 힘 있는 사람을 의지하기가 쉽습니다. 이스라엘이 애굽을 의지하고 앗수르를 의지했던 것처럼 그때그때 의지하는 대상을 바꿉니다. 그러나 사람은 사람일 뿐입니다. 그러므로 누구도 의지하지 말고 오직 여호와만 의지하고 찬양하라는 것입니다.

우리는 인생을 살아가면서 여러 가지 어려움을 겪게 됩니다. 그러다 보면 때로 "하나님, 제발 이 문제를 해결해 주세요. 만약 하나님께서 이 문제를 해결해 주시지 않거나, 해결해 주시더라도 제가 원하는 방법대로 하지 않으신다면 저는 하나님을 위해 살지 않을 것입니다"라고 기도할 수 있습니다. 또 하나님께서 일상생활에서 어떤 신호를 보내주시길 계속 기다릴 수도 있습니다. 자신이 하는 모든 일에서 눈에 보이는 표적을 달라고 기도할 수도 있을 것입니다. 실제로 많은 사람이 눈에 보이는 증거를 원합니다. 미혼인 사람들은 "하나님께서 저에게 이러이러한 배우자만 만나게 해주신다면 하나님을 잘 믿겠습니다"라고 기도하기도 합니다. 우리는 자신의 소망에 대해 이런 기도를 하기 쉽습니다. 돈 버는 일을 가장 중요하게 여긴다면 "하나님, 저에게 많은 돈을 주십시오. 그러면 하나님의 뜻대로 살겠습니다"라고 기도합니다. 그리고 혹 원하는 만큼 돈을 벌지 못하면 낙심해서 하나님을 원망하기도 합니다. 이런 일은 비단 남의 이야기가 아닙니다.

주후 200년경 알렉산드리아에 클레멘트라는 교부가 있었습니다. 그는 하나님의 뜻대로 산다는 것은 삶의 작은 일들에 대해 "하나님, 이것이 하나님의 뜻인지 아닌지 알 수 있도록 눈에 보이는 증거를 주십시오"라고 기도하는 것이 아니라고 말했습니다. 모든 일 하나하나에서 하나님의 기적과 같은 증거를 보는 것은 더욱 아니라고 했습니다. 그보다 하나님의 뜻대로 산다는 것은 하나님의 존재를 인정하고, 삶을 통해 하나님께서 인도해 주심을 믿으며, 하나님 보시기에 선한 일을 행하고, 하나님께 순종하는 삶을 사는 일이라고 말했습니다. 그것이 바로 '제자의 삶'이라고 강조했습니다. 이런 제자의 삶을 살고자 하는 우리에게 하나님께서 요구하시는 것은 삶에서 순종하는 마음으로 하나님의 뜻을 실천하겠다고 결심하고 그 결심을 그대로 이행하는 것입니다.

인간은 아무리 유력하고, 지혜가 있고, 물질과 권력 등 모든 것을 가졌더라도, 숨이 끊어져 죽으면 지음 받은 흙으로 돌아가고(창 2:7, 10), 계획했던 모든 것은 무산되며 수포가 됩니다. 그러므로 사람이 아니라 여호와를 믿고 섬기는 것이 지혜이고 믿음이고 복입니다. 모두 여호와 하나님만 믿고 의지하는 복된 삶을 사시길 축원합니다.

2. 육신으로 힘을 삼고 살면 저주를 받습니다

"여호와께서 이와 같이 말씀하시니라 무릇 사람을 믿으며 육신으로 그의 힘을 삼고 마음이 여호와에게서 떠난 그 사람은 저주를 받을 것이라"(5절).

'육신'의 히브리어 '바사르'(בָּשָׂר)는 하나님의 전능하심과 대조되는 인간의 연약성과 결함을 뜻합니다. 시편 147편 10-12절에서는 "여호와는 말의 힘이 세다 하여 기뻐하지 아니하시며 사람의 다리가 억세다 하여 기뻐하지 아니하시고 여호와는 자기를 경외하는 자들과 그의 인자하심을 바라는 자들을 기뻐하시는도다 예루살렘아 여호와를 찬송할지어다 시온아 네 하나님을 찬양할지어다"라고 말씀합니다. 하나님은 동물의 힘이나 사람의 건강한 육체를 위시하여 하나님이 지으신 만물을 좋게 보십니다(창 1:31). 그러나 그것은 피조물의 아름다움일 뿐이며, 사람이 여호와를 믿으며 의지하는 신앙의 아름다움에는 비할 수 없습니다. 그런 의미에서 그것을 기뻐하지 않으신다는 것입니다. 하나님을 경외하고 하나님의 인자하신 구원을 바라는 자들을 하나님은 기뻐하십니다. 이에 시편 기자는 예루살렘과 시온을 향하여 하나님을 찬양하라고 권면하고 명령합니다. 우리는 하나님만 의지하고 찬양해야 복을 받습니다.

미국 어느 시골 한 통나무집에 병약한 남자 하나가 살고 있었습니다. 그 집 앞에는 큰 바위가 있었는데, 그 바위 때문에 집 출입이 너무 힘들었습니다. 어느 날 하나님이 꿈에 나타나 말했습니다. "사랑하는 아들아! 집 앞의 바위를 매일 밀어라!" 그때부터 그는 희망을 갖고 매일 바위를 밀었습니다. 8개월이 지났습니다. 점차 자신의 꿈에 회의가 생겼습니다. 이상한 생각이 들어 바위의 위치를 자세히 측정해 보았습니다. 그 결과 바위가 1인치도 옮겨지지 않은 것을 발견했습니다. 그는 현관에 앉아 지난 8개월 이상의 헛수고가 원통해 엉엉 울었습니다. 바로 그때 하나님이 찾아와 그 옆에 앉으며 물으셨습니다. "사랑하는 아들아! 왜 그렇게 슬퍼하고 있니?" 그가 말했습니다. "하나님 때문입니다. 하나님 말대로 지난 8개월 동안 희망을 품고 바위를 밀었는데 바위가 전혀 옮겨지지 않았습니다." 그때 하나님이 말씀하셨습니다. "나는 네게 바위를 옮기라고 말한 적이 없단다. 그냥 바위를 밀라고 했을 뿐이야. 이제 거울로 가서 네 모습을 보렴." 그는 거울 앞으로 갔고, 곧 자신의 변화된 모습에 깜짝 놀랐습니다. 거울에 비친 남자는 병약한 남자가 아니라 근육질의 남자였습니다.

우리는 하나님 앞에서 우리의 육신적인 힘을 내려놓아야 합니다. 건강이나 재물, 재능은 모두 하나님의 선물입니다. 그것이 하나님이거나 믿음의 대상은 아닙니다. 육신의 힘을 의지하는 저주받은 인생이 아니라, 그 모든 것을 주신 하나님을 경외하고 의지하며 찬양하는 복된 성도들이 되시기를 축원합니다.

3. 마음이 여호와에게서 떠난 사람은 저주를 받습니다

"여호와께서 이와 같이 말씀하시니라 무릇 사람을 믿으며 육신으로 그의 힘을 삼고 마음이 여호와에게서 떠난 그 사람은 저주를 받을 것이라 그는 사막의 떨기나무 같아서 좋은 일이 오는 것을 보지 못하고 광야 간조한 곳, 건건한 땅, 사람이 살지 않는 땅에 살리라" (5-6절).

무엇보다 마음이 중요합니다. 잠언 4장 23절은 "모든 지킬 만한 것 중에 더욱 네 마음을 지키라 생명의 근원이 이에서 남이니라"라고 말씀합니다. 지켜야 할 모든 것 중에 더욱 마음을 지켜야 합니다. 마음이 생명의 근원이기 때문입니다. 지혜를 마음속에 지킬 때 그것이 생명이 되고 육체의 건강도 가져옵니다. 병의 원인이 마음에 있을 때가 많으므로 하나님의 지혜로 마음이 평안할 때 육체도 같이 건강해집니다. 이사야 29장 13절은 "주께서 이르시되 이 백성이 입으로는 나를 가까이하며 입술로는 나를 공경하나 그들의 마음은 내게서 멀리 떠났나니 그들이 나를 경외함은 사람의 계명으로 가르침을 받았을 뿐이라"라고 말씀합니다. 이스라엘 백성의 영적 취약함은 그들의 신앙을 입술의 신앙으로 타락시켰습니다. 말로는 하나님을 가까이하고 존경했으나, 마음은 아주 멀리 떠났던 것입니다. 이스라엘 백성은 여호와 신앙에 머물고는 있었으나, 외식적인 신앙이 되고 타락한 것입니다. 예수님께서도 "나더러 주여 주여 하는 자마다 다 천국에 들어갈 것이 아니요 다만 하늘에 계신 내 아버지의 뜻대로 행하는 자라야 들어가리라"(마 7:21)라고 말씀하셨습니다. 마음이 여호와에게서 떠난 사람은 사막의 떨기나무 같다는 것은, 외롭게 살다 결실도 하지 못하고 죽는 비참한 인생을 비유한 것입니다. 하나님을 떠난 인생은 저주를 받는 것입니다. 그는 세상에서 가장 불행한 존재입니다.

어떤 부인이 갑자기 병원 응급실로 실려 가게 되었습니다. 순간 간절한 마음으로 살려달라고 기도했더니, 하나님께서 40년을 더 살 것이라는 응답을 주셨고, 부인은 하나님의 응답대로 금방 회복되었습니다. 신이 난 부인은 퇴원도 미루고 성형외과에 찾아가 얼굴을 전부 고쳤는데, 퇴원하는 날 그만 병원 앞에서 길을 건너다 교통사고를 당해 숨지고 말았습니다. 너무 황당했던 부인이 천국에 가서 하나님께 항변합니다. "하나님, 제게 40년의 삶을 약속해 주시지 않았습니까?" 그러자 하나님께서 말씀하십니다. "아이고, 얘야. 네 얼굴이 완전히 바뀌는 바람에 내가 너를 몰라봤다." 물론 가상의 이야기입니다. 미국 속담에 "프라이팬에서 뛰어나와 불 속으로 뛰어든다"라는 말이 있습니다. 변화를 시도했는데 더 나빠졌다는 의미입니다. 우리는 언제나 하나님의 인도와 인준을 받으며 변화를 모색해야 합니다. 힘들고 어려운 현실에 피로감과 염증을 느끼면 변화를 원하게 됩니다. 어두운 세상에서 주님의 도우심을 기다리게 됩니다. 그리고 변화의 역사를 경험하면서 뒤를 돌아보면 때마다 하나님께서 역사하시고 우리와 함께하셨음을 발견합니다. 하나님께서는 택하신 우리를 결코 외면하지 않으시고 고난당할 때마다 우리의 간절한 기도를 들어주셨고, 우리 앞에 변화의 역사를 이루어 주셨으나, 이런 변화는 매우 점진적으로 이루어집니다. 단번에 우리가 기대한 대로 완전한 자유나 사랑, 평화, 정의가 이루어지는 것이 아니라 조금씩 이루어지고 있음에 주목할 필요가 있습니다. 그러므로 마음이 하나님을 떠나지 말아야 합니다. 계속해서 온 마음으로 여호와를 섬기고 사랑하며 충성하는 복된 삶을 살아가시길 축원합니다.

사랑하는 번동 가족 여러분!

사람을 믿거나, 육신으로 힘을 삼거나, 마음이 여호와에게서 떠난 사람은 저주를 받고, 사막의 떨기나무같이 비참한 인생이 됩니다. 우리 모든 성도가 마음을 다하여 하나님을 믿고 의지하며 섬기는 복된 인생이 되길 축원합니다.

2부

선한 목자 예수님

어떻게 하여야 구원을 받으리이까

(행 16:19-34)

프랑스의 작가 생텍쥐페리가 쓴 《어린 왕자》라는 소설이 있습니다. 이 소설은 나치 독일의 점령하에서 꿈과 희망을 상실한 프랑스인들을 위해 쓴 작품입니다. 이 소설에서 어린 왕자가 이런 말을 합니다. "내 비밀은 이거야. 아주 간단한 거지. 마음으로 보는 거야. 마음으로 보아야 잘 보이지. 본질적인 것은 눈에 안 보이는 법이거든." 정말 중요한 것, 가치 있는 것, 아름다운 것, 영원한 것은 육신의 눈이 아니라 마음의 눈인 영안으로 볼 수 있는 것입니다. 오늘날 인간의 불행이 여기에 있습니다. 영안이 어두워 본질을 보지 못합니다. 눈앞의 조그마한 이익에 휘둘립니다. 썩어질 것에 가치를 부여하고, 그것들을 얻기 위해 귀한 인생을 허비합니다. 잠시 잠깐이면 사라져 버릴 것들에 그토록 얽매이는 이유가 바로 여기에 있습니다. 사막의 신기루에 불과한 세상 부귀영화와 명예와 물질에 눈이 먼 이유도 바로 여기에 있습니다. 육신의 눈만 가지고 있는 사람은 참으로 귀한 것과 아름다운 것을 보지 못하고, 썩어질 것에 최고의 가치를 두고 살아갑니다. 그러니 그 인생이 행복하지 못하고, 건강하지 못하고, 아름답지 못한 것입니다.

예수님께서 이 땅에 오신 목적은 이런 영적 맹인들을 고쳐주시기 위함입니다. 그들의 영의 눈을 열어 잃어버린 아름다움의 세계를 보게 하시기 위함입니다. 눈먼 자들의 눈을 열어 육의 세계만이 아니라 영의 세계도 있다는 사실을 알게 하시기 위해 오신 것입니다. 영안이 열리면 이 세상도 아름다움이 가득한 세상임을 발견하게 됩니다. 전에 보지 못했던 하나님이 창조하신 자연 만물의 아름다움이 보이기 시작합니다. 또 사람마다 고유한 개성이 있고 아름다움이 있음을 보게 됩니다. 사람을 볼 때 이 세상에 하나밖에 없는 고유한 아름다움을 지닌 걸작품으로 보게 됩니다. 그러니 얼마나 행복하겠습니까! 이런 이야기는 영안이 열리지 않은 사람은 도저히 이해할 수 없습니다. 또 영안이 열리면 천국의 아름다움을 보게 됩니다. 그러므로 이런 자들은 마땅히 누려야 할 행복과 신령한 기쁨을 누리며 살게 됩니다. 우리가 이 땅에 살면서 참으로 추구해야 할 것이 무엇인지를 보게 되는 것입니다. 이 모든 일을 가능케 하신 분이 바로 예수님이십니다. 예수님을 만나고 예수님을 보는 눈이 열려 행복한 인생이 되시기를 바랍니다.

오늘 본문은 바울이 빌립보에서 점치는 귀신 들린 여종을 고쳐주자 그 주인들이 바울을 송사하여 때리고 투옥하여 하룻밤 동안 감옥 생활을 하게 된 내용입니다. 그러나 옥중에서 기도하고 하나님을 찬송할 때 큰 지진이 나 옥터가 움직이고, 감옥 문이 열리며, 모든 죄수의 수갑이 다 풀리는 기적이 나타납니다. 간수가 자다가 깨어 죄수들이 도망한 줄 생각하고 칼을 빼 자살하려고 할 때, 바울이 "네 몸을 상하지 말라 우리가 다 여기 있노라"라고 하자, 간수가 바울과 실라 앞에 엎드려 "내가 어떻게 하여야 구원을 받으리이까"라고 묻습니다. 오늘 이 말씀을 통해 우리가 어떻게 하여야 구원을 받으며, 구원받은 이후 우리의 삶이 어떻게 변해야 하는지에 대하여 깊이 깨닫는 은혜가 있기를 축원합니다.

1. 주 예수를 믿어야 합니다

"이르되 주 예수를 믿으라 그리하면 너와 네 집이 구원을 받으리라 하고"(31절).

너무나도 귀하고 유명한 말씀입니다. 늘 암송하고 묵상해야 하는 보석과도 같은 말씀입니다. 이 말씀이 곧 기독교가 무엇인지 설명해 줍니다. 또 이것이 성경의 핵심이며, 우리에게는 귀한 선물입니다. 이 말씀이면 신앙의 모든 문제가 다 해결됩니다. 기독교에 이 이상의 교리와 말씀은 없습니다. 이 말씀이면 충분합니다. 우리 모두는 이 말씀으로 이미 구원을 받았습니다. 행위가 아닌 주 예수를 믿음으로 구원을 받은 것입니다. 바울은 에베소서 2장 8-9절에서 "너희는 그 은혜에 의하여 믿음으로 말미암아 구원을 받았으니 이것은 너희에게서 난 것이 아니요 하나님의 선물이라 행위에서 난 것이 아니니 이는 누구든지 자랑하지 못하게 함이라"라고 말합니다. 구원은 우리의 자랑이 아닌 예수님의 은혜이고 최고의 선물입니다. 바울은 간수의 물음에 근본적 답을 주었습니다. 우리의 주는 오직 예수님이시며, 그 예수님을 믿으면 구원을 받는 것입니다. "너와 네 집이 구원을 받으리라"라는 표현에서 볼 수 있듯, 사도행전에서는 가정 전체의 구원이 늘 강조되고 있습니다. 구원의 복음을 먼저 가족에게 전하여 경건한 믿음의 가정을 이루는 것은 성도의 급선무이며 절대적인 사명입니다.

세계적인 부자로 유명한 록펠러는 33세가 되었을 때 최초로 자기 인생에서 100만 불의 순수한 이익을 얻는 백만장자가 되었습니다. 43세에는 미국에서 가장 큰 회사를 소유했고, 53세에는 억만장자가 되어 세계 최대의 부호가 되었습니다. 그런데도 그는 53세까지 행복하지 못했습니다. 그에게는 알로페시아(alopecia)라는 탈모증 비슷한 병이 있었는데, 이는 머리카락과 눈썹이 빠지고 몸이 초췌하게 말라가는 병이었습니다. 어느 날 그는 의사에게서 이런 상태로는 1년을 견디기 어려울 것 같다는 선언을 듣게 됩니다. 그날 밤 그는 잠을 이루지 못하고 괴로워했습니다. 그 당시 사업은 너무나 잘되어 하루에 100만 불을 벌었지만, 정작 그는 먹지도 못하고 자지도 못하며 괴롭게 살아야 했습니다. 순간 그는 이 많은 재산이 무슨 의미가 있는가 하는 허무한 생각이 들었습니다. 밤새 괴로워하다가 문득 그는 침대에서 벌떡 일어나 "돈은 아무것도 아니다! 하나님은 모든 것이 되신다"라고 소리쳤습니다. 그리고 그는 그 자리에 털썩 주저앉아 무릎을 꿇고 기도하기 시작했습니다.

기도와 함께 새벽을 맞이한 록펠러의 인생은 그때부터 달라졌습니다. 피상적으로 교회에 나갔던 모습은 사라지고 성실하게 교회에 출석하며 진정한 그리스도인이 되었습니다. 그는 신실하게 신앙생활을 시작하고 얼마 후 교회 하나를 지었습니다. 그 교회가 바로 뉴욕에 있는 유명한 리버사이드 교회입니다. 그리고 그는 록펠러 재단을 만들어 가난한 사람들을 돕는 의료사업을 위해 많은 재산을 쏟아부었습니다. 이러한 결단을 내린 이후 이상하게도 그는 잘 먹을 수 있게 되었고, 잠도 잘 자게 되었습니다. 의사들은 그가 거의 55세를 넘기기 어려울 것이라고 말했지만, 록펠러는 98세까지 살았습니다. "그런즉 너희는 먼저 그의 나라와 그의 의를 구하라 그리하면 이 모든 것을 너희에게 더하시리라"(마 6:33).

주 예수를 믿으면 구원은 물론 건강과 재물과 모든 것을 더하여 주십니다. 이는 하나님의 약속이며 능력입니다. 믿음이란 항상 주 예수님을 신뢰하고 의지하는 것을 뜻합니다. 믿음은 자동적인 것이 아니라 인격적인 것입니다. 주 예수를 더욱더 인격적으로 믿는 우리 모든 성도와 가정이 되기를 축원합니다.

2. 세례를 받아야 합니다

"주의 말씀을 그 사람과 그 집에 있는 모든 사람에게 전하더라 그 밤 그 시각에 간수가 그들을 데려다가 그 맞은 자리를 씻어주고 자기와 그 온 가족이 다 세례를 받은 후"(32-33절).

간수 한 사람의 변화가 그 온 가족이 믿고 세례를 받는 복과 기적을 가져왔습니다. 바울은 간수와 그 가족에게 주의 말씀을 전하였습니다. 기독교의 교리를 차근히 이야기해 준 것입니다. 바울과 실라는 매 맞은 상처도 아랑곳하지 않은 채 이 좋은 기회를 놓치지 않고 간수와 그 가족에게 복음을 전한 것입니다. 시간이 지나면 기회와 감동은 사라지기 때문입니다. 피 묻은 복음을 피를 흘리면서 전한 것입니다. 간수가 복음을 받아들인 후 세 가지 일을 했습니다. 그들의 상처를 치료해 주었고, 세례를 받았으며, 그들을 극진히 대접했습니다. 간수가 죄수를 스승으로 대하며 말씀을 듣고 대접하는 것은 경우에 따라 형벌도 각오해야 하는 대담한 행동이었습니다. 지진보다 더 강한 지진이 간수의 마음속에 일어났던 것입니다. 옥문이 열린 것처럼 간수와 그 가족의 마음 문이 활짝 열려, 주 예수를 믿고 세례를 받고 그들을 대접하고 섬기는 성도와 가정으로 변했습니다. 최고의 기적이요, 최고의 복입니다(막 16:16).

19세기 후반의 프랑스 소설가 모파상(Guy de Maupassant, 1850~1893)은 《여자의 일생》 《벨라미》 《죽음처럼 강하다》와 같은 인생의 참된 가치를 일깨우는 소설들로 명성을 얻은 작가입니다. 그는 타고난 재능으로 쓰는 작품마다 베스트셀러가 되었고, 커다란 부와 명예를 거머쥐었습니다. 그의 삶은 누구나가 부러워할 만한 것이었습니다. 지중해에 요트가 있었고, 노르망디에는 저택, 파리에는 호화 아파트도 있었습니다. 그리고 은행에도 많은 돈이 있었습니다. 하지만 그는 1892년 1월 1일 아침에 더는 살아야 할 이유를 찾지 못하고 자살을 시도했습니다. 가까스로 목숨을 구했지만, 정신병자가 된 그는 1년 동안 알 수 없는 소리를 지르다 43세를 일기로 인생을 마감했습니다. 그의 묘비에는 그가 말년에 반복했던 말이 기록되어 있습니다. "나는 모든 것을 갖고자 했지만 결국 아무것도 갖지 못했다." 인생의 행복과 기쁨은 물질의 소유와 명성에 있지 않습니다. 하나님을 만나지 않은 인생은 아무리 많은 것을 가진다 해도 결국 불행일 뿐입니다.

간수와 그 온 가족이 주 예수를 믿고 세례를 받았습니다. 세례는 믿음과 순종과 헌신의 서약이고 결단입니다. 이는 복음의 힘이 어떠한지를 보여주는 구절입니다. 사람에게 복음이 들어가면 그 마음과 인생관, 가치관 등 모든 것이 변합니다. 세례는 예수님과 함께 죽고 예수님과 함께 산다는 고백입니다. 죄는 죽고, 의가 사는 것입니다. 이제는 예수님과 함께 살고 죽겠다는 결단이자 순교의 언약입니다. 이러한 세례를 받은 성도로서 끝까지 믿음과 순종과 헌신의 삶을 살아갈 수 있기를 축원합니다.

3. 크게 기뻐해야 합니다

"그들을 데리고 자기 집에 올라가서 음식을 차려 주고 그와 온 집안이 하나님을 믿으므로 크게 기뻐하니라"(34절).

주 예수를 믿음으로 구원받고 세례받은 사실에 모두 크게 기뻐했습니다. 크게 기뻐하며 사는 것이 잘 믿는 것이고 행복한 성도의 모습입니다. 우리가 인생에서 가장 잘한 일은 예수님을 주로 믿은 것입니다. 예수님을 주로 믿지 않았다면 그 결과는 저주이고 지옥인 것입니다. 이것은 우리의 공로가 아니라 전적인 하나님의 은혜입니다. 이 믿음 때문에 우리와 우리 온 가족이 천국 백성이 된 것입니다. 이보다 더 큰 복은 없습니다. 세상 무엇과도 비교할 수 없는 복이기에 간수와 그 온 가족은 기뻐하되 크게 기뻐했습니다. 우리는 매일매일 그리고 평생 온 가족과 더불어 '작게'가 아닌 '크게' 기뻐해야 합니다. 기뻐하면 기쁘고 기뻐서 기뻐하는 것입니다. 기뻐할수록 기쁨의 에너지가 풍성해집니다. 마음이 기쁘기 때문에 모든 일이 형통하고 몸도 건강해집니다. 이 세상의 많은 기쁨은 일시적이고 현세적이며 부분적이지만, 예수 믿고 구원받은 기쁨은 영원하고 온전합니다. 이 기쁨이 우리 모든 성도와 그 가정에 충만하기를 축원합니다.

18세기 프랑스에 데넥커라는 조각가가 있었습니다. 르네상스 시대의 대표적인 천재들 못지않은 조각가로 인정을 받았던 그는 특히 그리스 신화에 나오는 여러 신상을 정교하게 조각했습니다. 그는 세심한 특징까지 놓치지 않기 위해 여러 번 신화를 읽을 정도로 완벽을 추구하는 사람이었습니다. 점점 자신의 실력에 자신감이 생긴 그는 많은 사람에게 상징적인 의미가 있는 '그리스도'를 조각하기로 결심했습니다. 그러나 작업을 시작한 지 한 달도 되지 않아 실패하고 말았습니다. 잘 알고 있던 그리스 신화와는 달리 예수님에 대해서는 전혀 알지 못했기 때문에 그전처럼 조각으로 표현할 수가 없었던 것입니다. 그래서 그는 직접 복음서를 읽고 예수님을 알아가기 시작했고, 신앙이 성장할수록 그의 그리스도상도 조금씩 완성되었습니다. 그리고 마침내 거의 완벽에 가까운 그리스도상을 조각해냈을 때, 이 작품을 보고 경탄한 나폴레옹이 자신이 좋아하는 비너스 조각상을 만들어주지 않겠냐고 물었습니다. 이에 데넥커는 이렇게 대답했습니다. "황제의 명령이라 할지라도 그리스도를 조각한 이 손으로 이제 더는 다른 신을 조각할 수 없습니다."

예수님을 만나고 그 사랑을 알게 되면 더는 세상을 이전처럼 사랑할 수 없습니다. 주님과 세상을 놓고 갈등하지 말고 결단하십시오. 주님을 선택하면 반드시 창대하게 될 것입니다. 거짓 없이 신실한 마음으로 주님을 따르고 그 무엇보다 주님을 더욱 사랑한다고 고백할 수 있기를 바랍니다.

예수 그리스도 그분만이 우리의 영원한 주인이시고, 그분을 위해 사는 것이 최고의 기쁨입니다. 성도는 모두 이런 단계의 신앙에 이르러야 합니다. 참새와 독수리가 비행하는 높이가 다르듯, 세상과 구별된 거룩한 삶의 높이를 유지하고 예수님을 향하여 날마다 올라가는 거룩한 삶을 살아가야 합니다. 예수님만이 주시는 큰 기쁨으로 더욱 크게 기뻐하며 살아가시는 우리 모든 성도와 그 가정이 되기를 축원합니다.

사랑하는 번동 가족 여러분!

'어떻게 하여야 구원을 받으리이까'라는 질문의 답은 '오직 주 예수를 믿으라'입니다. 우리 모든 성도와 그 가정이 주 예수를 믿고 세례받고 크게 기뻐하며 살아가기를 축원합니다.

복을 받는 그 사람

(렘 17:7-11)

신앙이란 하나님의 말씀이 머리에서 가슴으로 내려오는 것입니다. 성경 지식으로 시작된 믿음은 머리가 아니라 가슴에 머물 때 나의 삶에 생명을 줄 수 있습니다. 말씀이 머리에만 머무는 신앙은 삶에 아무런 영향을 끼치지 못합니다. 하나님이 우리에게 요구하시는 신앙은 말씀에 대한 지식을 얻는 것이 아니라 순종과 행함입니다. 신앙은 하나님의 마음을 나의 삶에서 드러내는 것입니다. 그래서 지식이 아닌 가슴으로 행하는 것이 진실한 신앙입니다. 신앙은 지식이 아니라 가슴으로 행하는 순종입니다. 우리가 하나님을 어떻게 알 수 있습니까? 영안이 열려야 합니다. 하나님께서 우리의 마음 문을 열어주셔야 합니다. 우리의 믿음의 눈을 뜨게 해주셔야 합니다. 우리의 영안이 열리지 않으면 하나님을 볼 수도 없고, 믿을 수도 없고, 말씀을 깨달을 수도 없고, 말씀대로 살 수도 없습니다. 하나님께서 우리의 영안을 열어주실 때 비로소 성경 말씀이 믿어지고 성경 말씀에 감동을 받습니다. 나아가 새로운 결단을 하게 됩니다. 새롭게 살려고 노력합니다. 영안이 열릴 때 하나님의 부르심의 소망이 무엇인지 알게 됩니다. 세상 많은 사람 가운데 왜 나를 택하시고 부르셨는지, 나는 어떤 소망을 갖고 살아야 하는지를 깨닫게 되는 것입니다. 하나님께서 우리의 영안을 열어주셔서 하늘의 소망을 볼 수 있기를 바랍니다. 소망 가운데 참고 견디고 승리하며 담대하게 전진하는 신앙생활을 할 수 있기를 바랍니다. 우리의 영안이 열려 하나님의 능력을 볼 수 있기를 원합니다. 우리의 마음 문이 열려 하나님의 능력을 의지하여 담대히 나아갈 수 있기를 원합니다. 인생의 앞길에 거친 바다가 가로막고 있습니까? 하나님을 의지하며 믿음으로 나아가십시오. 그 바다가 갈라지는 역사가 나타날 것입니다. 믿음의 여정에서 목마름을 느끼고 있습니까? 하나님의 역사를 기대하며 나아가십시오. 하나님께서 반석에서 샘물이 나게 하실 것입니다.

저주와 복의 기준은 우리 인간이나 세상에 있지 않습니다. 오직 하나님의 말씀만이 정확하고 영원한 기준이고 표준입니다. 그러므로 우리의 모든 생각과 방향과 목적을 하나님의 말씀과 기준에 맞추어야 인생이 저주에서 복으로 바뀌는 것입니다. 오늘 본문은 너무나도 쉽게 저주와 복을 대조시키고 있습니다. 전혀 이해하기 어려운 내용이 아닙니다. 지식의 차원이 아닌 가슴과 순종의 차원인 것입니다. 하나님의 말씀을 몰라서가 아니라 불순종해서 복을 받지 못하는 것입니다. 머리와 가슴이 하나 되고, 아는 것과 믿는 것이 하나 되는(엡 4:13) 큰 은혜가 임하여 복 받는 바로 그 사람이 되시기를 축원합니다.

1. 거짓되고 부패한 사람은 저주를 받습니다

"만물보다 거짓되고 심히 부패한 것은 마음이라 누가 능히 이를 알리요마는 나 여호와는 심장을 살피며 폐부를 시험하고 각각 그의 행위와 그의 행실대로 보응하나니 불의로 치부하는 자는 자고새가 낳지 아니한 알을 품음 같아서 그의 중년에 그것이 떠나겠고 마침내 어리석은 자가 되리라"(9-11절).

성경 중에 인간의 마음을 가장 잘 파헤친 구절입니다. 예레미야 선지자는 인간의 마음을 예리하게 관찰하고 있습니다. 마음은 인간의 생각과 행위의 원천입니다. 이 마음은 그 어느 것보다 부패하여 치유하기가 어렵습니다. 이러한 인간의 마음을 하나님은 꿰뚫어 보시며 살피십니다. 심장과 폐부는 인간의 성품과 인격 등의 내면적 요소를 총망라할 때 쓰는 표현입니다. 인간에게는 숨길 수 있어도, 하나님께는 숨길 수 없다는 것입니다. 자고새는 이스라엘에 서식하는 새로, 다른 새의 알을 품고 있다가 그 알이 부화하여 새끼가 나오면 그 새끼를 버리고 떠난다고 합니다. 악한 자가 남의 재물을 불의한 방법으로 소유하여 살다가 중년에 가서 그 재물을 잃어버리고 마는 것을 비유하는 것입니다. 이 비유의 핵심은 불의하게 모은 재물은 그만큼 쉽게 허비하고 상실하게 된다는 데 있습니다(잠 23:5). 더구나 수단과 방법을 가리지 않고 재물 모으는 데 혈안이 된 자는 이미 영적으로 그리고 도덕적으로 파산 상태에 있는 것입니다.

사회학자들은 우리 시대에 중요한 네 가지 가치가 점점 사라지고 있다고 합니다. 첫째는 감동입니다. 감정이 병들어 둔감해짐으로, 기쁠 때 기뻐할 줄 모르고, 슬플 때 슬퍼할 줄을 모릅니다. 그래서 감동을 주는 텔레비전 프로그램이나 사연 등에는 눈물을 흘리지만, 정작 주변의 일들에서는 감동을 경험하지 못하며 살아갑니다. 둘째는 책임입니다. 무책임은 곧 도덕적 질병입니다. 서로 책임을 회피함으로 잘못된 것에 대해 책임지는 사람이 아무도 없습니다. 병든 사회는 책임을 질 줄 모릅니다. 실패의 책임을 모두 다른 사람에게 전가합니다. 셋째는 관심입니다. 모든 사람이 이기적인 생각으로 가득 차 있기에 자기 말고는 아무에게도 관심을 기울일 수 없게 된 것입니다. 넷째는 목적입니다. 유물론적 사고방식에 빠져 영혼과 신앙에 점점 관심이 없어집니다. 눈앞의 삶이 전부인 것으로 착각하기에 굉장히 애쓰고 수고하기는 하지만, 무엇을 위한 것인지는 알 수 없습니다. 그래서 가치도 목적도 분명치 않은 수고를 하고 있습니다. 인간에게 중요한 이 네 가지 가치가 사라지면서 사회가 점점 삭막해지고 있습니다. 그러나 세상에 없는 것을 가지고 있는 우리 그리스도인이, 진리를 알게 되면 확실히 변화됨을 알려야 합니다. 하나님이신 예수님께서 인간으로 이 땅에 오셔서 십자가에서 돌아가셨고, 사흘 만에 부활하고 승천하셨다는 것과 반드시 재림하신다는 진리를 알려야 합니다.

예수님의 탄생과 가르침과 십자가와 부활과 재림의 복음이 사람들의 마음에 들어가면 부패한 마음과 심장과 폐부가 치유되어 새롭게 되고 본래의 자리로 회복됩니다. 이것이 복음의 능력이고, 십자가의 능력입니다. 이런 일은 세상의 그 어떤 것으로도 불가능할 뿐 아니라, 오히려 더 부패하게 됩니다. 세상의 모든 것은 자고 나면 사라지는 자고새 같은 것입니다. 오직 예수 그리스도의 복음으로 부패한 마음과 심장과 폐부가 새롭게 되는 치유와 회복의 은혜가 모두에게 임하시기를 축원합니다.

2. 여호와를 의지하며 의뢰하는 사람은 복을 받습니다

"그러나 무릇 여호와를 의지하며 여호와를 의뢰하는 그 사람은 복을 받을 것이라"(7절).

사람을 의지하는 사람은 사막의 떨기나무처럼 비참한 인생이지만, 여호와를 의지하며 의뢰하는 사람은 물가에 심은 나무처럼 복 있는 사람입니다. '의지하다'와 '의뢰하다'는 같은 뜻이며, 이를 중복함으로 그 뜻을 강조하는 것입니다. 어떤 경우와 상황에서도 결코 사람을 의지하지 않고 여호와만 의지하며 의뢰하는 사람은 복을 받을 것입니다. 의의 길이란 오직 하나님만을 의지하며 동행하는 것을 의미하는데, 이는 결국 하나님의 축복으로 귀결됩니다. 영원하지 않을 세상적이고 제한적인 것 때문에 하나님을 버리고 떠나는 사람은 저주를 받은 가장 어리석고 불쌍한 사람이지만, 영원한 것을 위하여 영원하지 않은 것을 미련 없이 배설물처럼(빌 3:8) 버리는 사람은 가장 지혜롭고 행복한 사람입니다. 우리는 에서와 가룟 유다 같은 인생이 아닌 바울 같은 복 받는 인생이 되어야 합니다.

고(故) 정주영 현대그룹 명예회장이 부하직원을 야단칠 때 자주 하던 말이 있습니다. 바로 "빈대만도 못한 사람"이라는 말입니다. 정 회장은 이 말에는 꾸중과 책망뿐 아니라 그의 철학이 담겨 있습니다. 정 회장이 스무 살 안팎의 나이에 막노동을 할 때였습니다. 노동자 합숙소에서 지내는데 빈대 때문에 도통 잠을 잘 수가 없었습니다. 빈대를 피하는 방법을 궁리하던 끝에 침상의 다리 네 개에 물을 담은 세숫대야를 하나씩 놓고 잤습니다. 그러나 효과는 며칠뿐이었습니다. 빈대가 다시 물기 시작했습니다. 도저히 이해할 수 없는 일이었습니다. 침상에 누워 자는 사람을 물려면 물이 담긴 세숫대야를 지나야만 하고, 그러려면 헤엄을 못 치는 빈대들은 세숫대야 물에 빠져 죽어야 하는데, 그렇게 되지 않은 것이 이해되지 않았습니다. 그러나 그 의문은 얼마 지나지 않아 풀렸습니다. 그 이유를 알고 나서 정 회장은 빈대들의 지혜와 끈기에 매우 놀랐습니다. 유심히 지켜보니, 침상 다리를 타고 올라가는 것이 불가능해진 빈대들이 벽을 타고 천정으로 올라가 천정에서 사람의 몸으로 수직 낙하하는 것이었습니다. 정 회장은 그때의 놀라움을 평생 잊지 못했습니다. 그리고 하찮은 빈대도 목적 달성을 위하여 저토록 머리 쓰고 죽을힘을 다하여 노력하여 성공하는데, 더욱이 인간이 무슨 일이든 중도에 절대 포기하지 않고 최선을 다하여 노력하면 이루지 못할 일이 없지 않겠느냐고 생각하게 되었습니다. 정 회장은 훗날 기업을 경영하면서 빈대에게서 배운 정신을 응용하여 숱한 일화를 남겼습니다. 그래서 부하직원을 나무랄 때 그런 말을 쓰게 된 것입니다. 요즘같이 어려운 세상을 살아가는 우리도 빈대에게서 한 수 배울 수 있었으면 합니다.

우리가 여호와를 의지하며 의뢰하면 지혜와 능력과 은혜와 선물을 주십니다. 골로새서 2장 3절에서는 "그 안에는 지혜와 지식의 모든 보화가 감추어져 있느니라"라고 말씀합니다. 그리스도 안에 다양하고 풍성한 보화가 감추어져 있습니다. 또 야고보 사도는 "너희 중에 누구든지 지혜가 부족하거든 모든 사람에게 후히 주시고 꾸짖지 아니하시는 하나님께 구하라 그리하면 주시리라"(약 1:5)라고 말합니다. 하나님께 구하지 않는 사람이 가장 교만하고 미련하고 저주받은 사람입니다. 가난하든 부유하든, 실패했든 성공했든 그런 것과 상관없이 언제나 여호와를 의지하고 의뢰하며 간절히 구하고 기도하여 하나님의 응답과 복을 받는 바로 그 사람이 되시기를 축원합니다.

3. 결실이 그치지 아니하는 복을 받습니다

"그는 물가에 심어진 나무가 그 뿌리를 강변에 뻗치고 더위가 올지라도 두려워하지 아니하며 그 잎이 청청하며 가무는 해에도 걱정이 없고 결실이 그치지 아니함 같으리라"(8절).

이는 '사막의 떨기나무'(렘 17:6)와 대조가 됩니다. '물가에 심어진 나무'는 중단 없이 물을 공급받기에 가뭄이나 더위가 결코 문제가 되지 않으며, 그 잎이 청청합니다. 그 결과 열매를 계속 맺음으로 사람에게 맛있는 과일을 풍성하게 공급해 줍니다. 시편 1편 3절에서는 "그는 시냇가에 심은 나무가 철을 따라 열매를 맺으며 그 잎사귀가 마르지 아니함 같으니 그가 하는 모든 일이 다 형통하리로다"라고 말씀합니다. 내용상 유사하지만, 시편에서는 복 있는 사람이 물가에 심어진 과실을 맺는 나무에 비유된 반면, 본문에서는 좀더 능동적이고 동적인 모습으로 언급되고 있습니다. 의의 길은 오직 하나님만을 의지하며 걸어가는 길입니다. 물 가까이에 심어진 나무처럼 어떤 어려운 일이 닥쳐와도 두려워하지 않으며 오히려 담대하고 강하게 적극적으로 믿음을 지키며 충성하는 것입니다. 더욱 과실을 맺고 번성하게 되는 것입니다.

중세기 영국에서 있었던 일입니다. 부모를 일찍 여읜 어린 두 형제가 가난하게 살고 있었습니다. 어느 날 두 형제가 너무 배가 고파 목장에서 새끼 양 한 마리를 몰래 훔쳐다 잡아먹었습니다. 그러나 이 일은 금방 들통이 났고, 화가 난 목장 주인은 그 형제의 이마에 '양 도둑'(sheep steal)이란 표시로 이마에 'S' 자를 인두로 새겨 버렸습니다. 수치스러워하는 두 형제에게 지나가던 한 수도사가 이렇게 말해주었습니다. "사람은 누구나 실수할 수 있다. 앞으로는 하나님을 기쁘시게 하는 삶을 살거라." 형은 수도사의 말을 무시하고 수치스러운 그 표시를 숨기기 위해 그 마을을 떠나 세상을 떠돌다 술주정뱅이 폐인이 되고 말았습니다. 그러나 동생은 부끄러운 낙인이 있었음에도 그 마을에서 속죄하는 마음으로 착한 일을 하고 열심히 남을 도우며 하나님을 기쁘시게 하며 살았습니다. 세월이 흘러 그가 노인이 되었을 때, 그 마을의 한 아이가 아버지에게 묻습니다. "아버지, 왜 저 할아버지 이마에는 'S' 자가 새겨져 있어요?" 아버지가 대답합니다. "응, 그건 아마 저 할아버지가 너무 착하게 사니까 하나님께서 성자(Saint)라는 뜻으로 새겨주신 걸 거야." 어린이도 어른도 누구나 실수할 수 있고, 부끄러운 행동을 할 수 있습니다. 그러나 그 이후의 삶의 태도에 따라 결과는 판이하게 다를 수 있습니다.

'S' 자는 도둑(steal)을 뜻할 수도 있고, 성자(Saint)를 뜻할 수도 있습니다. 그 선택은 나에게 달려 있습니다. 열심히 기도하고 선을 행하면 성자가 되는 것입니다. 모든 나무가 가뭄과 비바람과 추위를 견뎌야 하지만, 물가에 심어진 뿌리 깊은 나무는 그 모든 것을 더 잘 견디고 풍성한 열매를 맺게 됩니다. 어떠한 상황에서도 여호와를 의지하고 의뢰하여 풍성한 열매를 맺는 복을 받는 바로 그 사람이 되시기를 축원합니다.

사랑하는 번동 가족 여러분!

여호와에게서 떠난 사막의 떨기나무 같은 저주를 받는 사람이 아니라, 여호와를 의지하며 의뢰하여 풍성한 열매를 맺는 복을 받는 바로 그 사람이 우리 모두가 되기를 축원합니다.

선한 목자 예수님

(요 10:7-18)

역사적으로 교회의 위기는 '기독교'(Christianity)가 아니라 '교회교'(Churchianity)가 되었을 때 일어났습니다. 유럽과 북미 대륙의 교회가 그랬고, 한국 교회도 그 길에 들어섰습니다. 이 위기에서 벗어나려면 교회가 예수님을 되찾아야 합니다. 교회 제도와 의식에 갇힌 예수님을 되찾고, 우리의 잘못된 의식에 갇힌 예수님을 제자리로 돌려놓아야 합니다. 교회가 예수님 없는 종교가 되는 것은 예수님을 잘못 보고 있기 때문입니다. 놀랍게도 예수님 당시 사람들도 예수님을 잘못 보았습니다. 자신들의 이념, 사상, 소원, 기대에 따라 예수님을 바라보았기에 메시아로 오신 예수님을 알아보지 못했습니다. 마찬가지로 오늘 우리도 우리가 원하는 번영과 위로의 표적만을 구하고 있지는 않은지 성찰해야 합니다. 우리는 예수님을 성육신과 십자가를 통해 봐야만 바로 볼 수 있습니다. 하늘 영광을 버리고 사람이 되기까지 낮아지신 하나님의 아들, 죽기까지 낮아지셔서 죄인을 대신해 십자가에서 죽으신 예수님을 보아야 합니다. 사람들이 성공과 번영의 관점으로만 예수님을 보려고 하기 때문에 십자가의 예수님은 어리석어 보일 수밖에 없습니다. 그러나 우리가 낮아져 그리스도께 완전히 의존하면 그리스도의 생명이 우리 안에 역사함으로 부활 능력을 경험하게 될 것입니다. 세상이 줄 수 없는 새 생명을 경험하게 될 것입니다. 그럴 때 우리 각자는 교회가 되며, 세상은 교회를 통해 그리스도를 보게 될 것입니다.

세계사를 살펴보면, 알렉산더나 나폴레옹 같은 영웅이 나타나 많은 사람을 전쟁터로 데려가 피를 흘리게 했습니다. 삼국지를 보면, 많은 전쟁 영웅이 각기 세력 다툼을 위해 수많은 사람의 피를 전쟁의 대가로 지불했습니다. 때로는 사상의 차이로 다른 사람을 노예를 만들고 서로 죽이는 일이 세계사에서 셀 수 없이 발생했습니다. 지금도 같은 나라 안에서도 세력과 사상과 이권 다툼으로 수많은 사람이 고통당하고 피를 흘리고 있습니다. 이스라엘의 역사를 보면 선하게 통치한 왕보다 악한 통치로 백성에게 아픔과 고통과 죽음을 가져온 왕이 더 많습니다. 또 선지자들로 인하여 백성이 고통을 겪고 사망에 이르게 된 경우도 많습니다. 구약 시대에 여호와 하나님은 선한 목자로 택한 백성을 끝까지 보호하시고 사랑하시고 구원하여 주셨습니다. 신약 시대에 예수님은 자신을 직접 선한 목자라고 하셨고, 그 본을 보여주셨습니다. 오늘 본문을 통해 선한 목자 되신 예수님의 모습을 살펴보면서 믿음을 새롭게 하는 시간이 되시기를 바랍니다.

1. 선한 목자는 양의 문이십니다

"그러므로 예수께서 다시 이르시되 내가 진실로 진실로 너희에게 말하노니 나는 양의 문이라 나보다 먼저 온 자는 다 절도요 강도니 양들이 듣지 아니하였느니라 내가 문이니 누구든지 나로 말미암아 들어가면 구원을 받고 또는 들어가며 나오며 꼴을 얻으리라" (7-9절).

예수님은 요한복음에서 '나는…이다'라는 표현을 7회 사용하셨습니다. 그리스도의 신성을 말씀하신 것입니다. 예수님 외에는 누구도 이렇게 말할 능력이나 자격이 없습니다. 오직 예수님뿐입니다. 양은 이스라엘 백성, 그리고 성도를 가리킵니다. 그리스도는 신구약 전체에서 하나님의 양의 문으로 합법적인 문입니다. 자신을 '양의 문'이라고 하신 것은 양과 성도가 더 중요하기 때문입니다. 예수님 외에는 어떤 양의 문도 없고, 메시아도 없습니다. 메시아임을 자칭한 자들은 도둑이고 강도인 것입니다. 양의 문은 양의 목자와 같은 뜻이며, 출입자들은 목자를 통하지 않고는 누구도 우리에 들어갈 수 없었습니다. 예수님이 자신을 길(요 14:6)에 비유하신 것처럼 양의 문에 비유하신 것은 메시아적인 사상을 담고 있는 것으로, 오직 예수님 한 분을 통한 구원만 있을 뿐임을 밝히고 있습니다(행 4:12).

오늘날 자기중심적으로 행동하며 자기애에 빠진 그리스도인이 참 많습니다. 하나님의 이름을 높이고 그분만 자랑하기보다, '자기 성취', '자기만족', '자기 발전' 같은 것에만 관심을 둡니다. 어찌 보면 인류 역사상 가장 자기중심적 문화인 것 같습니다. 이러한 자기 사랑의 정신은 교회에도 슬그머니 흘러 들어왔습니다. 하나님의 때를 기다리며 조용히 기도하기보다, "하면 된다!", "나도 성공할 수 있다!"라고 외치며 성령보다 앞서서 행합니다. 하나님 없이 하나님의 일을 하겠다고 나섭니다. 최근 전도하다가 사람들의 신앙 인식이 얼마나 철저하게 자기중심적인지 알게 되었습니다. "내가 예수를 믿으면 예수는 나를 위해 이 세상에서 무엇을 해준다는 거요?", "교회에 나가면 교회가 나에게 무엇을 제공합니까?"라는 질문을 많이 받습니다. 예수님이 어떤 분인지는 알고 싶어 하지 않고, '어떻게 하면 내가 행복해질 수 있을까?', '어떻게 하면 내가 만족한 삶을 살 수 있을까?'에 관심이 집중되어 있습니다. 자신에게만 집착하는 시대정신은 말세의 특징입니다. 말세에는 하나님을 제쳐 두고 자기가 하나님이 되려는 사람으로 넘쳐납니다. 그러나 복음의 주체는 내가 아닌 하나님입니다. 자기 연민이나 자기 의가 아니라 하나님이 우리를 죽음에서 생명으로 옮겨 놓으시는 것입니다. 하나님은 자기 자신보다 하나님을 우선시하는 사람에게 은총을 베푸십니다.

예수님보다 먼저 온 자는 거짓 선지자와 거짓 메시아를 뜻합니다. 또 예수님 당시의 위선적인 종교 지도자들을 의미합니다. '절도요 강도니'라는 표현이 현재형 동사로 표현되었으므로, 예수님 자신이 살고 있던 시대의 사람들을 가리킨다고 이해할 수 있습니다. 이 말씀은 권력과 욕심에 눈이 어두워진 유대 종교 지도자들을 염두에 두신 것입니다. 오늘날과 같이 여기저기에 문이 있고, 이 사람 저 사람이 자기가 문이라고 아우성치는 혼란한 시대에, 어제나 오늘이나 영원토록 동일하신 예수님(히 13:8)만이 구원의 문임을 믿고 따르는 지혜로운 성도들이 되시기를 축원합니다.

2. 선한 목자는 양들이 그 음성을 압니다

"또 이 우리에 들지 아니한 다른 양들이 내게 있어 내가 인도하여야 할 터이니 그들도 내 음성을 듣고 한 무리가 되어 한 목자에게 있으리라"(16절).

어떤 전도자가 레바논 산에서 목자를 만나 '당신은 얼마나 양을 잘 아느냐'고 물었더니, "당신이 내 눈을 가리고 어느 양이든 데리고 오면, 나는 내 손으로 그 머리를 한 번 만져 보고는 즉시 그것이 내 양인지 아닌지 말할 수 있다"라고 말했다고 합니다. 선한 목자이신 그리스도는 그의 모든 양의 모든 것을 익숙히 아십니다. 동시에 양인 모든 성도는 자기의 목자이신 그리스도를 잘 압니다. 그것은 어떤 과학적인 지식이나 이성에 의한 것이 아니라 성령을 통해 아는 것입니다(고전 12:3). 목자와 양 사이의 상호적 지식은 바로 하나님과 예수님 사이의 그것과 같습니다(요 14:20, 15:10). 성부와 성자와 성도 간의 완전한 이해와 교제인 것입니다. 우리에 들지 않은 다른 양들이 이방인 교회를 뜻하는 것임은 의심할 여지가 없습니다. 장차 이루어질 이방인 교회를 예견하시고 말씀하신 것입니다. 유대인을 초월하여 세계적인 선교에 적합한 말씀입니다. 현재 모든 사람이 어디서나 그리스도의 음성을 들으며 믿고 구원을 받고 있습니다.

신앙은 예수님과 하나가 되는 일입니다. 내가 예수님처럼 되는 것입니다. 그분에 대한 교리를 아는 차원에서 끝나는 것이 아닙니다. 주님의 은총을 날마다 공급받아 그분처럼 사는 데까지 나아가는 것이 신앙입니다. 그런데 이런 말씀을 전하면 많은 성도가 부담스럽게 여기는 것이 사실입니다. 예수님이 육신을 치유해 주시고 떡을 공급해 주실 때는 군중이 따랐지만, 그분이 십자가를 지신 자리에는 제자들조차 함께하지 않았던 것처럼 말입니다. 사람들의 이런 마음을 아셨던 예수님은 자주 그들의 기대와 다른 말씀을 하셨습니다. 사람들의 세속적이고 물질적인 하나님 나라 개념을 산산이 조각내고 해체하는 일을 하셨습니다. 그것이 진정한 하나님 나라를 우리 가운데 온전히 이루는 과정임을 아셨기 때문입니다. 어떤 사람은 고난을 겪을 때 형통함과 물질적 부유함을 주시는 하나님이 자기 부정을 하시는 것 같다고 느낍니다. 하나님은 그런 과정을 통해 그의 우상과 교만과 선민의식을 무너뜨리고자 하시는데, 그들은 그런 때 하나님을 부정하려 합니다. 자신들이 기대하던 하나님의 얼굴이 아니라고 생각해서입니다. 주님이 영의 양식과 생명의 양식을 주고자 하시는데, 육신의 양식이 없다고 주님을 떠난다면 그보다 큰 비극은 없을 것입니다. 예수님이 "너희도 떠나려느냐?"라고 물으실 때 주님께만 붙어 있겠다고 답할 수 있어야 합니다(요 6:66-68).

바울은 에베소서 4장 13절에서 "우리가 다 하나님의 아들을 믿는 것과 아는 일에 하나가 되어 온전한 사람을 이루어 그리스도의 장성한 분량이 충만한 데까지 이르리니"라고 말합니다. 예수 그리스도를 믿는 것과 아는 것이 하나 되어 그리스도의 장성한 분량이 충만한 데까지 성장해야 합니다. 한 무리, 한 목자에서 우주적인 공교회를 볼 수 있고, 이 한 무리에서 역사적이고 지역적인 모든 교회를 볼 수 있습니다. 양의 대목자이신 예수님(히 13:20)을 머리로 삼은 보이는 교회와 보이지 않는 모든 교회의 영화로운 모습을 볼 수 있습니다. 사도신경에서 제창되는 '거룩한 공교회와 성도의 교제'(The Holy Catholic Church, the communion of saints)가 바로 이 말씀인 것입니다. 모든 성도에게 선한 목자 되시는 그리스도를 알고 음성을 듣고 순종하는 은혜가 충만하시기를 축원합니다.

3. 선한 목자는 양을 위해 목숨을 버리십니다

"나는 선한 목자라 선한 목자는 양들을 위하여 목숨을 버리거니와"(11절).
"아버지께서 나를 아시고 내가 아버지를 아는 것 같으니 나는 양을 위하여 목숨을 버리노라"(15절).

예수님은 선한 목자로서 자신의 생명을 버려 우리의 죄를 속하셨습니다. 선한 목자는 문자적으로는 '그 목자', '그 선한 자'란 뜻입니다. 신약에서 '선'이란 성전의 모습과 같은 외형적인 아름다움(눅 21:5), 소금처럼 잘 사용되는 아름다움(막 9:15), 양식의 아름다움(히 13:8), 완전성(막 9:43)을 표현합니다. 외적으로나 내적으로 예수 그리스도의 선한 목자로서의 완전성을 말하고 있습니다. 목숨은 육신적인 생명으로 영원한 신적인 생명과는 다릅니다. 예수님께서 그 생명을 버려 인류의 죗값을 지불하신 속죄의 죽음을 말하고 있으며, 이로써 영원한 생명을 성도들에게 주시는 것입니다. 위험한 상황에 있을 때 목자가 자기 생명을 위해 양을 버리고 도망가는 것은 어느 면에서 정상입니다. 그럼에도 목자로서 양을 위해 생명을 버리는 데서 그리스도의 신적인 사랑을 발견하게 됩니다. 이것이 선한 목자이고, 기독교이고, 구원이고, 영생인 것입니다. 오직 선한 목자 되신 예수님만 그렇게 하신 것입니다.

노만 빈센트 필 박사가 쓴 '독수리와 닭'이라는 글은 매우 유명합니다. 어느 날 모험을 좋아하는 소년이 근처 산에서 발견한 독수리

알을 암탉이 달걀을 품을 때 살짝 집어넣었습니다. 시간이 지난 드디어 병아리도 독수리도 알을 깨고 나왔습니다. 이 새끼 독수리는 자기도 병아리라고 생각하며 병아리와 똑같이 행동했습니다. 그런데 어느 날 큰 독수리 하나가 닭장 상공을 날아 멋지게 맴돌다 지나갔습니다. 그런데 새끼 독수리가 자세히 보니 자신과 너무나 닮았습니다. 그 새끼 독수리는 '나하고 많이 닮았잖아? 지금까지 왜 나는 다른 병아리와 닮지 않았는지 이상하게 생각했는데, 나는 저 공중에 나는 어마어마한 새와 닮았구나!'라고 생각하며 비로소 자신의 참된 존재를 발견하게 되었습니다. 그래서 그는 닭장을 벗어나 창공으로 훨훨 날아갈 수 있었습니다. 우리는 옛사람이 아닙니다. 옛사람처럼 이 세상에 매여 살면 안 됩니다. 십자가를 통해 그리스도 안에서 새사람으로 살아야 합니다.

양들은 병이 들 수도 있고, 짐승으로 인한 위험에 처할 수도 있습니다. 그러한 상황에서 양을 방치하거나 도망가는 목자는 선한 목자가 될 수 없습니다. 선한 목자는 양들이 고통당할 때 자신을 희생하면서까지 양을 돌봅니다. 나머지 99마리의 양이 있어도 잃어버린 한 마리 양을 찾아 나섭니다. 예수님은 양과 같은 우리를 위해 십자가를 지고 죽으심으로 우리를 구원하셨습니다. 그래서 우리를 최고의 걸작품(포이에마 ποίημα)인 '십자가짜리' 인생으로 만드셨습니다. 이로써 우리는 구원받고 천국 백성이 되었습니다.

사랑하는 번동 가족 여러분!

우리가 믿는 예수님만이 양의 문이시고, 양의 음성을 아시며, 양을 위하여 목숨을 버리십니다. 우리 모두 우리의 영원한 선한 목자 되신 예수님만 믿고 따르는 충성스러운 성도가 되기를 축원합니다.

너희는 가만히 있을지니라

(출 14:13-31)

우리가 느끼는 두려움의 주요 원인 중 하나는 불확실성입니다. 우리는 미래를 알 수 없습니다. 한 걸음 앞이 길인지, 벼랑 끝인지 알 수 없어 두렵기 짝이 없습니다. 원수는 우리 마음에 미래에 대한 두려움을 심어 놓습니다. 그래서 교회에 다니는 성도 중에도 예언을 좇는 경우가 많습니다. 하지만 단순히 미래를 안다고 인생이 평안해지는 것은 아닙니다. 미래에 대한 정보가 행복한 미래를 보장해 주지는 않습니다. 그럼에도 어떤 이들은 하나님을 무슨 점괘를 풀어주시는 분 정도로 압니다. 하나님은 점괘를 봐주시는 게 아니라 열린 미래를 말씀하십니다. 우리와 함께 미래를 만들어 가길 원하십니다. 그러므로 성경의 예언에 담긴 핵심은 미래를 아는 것이 아니라, 나를 향한 하나님 마음입니다. 하나님의 말씀은 우리와의 인격적인 교제를 위한 초청입니다. 혹 미래를 알아도 미래를 알려주신 하나님을 신뢰하지 못하면 평안할 수 없습니다. 일종의 영적 분리불안증을 겪는 사람들은 미래를 안다고 해서 평안해지지 않습니다. 인간은 하나님을 알아야 참 평안을 얻습니다. 그러므로 미래를 맞이하는 최선의 대책은 예언이나 정보 수집이 아니라 바로 예수님입니다. 우리 인생은 점술가나 예언가가 아니라 예수님이 책임지십니다. 성경이라는 교과서와 인생이라는 문제집을 붙들고 예수님과 함께 씨름하십시오. 그분이 바른길로 이끌어주실 것입니다.

오늘 본문은 앞에는 넘실대는 홍해가 가로놓여 있고, 뒤로는 무서운 창으로 무장한 특별 병거 육백 대와 애굽의 모든 병거가 무섭고 빠른 속도로 쫓아오고 있는 상황에 놓인 이스라엘 백성의 모습을 보여줍니다. 이런 죽음을 앞둔 두려운 상황에서 이스라엘 백성은 하나님과 모세를 원망하며 위협하고 있습니다. 이때 모세가 "너희는 두려워하지 말고 가만히 서서 여호와께서 오늘 너희를 위하여 행하시는 구원을 보라 너희가 오늘 본 애굽 사람을 영원히 다시 보지 아니하리라 여호와께서 너희를 위하여 싸우시리니 너희는 가만히 있을지니라"(13-14절)라고 말합니다. 현실을 뛰어넘는 강하고 위력 있는 말씀입니다. 오늘 우리의 인생과 신앙생활 앞에도 여러 홍해가 있습니다. 인간은 그런 홍해 앞에서 참으로 무력해지지만, 하나님은 그 홍해를 기적의 도구로 사용하십니다. 위험한 바다와 바로의 군대를 바라보지 말고 위대하신 하나님을 바라보고 전진하는 성도들이 되시기를 축원합니다.

1. 기도의 바다입니다

"여호와께서 모세에게 이르시되 너는 어찌하여 내게 부르짖느냐 이스라엘 자손에게 명령하여 앞으로 나아가게 하고 지팡이를 들고

손을 바다 위로 내밀어 그것이 갈라지게 하라 이스라엘 자손이 바다 가운데서 마른 땅으로 행하리라"(15-16절).

바로의 군대가 추격해 다가오자, 이스라엘 백성은 두려워하며 모세를 원망했고, 이에 모세는 백성을 격려하고 안정시켰습니다. 그리고 여호와께서 홍해를 건너게 하실 것을 약속하셨습니다. 이스라엘 측에는 60만 명의 장정이 있었던 반면, 애굽 군대는 수만 명에 지나지 않았겠지만, 이스라엘 백성은 전혀 무장되지 않았고 군사 훈련이나 전쟁 경험이 없었기 때문에 중무장되고 잘 훈련된 애굽 군대를 당할 수 없었습니다. 공연히 대항했다가는 대량 살육을 당할 것이 분명했기에 두려워하며 원망할 수밖에 없었던 것입니다. 그래서 이스라엘 백성은 원망하며 여호와께 부르짖었습니다. 이스라엘 백성의 고질적인 불신앙과 원망과 배신의 모습이 다시금 드러나고 있습니다.

사람들에게는 저마다 자기만이 계산이 있습니다. 가게를 새로 내는 사람이든, 결혼을 앞둔 사람이든, 입대를 앞둔 사람이든, 새 직장으로 옮기는 사람이든 누구나 나름대로 비용을 계산합니다. 그런데 그 잣대가 제각각입니다. 저마다 손에 든 자의 눈금과 길이가 다릅니다. 30센티미터짜리 자를 든 사람은 그 이상을 재지 못합니다. 2미터짜리 줄자를 가진 사람도 그 이상은 못 잽니다. 두 번, 세 번 재면 되지 않겠느냐고요? 정말 긴 것은 짧은 것으로 잴 수가 없습니다. 수십 킬로미터나 되는 것을 30센티미터 자로 잴 수 있겠습니까? 영원한 것을 어떻게 잴 수 있습니까? 그래서 하늘의 것을 잴 때는 이 땅의 잣대로 재서는 안 됩니다. 무한한 것은 무한이라는 잣대로, 영원한 것은 영원이라는 잣대로만 잴 수 있습니다. 예수님이 바로 그 영원이라는 잣대가 되어 주십니다. 예수님과 함께 새로운 일을 시작하려면 예수님의 계산 방식을 알아야 합니다. 그분이 하시는 말씀에 귀를 기울여야 합니다. 예수님은 자신을 처음과 마지막이며, 시작과 마침이라고 소개하십니다(계 22:13). 중간에 왔다가 중간에 가는 우리가 계산하는 것보다 처음부터 끝까지 계시는 분이 계산하시는 것이 더 낫지 않겠습니까? 그분의 사랑과 구원 앞에 내 계산과 잣대를 내려놓는 것이 헌신입니다. 그 내어 드림이 잠깐은 낭비인 것 같아도 영원한 성공이 될 것입니다.

누구나 두려움 앞에서는 당황하고 무언가를 원망합니다. 이스라엘 백성의 모습은 바로 우리의 모습이며, 어쩌면 우리는 그들보다 더 원망할지도 모릅니다. 그러나 원망은 문제를 해결하지 못하며, 오히려 더 크고 복잡하게 만들 뿐입니다. 그럴 때일수록 우리는 그 두려움과 고난과 문제보다 크신 하나님을 바라보면서 기도해야 합니다. 기도는 하나님께서 성도들에게 주신 최고의 만능 무기이며 열쇠입니다. 이것을 모르거나 사용하지 못하는 사람은 미련한 사람입니다. 혹 인생과 신앙생활에서 홍해가 우리 앞을 가로막고, 뒤에서 바로의 특별 병거가 추격해 오는 것 같은 진퇴양난의 상황이 오면, 모든 원망을 멈추고 모세처럼 하나님 앞에 무릎 꿇고 기도하는 성도들이 되시기를 축원합니다.

2. 구원의 바다입니다

"모세가 바다 위로 손을 내밀매 여호와께서 큰 동풍이 밤새도록 바닷물을 물러가게 하시니 물이 갈라져 바다가 마른 땅이 된지라 이스라엘 자손이 바다 가운데를 육지로 걸어가고 물은 그들의 좌우에 벽이 되니"(21-22절).

하나님의 말씀대로 모세가 바다 위로 손을 내밀었습니다. 이때 큰 동풍이 밤새도록 불었습니다. '큰'과 '밤새도록'은 그 동풍이 자연현상을 너머 하나님의 역사였음을 뜻합니다. 그러나 모세나 자연현상은 모두 하나님의 기적의 도구와 방법에 지나지 않습니다. 자연현상 역시 하나님이 사용하시는 것이며, 여기서는 자연현상 너머의 하나님의 초자연적인 능력과 방법이 자연스럽게 나타난 것입니다. 200만 명의 이스라엘 백성이 홍해를 건너간 시간은 야밤부터 약 5~6시간이 소요되었고, 행렬의 길이는 약 1.6킬로미터 정도였다는 주장이 있고, 밤 9시경 시작하여 새벽 4~5시경에 끝났을 것이고 행렬 길이는 3.2킬로미터라는 추측도 있습니다. 물이 좌우의 벽이 되는 기적적인 현상으로 하나님께서 이스라엘을 구원하셨음을 보여줍니다. 하나님의 구원은 이처럼 다양한 방법으로 이루어집니다.

요즘 한국교회에는 신앙은 있지만 교회에 나가지 않는 일명 '가나안' 교인뿐 아니라, 유목민 교인도 많습니다. 다니던 교회에 실망을 느껴 떠났지만, 어느 교회에도 정착하지 못하는 사람들입니다. 이들 가운데는 자신의 잘못된 신앙관으로 인해 상처를 입은 사람도 있겠지만, 완전히 하나님을 떠나지 않고 치유를 갈망하는 마음을 가진 사람도 있습니다. 교회는 이런 사람들까지도 불러 모아 참된 복음으로 상처를 치유하고 회복시켜 하나님 나라의 일꾼으로 양육해야 합니다. 그렇게 하기 위해서는 먼저 교회 안의 성도들이 예수님의 사랑을 회복해야 합니다. 예수님이 삶의 주인이시라는 신앙 고백이 교회와 삶의 현장에서 구체적으로 실현되어야 합니다. 절대 가치인 예수 그리스도의 말씀이라는 기준에 모든 행동의 방향을 맞추는 가치 조율이 이루어져야 합니다. 그리고 예수님의 사랑이 흘러가야 합니다. 물이 흐르지 않고 고이면 썩습니다. 재물도 그렇습니다. 더 쌓으려고만 하면 탐욕과 악만 남습니다. 주님은 우리가 그분께 받은 사랑을 어떻게 나누는지 주목하고 계십니다. 교회는 세상에서 성공한 사람들만 인정받고 사랑받는 곳이 되어서는 안 됩니다. 실패하고 상처 입고 아파하는 이들이 와서 치유되고 쉼을 얻는 곳이어야 합니다. 우리는 서러운 이의 눈물을 닦아 주고, 어두운 길을 걷는 이의 등불이 되어 주며, 마음이 쓸쓸한 사람의 친구가 되어야 합니다. 예수님이 하셨던 것처럼 우리 교회와 성도들도 그렇게 행해야 합니다.

구원은 최고의 가치입니다. 인간이 구원받지 못한다면 그것이야말로 최고의 저주이고 불행입니다. 하나님은 택하신 백성을 애굽의 병거와 홍해에서 하나님의 방법과 능력으로 구원하셨습니다. 누구도 하나님의 구원을 막을 수 없습니다. 바로 왕이나 그의 병거나 바다라도 하나님의 구원을 방해할 수 없습니다. 하나님은 자연현상과 또 초자연적인 방법으로 하나님의 구원을 이루십니다. 하나님은 모세가 기도할 때 바다를 열어주시는 놀라운 기적으로 모든 이스라엘 백성을 완전하게 구원하셨습니다. 물이 갈라지고 바다가 마른 땅이 되어 안전하게 건너갈 수 있었던 것입니다. 하나님은 죽음의 바다를 구원의 바다로 바꾸셨습니다. 죽음을 생명으로 변화시키셨습니다. 이는 오직 하나님만이 하실 수 있습니다. 죽음의 바다를 구원의 바다로 만드신 하나님만을 믿고 찬양하는 성도들이 되시기를 축원합니다.

3. 보호의 바다입니다

"모세가 곧 손을 바다 위로 내밀매 새벽이 되어 바다의 힘이 회복되지라 애굽 사람들이 물을 거슬러 도망하나 여호와께서 애굽 사

람들을 바다 가운데 엎으시니 물이 다시 흘러 병거들과 기병들을 덮되 그들의 뒤를 따라 바다에 들어간 바로의 군대를 다 덮으니 하나도 남지 아니하였더라"(27-28절).

애굽의 군대도 이스라엘을 추격하여 바다에 들어섰습니다. 그들은 바다가 갈라진 것이 하나님의 권능으로 된 것이라고 믿지 않았을 뿐더러, 물이 갈라진 상태가 계속될 것이라고 생각했습니다. 그 결과는 멸망이었습니다. 물이 다시 흘러 애굽 군대를 덮쳤습니다. 병거 바퀴가 바다 밑 진흙에 박혀 움직이지 않았습니다. 이 지경에 이르러서야 애굽 군대는 자신들에게 멸망이 닥친 것을 깨닫게 되었습니다. 여호와 하나님이 이스라엘 백성을 구원하시기 위해 자신들을 치셨다는 사실을 알게 된 것입니다. 그러나 이를 깨달았을 때는 이미 늦었습니다. 하나님은 모세가 바다 위로 손을 내밀 때 물이 갈라지게 하셨고(21절), 이제 다시 그 손을 내밀자 물이 원래대로 복귀되게 하셨습니다. 지금까지 불던 강한 동풍이 멈추고 반대로 서풍이 불어 애굽인을 삼킨 것입니다. 결국 물의 벽이 무너져 애굽 군대는 몰살을 당했습니다.

《좋은 기업을 넘어 위대한 기업으로》라는 책을 쓴 짐 콜린스는 기업이 도약하기 위한 원리 중 하나로 고슴도치 원리를 제시합니다. 여우는 영리하고 약삭빠릅니다. 반면 고슴도치는 빳빳한 침을 몸 밖으로 세워 자신을 보호하는 것밖에 모릅니다. 여우는 이런 고슴도치를 당해 내지 못합니다. 미국의 다국적 기업 제너럴 일렉트릭(GE)은 고슴도치 전략을 택했습니다. CEO 잭 웰치는 문어발식 사업을 정리하고 핵심 분야 사업만 남겼습니다. 그리고 제너럴 일렉트릭은 세계 초일류 기업으로 거듭났습니다. 오늘날 강력한 경쟁력으로 무장한 아마존, 애플, 구글, 이케아, 우버, 에어비앤비 같은 세계적인 기업도 모두 자세히 살펴보면, 결국 그 핵심은 단순함을 극대화한 데 있습니다. 교회와 성도들 역시 정말 중요한 것과 중요하지 않은 것을 분별해야 합니다. 사람들이 좋다고 하는 프로그램과 방법론에 현혹되지 말고, 가장 중요하고 핵심적인 사역에 집중적으로 역량을 쏟아야 합니다. 그 중요한 것이 무엇일까요? 다름 아닌 하나님 말씀입니다. 마지막 때일수록 하나님의 말씀과 예수님께 집중해야 합니다. 말씀으로 인도받기까지 마치 고슴도치처럼 가만히 기다리면서 성령의 일하심을 의지해야 할 필요가 있습니다. 예수님이 하셨던 것처럼 이것저것 모두 신경 쓰는 것보다, 정말 중요한 것과 하나님의 뜻을 이루는 데 집중해야 합니다.

하나님은 같은 홍해를 이용하여 살리기도 하시고, 죽이기도 하십니다. 바다로 이스라엘을 애굽 군대로부터 완벽하게 구원하셨습니다. 바다를 공격과 방어의 무기로 사용하셨습니다. 우리는 하나님과 그분의 말씀에 집중해야 합니다. 하나님과 그분의 말씀으로 돌아가야 합니다. 여기에 구원과 영생이 있습니다. 하나님의 말씀에 순종할 때 구원과 보호하심이 있음을 믿고 전적으로 하나님을 신뢰하고 순종하는 우리 모든 성도와 가정과 교회가 되기를 축원합니다.

사랑하는 번동 가족 여러분!

홍해 같은 어려움을 통해 기도하게 하시고 구원하시며 보호하시는 하나님의 다양한 은혜와 축복을 믿고 하나님 말씀에 전적으로 순종하며 가만히 하나님의 역사와 복 주심을 기다리는 성도들이 되시기를 축원합니다.

나로 말미암지 않고는

(요 14:1-6)

마을 사람들이 자신의 마음에 들지 않는다면서 항상 투덜거리던 한 청년이 있었습니다. 이 청년이 보기에 마을 사람들은 하나같이 이기적이고 배움이 부족하고 무례한 사람들이었습니다. 사람들에 대한 불만이 계속되자 급기야는 사람들의 목소리와 눈빛마저 불쾌하고 기분 나쁘게 느껴졌습니다. 어느 날 청년이 길에서 그 마을의 유명한 한 철학자를 만났습니다. 이 철학자는 평소 인품과 학식이 높아 청년이 유일하게 불만을 품지 않고 인정하는 사람이었습니다. 청년은 여느 때처럼 철학자에게 다가가 마을 사람들에 대해 불평했습니다. "선생님, 저는 비열하고 천박한 사람은 싫습니다. 선생님도 알겠지만 추악한 심성을 가진 사람은 숨기려 해도 겉으로 다 드러나는 법이지요. 저는 마을 사람들의 표정만 봐도 그들이 얼마나 천박한 사람인지 알 수 있습니다." 그리고 청년은 구체적인 험담의 대상을 찾아 주변을 여기저기 둘러보았습니다. 조금 떨어진 곳에 한 젊은이의 모습이 보였고, 그를 가리키며 말했습니다. "저기 저 한심해 보이는 사람을 보세요. 삐딱하게 서 있는 모습이 얼마나 예의가 없습니까? 지저분한 옷차림만 봐도 남을 위한 배려심은 전혀 없을 것 같습니다. 마을에 이런 사람들뿐이니 제가 마을 사람들을 어떻게 좋아하겠습니까?" 그러자 철학자가 청년의 귓가에 조용히 말했습니다. "저기 있는 것은 거울이에요. 저 사람은 거울에 비친 당신입니다." 우리는 다른 사람의 잘못을 보기 전에 자신의 모습부터 봐야 합니다(마 7:1-5).

인생은 나그넷길입니다(벧전 1:17). 이는 다른 종교에서도 말하고 있는 것이고, '하숙생'이라는 옛노래에도 나옵니다. 인생은 한 번 가면 다시 돌아오지 못하는 일방통행입니다. 가장 중요한 것은 인생길에서 누구를 만나느냐 하는 것입니다. 그것이 인생의 모든 것을 결정짓기 때문입니다. 우상을 만나 평생 헛되고 헛되게 살다 저주받고 지옥에 떨어지는 사람이 너무 많습니다. 우리가 예수님을 만나 구원받고 하나님을 섬기며 예배하는 것은 최고의 행운이고 복입니다. 오늘 본문 말씀을 통하여 예수님을 더 사랑하고 섬기기를 다짐하고 결단하는 은혜가 임하기를 축원합니다.

1. 예수님이 아니면 믿음이 아닙니다

"너희는 마음에 근심하지 말라 하나님을 믿으니 또 나를 믿으라" (1절).

이런 능력 있고 명쾌한 말씀은 오직 예수님만 하실 수 있습니다. 고난과 고통으로 인하여 제자들이 근심하고 있을 때 예수님께서는 근심하지 말라고 하셨습니다. 지금 우리에게도 똑같은 말씀을 하십니다. 신약에서 '마음'은 육체적, 도덕적, 지적, 영적 생명의 중심을 말합니다. 혼과 영이 깃들어 활동하는 곳입니다. 그래서 마음을 잘 지켜야 합니다(잠 4:23). 인간의 모든 근심을 해결하는 방법은 오직 예수님을 믿는 것밖에 없습니다. 예수 믿는 것이 신앙이고 믿음입니다. 예수 외에 믿는 것은 결코 믿음이 아닙니다. 예수님에 대한 믿음에만 구원과 능력이 있습니다. 예수님만이 우리의 근심과 문제를 깨끗하게 해결하실 수 있습니다.

기독교인을 대상으로 한 어느 여론 조사에서 "당신은 왜 교회에 다니고 신앙생활을 하십니까?"라고 질문했습니다. 설문에 응한 사람 중 60퍼센트 정도가 평소에 불안을 느끼기 때문이라고 대답했습니다. 교회에 다니는 사람도 어느 정도는 불안감을 가지고 있으며 마음의 평안을 간절히 원한다는 것을 알 수 있습니다. 불안은 사실 모든 인간의 실존입니다. 그 시작은 인간이 에덴에서 추방당하던 때로 거슬러 올라갑니다. 에덴에서 추방된 인간은 진리의 빛을 잃었습니다. 갈 길이 보이지 않는 상태에서 벼랑 끝과 같은 세상에서 살게 되었습니다. 낭떠러지에 선 사람이 불안을 느끼는 것 당연합니다. 그런 사람은 다른 사람을 밀어내고서라도 자신이 살고자 합니다. 다른 사람을 비난하고 정죄하고 공격하면서까지 자신이 옳음을 증명하려 합니다. 그렇게 해서라도 불안에서 벗어나고자 발버둥을 칩니다. 우리는 이러한 불안을 빛이신 주님께 나아가는 수단으로 삼아야 합니다. 빛이신 주님 앞에 가기 전까지 인간의 불안 문제는 해결될 수 없음을 알아야 합니다. 마치 어머니 뱃속에 있다가 갓 태어난 아기가 앞이 보이지 않아 불안해하며 우는 것처럼, 예수님을 만나기 전 세상은 온통 어둠과 불안뿐입니다. 인간은 빛이신 주님과 연결될 때만 평안할 수 있습니다.

예수님과 하나님은 불가분의 관계입니다. 하나님을 믿는 것은 곧 예수님을 믿는 것이고, 예수님을 믿는 것은 곧 하나님을 믿는 것입니다. 이 사실을 믿지 않는 것이 이단이고 적그리스도입니다(요일 2:22-23). 예수님만큼 하나님을 믿고, 하나님만큼 예수님을 믿는 것이 진정한 믿음입니다. 예수님을 믿지 않고는 결코 하나님을 믿을 수 없습니다(빌 2:6). 예수님을 믿으면 구원과 영생이 확보되어 하나님의 보호와 축복을 받기에 전혀 근심할 필요가 없습니다. 예수님을 잘 믿음으로 마음의 근심이 물러가고 해결되는 은혜가 임하기를 축원합니다.

2. 예수님이 아니면 천국에 못 갑니다

"내 아버지 집에 거할 곳이 많도다 그렇지 않으면 너희에게 일렀으리라 내가 너희를 위하여 거처를 예비하러 가노니 가서 너희를 위하여 거처를 예비하면 내가 다시 와서 너희를 내게로 영접하여 나 있는 곳에 너희도 있게 하리라 내가 어디로 가는지 그 길을 너희가 아느니라"(2-4절).

예수님께서는 예루살렘 성전을 '내 아버지의 집'이라고 하셨고(요 2:16), 바울은 교회를 하나님의 집이라고 말했습니다(딤전 3:15). 그러나 본문의 '내 아버지 집'은 영원한 천국을 가리킵니다. '거할 곳'은 나그네에게 내주는 객사를 뜻합니다. 거할 곳이 많다는 말씀은 많은 방이 있던 옛날 동양의 큰 궁전을 두고 비유적으로 말씀하신 것으로, 천국의 매우 찬란한 생활을 묘사한 것입니다. 나그네 인생인 성도들이 누릴 천국에서의 풍요로움을 뜻하고 있습니다. 만일 내세와 그 영광이 없다면 그리스도의 모든 말씀과 언약은 거짓에 불과한 것이 됩니다. 예수님은 자신의 죽음과 부활을 통해 하늘의 문을 여셨습니다. 천국은 택하신 자를 위해 하나님이 예비하신 곳입니다(히 11:16). 예수님의 재림은 예언적 현재형입니다. 천국의 길은 그리스도 자신이십니다.

세상에는 가짜가 참 많습니다. 더구나 진짜보다 가짜가 더 진짜 같을 때도 있습니다. 어느 참기름 가게에 갔더니 '정말로, 진짜, 순 참기름만 판매합니다'라는 안내문이 붙어 있었습니다. 오죽했으면 '정말로, 진짜, 순'이라고 몇 번이나 강조할까 싶었습니다. 그만큼 가짜가 많다는 뜻일 것입니다. 개인적으로 많은 사람이 자주 정죄와 판단의 도구로 들이미는 율법적인 잣대도 하나님의 법을 가장한 가짜가 아닐까 하고 생각합니다. 교회에서 남을 정죄하고 판단하는 사람들은 많은 경우 도덕적으로 흠결이 적습니다. 술이나 담배도 입에 대지 않습니다. 그래서 교회에서 인정받고 직분도 얻습니다. 문제는 그럴수록 자신의 판단이 절대적이라는 착각에 빠진다는 것입니다. 그 판단 기준이 정말로 하나님이 말씀하신 것인지는 중요하지 않게 됩니다. 많은 사람의 칭송을 받다 보면 교만이 하늘을 찌릅니다. 급기야는 예수님까지 판단하게 됩니다. 많은 사람이 진짜보다 가짜를 더 신뢰하는 세상, 가짜가 기준이 된 세상에서 우리가 붙들어야 할 진짜는 하나님의 법입니다. 그 법에 담긴 하나님의 마음과 하나님의 뜻입니다. 자신의 기준으로 다른 사람을 함부로 재단하지 마십시오. 그것은 가짜를 앞세우느라 진짜를 뒷전으로 치우는 것과 같습니다. 옳고 그름을 자신의 기준으로 판단하다가 복음이 전파되는 것을 훼방하고 하나님의 사랑과 용서가 실현되는 것을 막는다면 그보다 큰

죄는 없을 것입니다.

예수님의 말씀과 삶과 약속은 모두가 사실이고 진리입니다. 그대로 믿으면 그대로 완성됩니다. 이것은 능력의 문제가 아닌 믿음의 문제입니다. 예수님이 예비하시는 '거처'는 우리의 영원한 소망이자 영생의 약속입니다. 이 '거처'는 구원받은 성도들이 예수님과 영원히 함께 거하는 곳입니다. 이 약속을 믿고 따라가면 예수님이 예비하신 천국에 임하여 영생을 누리게 됩니다. 예수님을 믿을 때만 천국에 입성하게 됨을 굳게 믿어 장차 영원한 천국을 누리는 성도들이 되시기를 축원합니다.

3. 예수님이 아니면 하나님께로 못 갑니다

"도마가 이르되 주여 주께서 어디로 가시는지 우리가 알지 못하거늘 그 길을 어찌 알겠사옵나이까 예수께서 이르시되 내가 곧 길이요 진리요 생명이니 나로 말미암지 않고는 아버지께로 올 자가 없느니라"(5-6절).

제자 도마의 의심은 유대인의 그릇된 메시아 왕국관과 예수님의 교훈이 조화되는 지점을 찾지 못해 생긴 것입니다. 도마에게는 선명한 논리는 있었지만, 현실을 초월한 세계를 보는 영적 통찰력이 없었습니다. 제자 공동체의 자리에서 이탈하고 말씀에 대한 신뢰가 부족했던 것입니다. 도마의 의심 가득한 질문에 예수님께서는 모든 사람을 향한 말씀으로 답하십니다. 예수님만이 길이요 진리요 생명이라는 것입니다. '진리'와 '생명'은 예수님의 길이신 이유를 설명합니다. 예수님은 진리를 설명하셨을 뿐 아니라, 그 자신이 진리이십니다. 그분은 하나님의 자기 계시이며(요 1:18), 진리 그 자체는 하나님의 속성입니다. 예수님은 생명이시며, 생명의 근원이십니다. 어거스틴은 예수님은 참된 생명의 길이라고 말했습니다. 예수님으로 말미암지 않고는 결단코 하나님께로 갈 자가 없습니다. 그리스도가 '그 길'이시기에 당연한 결과입니다. 예수 그리스도는 길이시며, 하나님 아버지는 그 길의 종점이십니다. 그 종점은 구원이요(행 4:12), 영생이며, 영원한 천국입니다.

이 세상 사람은 예수님을 만난 사람과 만나지 못한 사람으로 나뉩니다. 항상 "내가…"라고 말하며 자기주장만 고집하는 사람은 예수님을 만나지 못한 사람입니다. 그런 사람은 항상 자기 생각이 옳다고 여기며 주변 사람의 말을 잘 듣지 않습니다. 거듭나기 전의 바울은 하나님에 관해 가르치기도 하고, 당대 최고의 선생에게서 배워 학문적으로 높은 위치까지 올라가기도 했지만, 예수님을 인격적으로 만나지 못했기에 자아를 깊이 성찰하지 못하고 수많은 그리스도인을 핍박했습니다. 어떤 사람이 우리에게 깊은 상처와 고통을 주었다면 그가 예수님을 만나지 못했기 때문이라고 생각하며 이해해야 합니다. 예수님을 만난 사람은 그분의 빛 아래서 자신의 죄악을 적나라하게 보게 됩니다. 자기 생각과 신념이 틀렸음을 고백하게 됩니다. 자기 죄가 얼마나 무겁고 끔찍한지 인식하기에 예수 그리스도의 십자가 앞에서 진정한 회개의 몸부림을 칠 수밖에 없는 것입니다. 이 시대를 사는 사람들에게 가장 시급한 것은 예수님을 만나 전적으로 회개하는 것입니다. 인생의 문제는 진정으로 예수님을 만날 때 해결됩니다. 지금이 바로 은혜받을 만한 때요, 구원의 날임을 알고(고후 6:2) 지금 예수님께 나아가야 합니다. 세상에 마음을 빼앗기지 말고 하나님 나라를 지향하며 날마다 예수님 만나기를 갈망하고 기도해야 합니다. 그러면 반드시 예수님을 만나고 변화됩니다.

도마의 무의미하고 의심으로 가득한 질문에 예수님은 자상하고도 세심하게 답변해 주셨습니다. 지금까지의 모든 교훈과 행하신 표적을 요약한 말씀입니다. 예수님이 세상에 오신 목적은 우리에게 생명과 영생을 주시기 위함입니다. 누구든지 예수님을 통해서만 하나님을 알 수 있고, 믿을 수 있고, 하나님께로 갈 수 있습니다. 이것이 기독교 구원론의 핵심이자 대전제이며 성경적인 것입니다(엡 2:14-16). 우리 모두 예수님을 잘 믿어 하나님의 구원과 영생과 천국이 임하는 복을 받기를 축원합니다.

사랑하는 번동 가족 여러분!

오늘은 사순절의 마지막 종려주일로, 예수님의 살과 피를 기념하는 성찬 예식을 거행합니다. 예수님이 아니면 믿음이 아니며, 천국도 하나님께로도 갈 수 없음을 굳게 믿고 뜨겁게 체험하는 은혜의 시간이 되기를 축원합니다.

볼지어다

(마 28:16-20)

라틴어 '메멘토 모리'(memento mori)는 '죽음을 기억하라'라는 오묘한 뜻을 지니고 있습니다. 이 말은 2,000년 전 로마 공화정의 개선식에서 비롯되었습니다. 장군에게 주어지는 최고의 영예로 백마 네 마리가 끄는 전차를 타고 퍼레이드를 벌이는 것입니다. 영웅이 탄 마차가 연도를 메운 로마 시민의 환호를 헤치고 행진하는 장면은 매우 장쾌했습니다. 그러나 화려한 금빛 마차에는 열광에 가려진 '숨은 그림' 하나가 있었습니다. 개선장군이 손을 들어 시민들에게 화답하는 동안, 장군 뒤에 탑승한 사람이 큰 소리로 '메멘토 모리'를 계속 외쳐대는 것입니다. "메멘토 모리! 메멘토 모리! 오늘은 개선장군이지만 너도 언젠가는 죽는다. 겸손하게 행동하라!" 대중의 환호 소리가 커질수록 그의 목소리도 커집니다. 그렇게 승리에 도취한 장군을 향해 준엄한 하늘의 소리를 들려줍니다. 교만한 인간의 관성에 경각심을 일깨우는 장치 하나를 둔 것입니다. 로마 최고의 환대 물결을 가르면서 행진하는 시간에도, 모두가 자신을 향해 열광하는 순간에도 그림자처럼 죽음이 따르는 인간이라는 것을 자각하게 하는 것입니다. '메멘토 모리'에는 세 가지 철학적 가치가 담겨 있습니다. 곧 '죽음을 기억하라', '운명을 사랑하라', '현재에 충실하라'는 것입니다.

예수님의 부활은 하나님의 생명의 속성을 대변하고 있습니다. 하나님의 생명은 지극히 풍요로우며 영원합니다. 인간의 제한적인 생명과는 완전히 다릅니다. 예수님의 생명은 본질상 하나님의 생명과 동일하기에 결코 사망에 매여 있을 수 없었습니다(행 2:24). 예수님은 성도들의 모든 죄를 없애기 위해 대속의 죽음을 맞이하셨지만, 사흘 만에 부활하심으로 사망의 권세를 잡은 마귀를 물리치고 잠자는 자들의 첫 열매가 되셨습니다(고전 15:20). 이로써 부활하신 예수님을 믿음으로 그 생명 안에 접붙임을 받은 자는 그분과 동일하게 영원한 새 생명을 선물로 받는 것입니다. 첫 사람 아담이 범죄함으로 사망이 세상에 들어왔듯, 이제 그리스도의 구속 사역으로 영원한 생명이 허락되었습니다(롬 6:4). 그러므로 부활의 새 생명은 타락 이전 아담에게 허락되었던 생명과는 족히 비교할 수 없는 영광스러운 영원한 생명입니다. 예수님의 부활은 만물을 새롭게 하는 새 창조의 시작을 알리는 신호입니다. 그리스도께서 다시 오시는 그날, 모든 만물이 새롭게 창조될 그날을 만물은 탄식하며 고대하고 있는 것입니다(롬 8:19-23). 부활에 대한 소망은 성도들이 어떤 역경에도 굴하지 않고, 때에 따라서는 온갖 희생마저 감수하면서 하나님의 뜻을 따르게 만드는 위대한 능력이기도 합니다. 그러하기에 사도 바울도 그리스도의 십자가와 부활을 증거하기 위해 자신의 모든 것과 생명까지 바쳤던 것입니다. 그는 만일 부활이 없다면 자기는 엄청난 거짓말쟁이일 뿐 아니라 세상에서 가장 비참한 사람일 것이라고 고백했습니다(고전 15:17-19).

이렇게 역사적, 성경적으로 너무나도 확실한 사실임에도 부활을 불신하는 여러 주장이 있습니다. 첫째, 시체 도적설입니다. 만약 무덤 파수꾼들이 자고 있었다면 설령 제자들이 예수님의 시신을 훔쳐 갔더라도 그 사실을 알 수 없었을 것입니다. 그러나 무덤을 봉인한 무거운 돌을 옮기고 시체를 가져갈 동안 졸고 있던 파수꾼 중 아무도 깨어나지 않는 것은 불가능합니다. 또 예수님의 십자가 처형 이후 낭패와 공포 가운데 두문불출하던 제자들이 죽음을 무릅쓰고 시체를 몰래 가져가려고 시도했다는 것도 믿기 어렵습니다. 더욱이 그들은 부활을 목격하고도 의심하는 자가 있을 정도로 믿음이 연약한 상태였습니다. 만약 정말 그들이 그렇게 했다면, 훗날 예수님의 부활을 증거하기 위해 목숨까지 바칠 수는 없었을 것입니다. 부활은 역사적으로 확고한 사실인 것입니다. 둘째, 기절설입니다. 예수님께서 실제로 돌아가신 것이 아니라, 다만 일시적으로 졸도해 있다가 무덤으로 옮겨진 이후 깨어나 도망가셨다는 주장입니다. 그러나 예수님의 죽음은 빌라도의 명령에 의해 공식적으로 확인되었습니다. 십자가 처형 당시 한 군병이 예수님께서 이미 죽으셨기 때문에 다리를 꺾지 않고 창으로 옆구리를 찔러 물과 피가 쏟아지게 했습니다. 이처럼 치명적인 상처를 입으신 분이 무덤 입구를 막은 큰 바위를 밀어젖히고 나갈 수는 없으며, 더욱이 파수꾼들의 엄중한 경계를 뚫고 나가는 것은 불가능했을 것입니다. 셋째, 본문의 여인들이 날이 어두워 다른 무덤을 찾아갔다는 주장입니다. 그러나 여인들이 무덤을 찾아갔을 때는 이미 해가 돋아 있었고(막 16:2), 이 여인들은 예수의 무덤을 미리 눈여겨보아 두었습니다(막 15:47). 그리고 여인들뿐 아니라 요한과 베드로도 빈 무덤을 보았습니다. 넷째, 유대 지도자들과 로마의 당국자들이 예수님의 시체를 따로 보관했다는 주장입니다. 그러나 만약 그러했다면 제자들이 예수님의 부활을 널리 전파하고 다닐 때(행 2:24) 그 시신을 증거로 제시하여 제자들을 사기꾼으로 낙인찍어 버릴 수 있었을 것입니다. 다섯째, 빈 무덤에 관한 이야기가 복음서들 간에 모순된다는 주장입니다. 무덤에 나타난 천사에 관하여 마태와 마가는 주의 천사, 흰옷을 입은 한 청년이라고 각각 표현한 반면, 누가는 두 사람이라고 묘사한 것을 두고 모순이라고 지적하는 것입니다. 그러나 당시 여인들은 무덤 안에서 일어난 초자연적인 사실과 직면하며 큰 놀라움에 사로잡혔고, 그때의 사실을 있는 그대로 구술하기란 몹시 어려웠을 것으로 보입니다. 실제로 두 천사가 나타났더라도 여인들은 그중 한 천사의 이미지에 압도당해 한 청년이라고 이야기했을 수도 있는 것입니다.

예수님의 부활은 합리적 이성으로는 도무지 이해할 수 없는 초자연적인 하나님의 권능에 속한 일입니다. 믿음이 부족한 자는 정치적 기득권을 수호하기에 급급했던 당시의 종교적인 산헤드린 공회원들이나 돈에 눈이 멀었던 로마 군병들과 마찬가지로 예수님의 부활의 역사성을 부인하기 마련입니다. 그러나 인간의 육신을 입고 이 세상에 오신 그 예수님께서 바로 천지 만물을 주관하시고 모든 생명의 주인이신 하나님이심을 믿는 자에게는 예수님의 부활이 오히려 너무나도 당연한 사실과 진리와 증거로 가득한 것을 믿게 됩니다. 부활은 믿음의 차원에 속한 것이기에, 믿어지는 것이 은혜이고 최고의 복입니다.

부활하신 예수님께서 승천하심에 앞서 제자들에게 주신 본문 말씀을 가리켜 지상 대명(至上大命, The Great Commission)이라고 합니다(행 1:8). 우리는 이 명령을 통해 그리스도와 함께 십자가를 지고 그분의 뒤를 따라가야 할 성도들에게 맡겨진 사명이 무엇인지를 분명히 깨닫게 됩니다. 부활하신 예수님께서 주신 이 명령에 순종함으로 사명을 잘 감당하는 성도들이 되시기를 축원합니다.

1. 가라

"그러므로 너희는 가서 모든 민족을 제자로 삼아 아버지와 아들과 성령의 이름으로 세례를 베풀고"(19절).

복음을 전할 때 능동적이고 적극적인 자세를 취하라는 명령입니다. 성도들이 처한 가정과 학교와 직장과 교회와 선교지 등은 모두 천국 대사의 부임지가 됩니다. 그러므로 가정과 학교와 교회와 선교지와 일터로 가라는 것입니다. 두려워하거나, 주저하거나, 머뭇거리거나, 소극적으로 피하지 말라는 뜻이기도 합니다. 사람들이 있는 곳으로 복음을 들고 담대하게 나아가는 성도들이 되어야 합니다(행 28:31).

2. 제자로 삼으라

"그러므로 너희는 가서 모든 민족을 제자로 삼아 아버지와 아들과 성령의 이름으로 세례를 베풀고"(19절).

예수님의 지상 명령 중 가장 궁극적인 내용으로, 복음을 전하여 죽어가는 영혼을 살리라는 것입니다. 전도 대상자에게 전도자는 영적 부모요 스승이 됩니다(고전 4:15). 전도의 대상은 모든 족속입니다.

모든 인종과 민족과 계층의 사람들입니다. 각자 처한 일터에서 말과 행동과 인격과 삶을 통해 모든 민족을 제자로 삼는 성도들이 되시기를 축원합니다.

3. 세례를 베풀라

"그러므로 너희는 가서 모든 민족을 제자로 삼아 아버지와 아들과 성령의 이름으로 세례를 베풀고"(19절).

외형적인 면에서 교회의 일원이 되게 하라는 뜻입니다. 예수님을 믿는 자는 주께서 피로 세우신 공동체로서의 교회에 소속되어 세례를 받아야 합니다. 이 외형적인 교회 제도를 무시하는 무교회주의는 성경적이 아닙니다. 교회의 모든 신앙적 의식과 사명은 성부와 성자와 성령 삼위일체 하나님의 이름으로 이루어져야 합니다. 교회와 신앙과 삶에서 무엇보다 우선하여 지켜야 하는 것이 하나님 중심주의입니다.

4. 가르치라

"내가 너희에게 분부한 모든 것을 가르쳐 지키게 하라 볼지어다 내가 세상 끝 날까지 너희와 항상 함께 있으리라 하시니라"(20절).

세례를 베푸는 것이 외형적인 전도의 목표라면, 가르치는 것은 내적인 전도의 목표라고 할 수 있습니다. 복음을 듣고 교회의 일원이 된 초신자는 구원받은 데서 그치지 말고 그리스도의 장성한 분량에 이르기까지(엡 4:13-15) 신앙이 자라가야 합니다. 그것은 주의 말씀을 생활에 적용하고 실천함으로 이루어집니다(계 1:3).

이 네 가지 명령을 강력하게 실천할 때 우리는 세계 복음화를 앞당길 수 있습니다.

사랑하는 번동 가족 여러분!

오늘은 부활주일입니다. 예수님의 부활을 믿고 예배하는 우리 모든 성도가 어떠한 상황에도 흔들리지 않고, 가서 제자 삼고 세례를 베풀며 가르치라는 예수님의 지상 명령에 순종하는 부활의 증인이 되시기를 축원합니다.

여호와 닛시

(출 17:8-16)

일반적으로 사람은 누구나 두 손을 가지고 태어납니다. 만약 인간에게 손이 없다면 오늘날과 같은 발전과 번영은 불가능했을 것입니다. 새의 날개가 푸른 하늘을 날기 위해 존재한다면, 사람의 손은 일하기 위해 존재하는 것입니다. 손은 인간 활동의 중추적인 역할을 하는 것으로 각양각색의 기능을 합니다. 선악과를 따 먹다 에덴에서 쫓겨난 아담의 교만과 불순종의 손이 있는가 하면, 촛불을 들고 어두운 성전을 밝히며 이스라엘의 영적 각성 운동을 전개했던 사무엘의 기도의 손도 있습니다. 지금까지 우리의 손은 어떠한 손이었는지 점검하면서 하나님이 기뻐하시는 일에 사용되는 손이 되도록 결단해야 합니다.

본문에는 하나님께 쓰임 받은 세 종류의 손이 있습니다.

첫째는 모세의 손입니다. 모세의 손은 기도하는 능력의 손이었습니다. 그 손을 홍해에 내밀어 바다가 갈라지게도 하고(출 14:21), 반석을 쳐 샘물이 솟게도 했습니다. 본문의 아말렉 전투에서도 그의 손이 내려오면 이스라엘이 패하고, 올라가면 승리하는 능력이 나타났습니다. 모세의 손은 본래 애굽인을 쳐 죽인 혈기의 손이기도 했습니다(출 2:12). 또 본문을 보면 오래도록 올린 상태를 지탱할 수 없었던 연약한 인간의 손이었습니다(12절). 우리의 손이 과거 혈기와 죄악의 수단으로 사용되었더라도 하나님께서 붙드시면 큰 능력을 발휘할 수 있게 됩니다(빌 4:13). 우리는 우리의 손이 모세의 손처럼 하나님께 쓰임 받을 수 있도록 죄악 된 습관을 청산하고 하나님께 간절히 손을 들고 기도해야 합니다.

둘째는 아론과 훌의 손입니다. 두 사람은 기도하는 모세의 팔이 피곤할 때 자신들의 손으로 모세의 손을 붙들어 주었습니다(12절). 이 두 사람의 손이 있었기에 모세의 능력의 손도 진가를 발휘할 수 있었습니다. 지금은 돕고 붙들어주는 손이 필요한 시대입니다. 서로 싸우고 다투고 다른 사람의 손을 끌어내리는 일로 인하여 교회가 힘들고 시험에 드는 것입니다. 아론과 훌의 손이 필요하고 그리운 세상입니다. 우리의 손이 바로 그런 손이 되어야 합니다. 아론과 훌처럼 붙들어주는 손이 많아야 성도와 교회가 살고 영적인 전투에서 넉넉히 승리할 수 있습니다.

셋째는 여호수아의 손입니다. 본문에서 여호수아의 손은 전투 현장에서 아말렉 군사들과 치열하게 싸우는 손입니다. 자신의 생명을 돌보지 않고 충성스럽게 헌신하는 감동적인 손입니다. 하나님과 나라와 지도자들을 위해 위험하고 험한 전투 현장에서 죽으면 죽으리라는(에 4:16) 순교적인 자세로 충성하는 손입니다. 우리의 손이 다른 사람을 비판하고 손가락질하며 구경꾼의 입장에서 손뼉만 치는 손이 아니라, 진실하고 거룩하게 헌신하는 손이 되어야 합니다. 여호수아의 헌신적인 손이 너무나도 필요한 시대입니다. 전쟁터와 같은 세상이기에 많은 여호수아의 손이 있어야 합니다. 우리의 손이 바로 그 손이 되어야 합니다.

모세와 아론과 훌과 여호수아의 손이 하나 되고 합력했을 때 아말렉과의 치열한 전투에서 승리를 거두게 되었습니다. 이에 모세가 제단을 쌓고 그 이름을 '여호와 닛시(깃발)'라고 했습니다.

1. 기록하라

"여호와께서 모세에게 이르시되 이것을 책에 기록하여 기념하게 하고 여호수아의 귀에 외워 들리라 내가 아말렉을 없이하여 천하에서 기억도 못 하게 하리라"(14절).

여호와께서 모세에게 '이것을 책에 기록하라'고 하셨습니다. 이는 당시 이미 중요한 사실들은 책에 기록해 두었다는 것을 뜻합니다. 아말렉과의 전쟁의 중요성은 모세 이하 여러 사람이 합심 기도하는 중에 승리했다는 데 있습니다. 하나님께서는 이스라엘을 보호하시고 적의 공격에서 구원하셨으며, 이 사실을 기록하게 하여 후대의 교훈으로 삼고자 하신 것입니다. 적어야 사는 것을 언어유희로 '적자생존'이라고 합니다. 사람의 기억력은 한계가 있기에 기록해 놓아야 합니다. 매일 일기를 쓰는 분도 많습니다. 중요하고 감동적이었던 일은 그때그때 기록해 놓아야 나중에 기억할 수 있습니다. 펜이 머리를 능가하는 것입니다. 기도 제목을 기록하고 그 응답을 기록하는 성도들도 있습니다. 기록하는 것은 좋은 습관이고, 여러 가지로 유익합니다. 일상의 삶과 신앙생활에서 경험한 여호와 닛시의 역사와 감동을 기록하는 은혜가 있기를 축원합니다.

2. 기념하라

"여호와께서 모세에게 이르시되 이것을 책에 기록하여 기념하게 하고 여호수아의 귀에 외워 들리라 내가 아말렉을 없이하여 천하에서 기억도 못 하게 하리라"(14절).

여호와께서는 또 모세에게 이것을 책에 기록하여 '기념하게' 하라고 하셨습니다. 이 전투의 승리를 기록하게 하신 목적은 기념하게 하려는 것입니다. 그것은 곧 하나님께서 행하신 위대한 일을 널리 알리는 것입니다. 우리 역시 교회적으로 중요한 사건이나 교훈적인 일은 날짜와 시간과 장소를 정하여 함께 기념합니다. 축제와 예배와 잔치와 나눔의 시간을 갖는 것입니다. 가정적으로는 어르신들의 생신 때 자녀들이 모여 그날을 기념합니다. 마음껏 기뻐하고 축하하고 존경을 표하는 것입니다.

하나님은 우리와 계약을 맺으셨습니다. '계약'이라는 뜻의 영어 'covenant'의 어원을 보면 '함께 오다'(coming together)라는 의미입니다. 하나님은 우리와 함께 오기를 원하십니다. 우리는 구약 성경의 많은 이야기에서 적으로부터 우리를 지키시고, 위험에서 우리를 보호하시며, 우리를 자유로 인도하시는 분으로 나타나시는 하나님을 볼 수 있습니다. 하나님은 우리를 위한 하나님이십니다. 예수님이 오셨을 때 그 계약의 새로운 차원이 펼쳐졌습니다. 예수님 안에서 하나님은 태어나시고 성장하시고 생활하시고 고초를 당하시고, 그리고 우리와 마찬가지로 죽으셨습니다. 하나님은 우리와 함께하시는 하나님이셨습니다. 예수님은 마지막으로 이 세상을 떠나시면서 성령을 약속하셨습니다. 성령 안에서 하나님은 그 계약의 완전한 깊이를 우리에게 드러내 보이십니다. 하나님은 우리가 숨 쉬는 것만큼이나 우리와 가까워지기를 원하십니다. 하나님은 우리 안에서 숨 쉬기를 바라십니다. 그래서 우리가 전적으로 하나님께 영감을 받아 말하고 생각하고 행동하기를 원하십니다. 하나님은 우리 속에 계시는 하나님이십니다. 이처럼 하나님의 계약은 하나님이 우리를 얼마나 사랑하시는지를 분명히 보여줍니다. 하나님은 하나님을 기념하고 섬기는 자녀들에게 더욱 놀라운 은혜와 선물과 복을 주시는 분이십니다.

3. 기억하라

"여호와께서 모세에게 이르시되 이것을 책에 기록하여 기념하게 하고 여호수아의 귀에 외워 들리라 내가 아말렉을 없이하여 천하에서 기억도 못 하게 하리라"(14절).

여호와께서는 모세에게 이 전투의 승리를 책에 기록하여 기념하게 하고 여호수아의 귀에 외워 들리게 하라고 말씀하십니다. 즉, 여호와를 기억하게 하라는 것입니다. 아말렉이 이스라엘에 특히 미움과 경계의 대상이 된 것은, 그들이 이스라엘을 공격한 것은 곧 이스라엘을 인도하신 하나님을 대적한 것이기 때문이고, 그들이 동정심 없이 너무나 악랄했기 때문이며, 특히 이스라엘이 피곤하고 약한 상태에 있을 때(신 25:18) 공격했기 때문입니다. 이러한 아말렉을 기억하는 것이 아니라, 이런 악랄한 아말렉에게서 승리하게 하신 여호와 닛시의 하나님을 기억해야 합니다. 우리가 세상의 모든 것을 다 기억해도 하나님을 기억하지 못하면, 이는 저주이며 불행입니다. 그러나 세상의 모든 것을 기억하지 못해도 우리를 아말렉의 공격과 같은 위험과 죄와 저주와 지옥에서 구원하신 하나님을 기억하면, 이는 복인 것입니다. 평생 하나님을 기억하며 하나님께 감사하고 찬양하고 충성하는 성도들이 되시기를 축원합니다.

삶의 모든 부분에서 가장 큰 영향력을 가지고 있는 것은 조용한 것들입니다. 태양은 온종일 아무 소리 없이 그 열을 발하지만, 그 속에는 놀라운 힘이 있습니다. 지구의 인력도 소리 없는 힘으로 모든 질서를 잡고 있습니다. 이슬은 사람들이 잠자는 밤에 소리 없이 내리지만, 모든 식물에 새로운 생기와 아름다움을 가져다줍니다. 그 무엇보다 조용하면서도 위대한 힘이 있는데, 그것은 바로 신앙인에게 부여된 하나님의 힘입니다. 유대인의 지혜서인 《탈무드》에 이런 글이 있습니다. "참으로 지혜로운 자는 모든 경우에서 배우는 사람이고, 참으로 강한 자는 자신을 절제할 줄 아는 사람이며, 참된 부자는 자신이 가진 것에 감사할 줄 아는 사람이다." 하나님께서 우리 모든 성도에게 하나님의 행하심을 기억하는 은혜를 주시기를 축원합니다(요 14:26).

사랑하는 번동 가족 여러분!

하나님께서는 모세와 아론과 훌과 여호수아의 협력에 함께하심으로 거대한 적 아말렉과의 전투에서 크게 승리하게 하셨습니다. 여호와 닛시는 하나님의 작품이고 능력이고 선물입니다. 우리 모두가 우리에게도 승리를 주신 여호와 닛시의 하나님을 기록하고 기념하고 기억하는 성도들이 되기를 축원합니다.

소녀야 일어나라

(막 5:35-43)

어떤 구두쇠가 자기 재산을 금덩어리로 바꿔 항아리에 넣고 마당 한 구석에 묻었습니다. 그리고 하루에 한 번씩 그곳을 바라보며 흐뭇한 표정을 지었습니다. 어떤 사람이 그 사실을 알고 몰래 금덩이를 훔쳐 달아나 버렸습니다. 금덩어리가 없어진 것을 안 구두쇠는 매우 고통스러워했습니다. 그것을 보고 이웃 사람이 이렇게 말했습니다. "잃어버린 금덩이 생각은 이제 그만하고, 적당한 돌을 항아리에 넣고 그걸 금이라고 생각하고 묻어놓으시오. 어차피 쓰지 않는 금덩이는 돌과 다를 게 없으니…." 금덩이는 소유하고 있을 때가 아니라, 사용할 때 가치가 있는 것입니다. 물론 이것이 쉬운 말은 아닙니다.

예수님께서는 나인성 과부의 아들을 장례 중에 살리셨고(눅 7:11-17), 나사로를 죽은 지 나흘 만에 무덤에서 나오게 하셨으며(요 11:43-44), 오늘 본문에서는 야이로의 딸을 죽은 후 즉각 살리셨습니다. 이와 같은 이적은 베드로와 바울도 행하였고(행 9:40, 20:9-12), 구약에서 엘리야와 엘리사도 행했습니다(왕상 17:2; 왕하 4:32-35). 인간의 상식과 의술과 경험을 초월하는 기적입니다. 오늘 본문을 보면, 예수님께서 혈루증 여인에게 말씀하고 계실 때 회당장 야이로의 집에서 사환이 왔습니다. 야이로의 병든 딸이 죽었으니, 이제는 예수님이 오실 필요가 없다는 것입니다. 예수님이 병은 고치실 수 있을 것이라고 믿었으나, 죽은 자를 살리실 것이라고는 감히 생각하지 못한 것입니다. 인간의 상식으로는 죽으면 모든 것이 끝나는 것이기 때문입니다. 회당장 야이로는 이런 상식과 섭섭함과 인간적인 생각으로 예수님을 거절한 것입니다. 야이로 가족의 믿음은 제한된 믿음이었습니다. 한편으로는 아이가 죽은 큰 슬픔 중에도 예수님께 괴로움을 드리지 않으려는 예의와 배려를 볼 수 있습니다. 야이로는 이처럼 점잖은 인성을 소유하고 있었습니다. 그러나 믿음은 부족했습니다. 이런 상황에서 예수님께서 '달리다굼'으로 소녀를 살리신 사건을 통해 생명의 주관자 되시는 예수님의 능력을 새롭게 깨닫는 은혜가 우리 모두에게 임하기를 축원합니다.

1. 통곡하는 사람들

"베드로와 야고보와 야고보의 형제 요한 외에 아무도 따라옴을 허락하지 아니하시고 회당장의 집에 함께 가사 떠드는 것과 사람들이 울며 심히 통곡함을 보시고"(37-38절).

아이가 죽은 일은 아버지인 야이로에게는 큰 실망과 슬픔의 사건이었지만, 예수님께는 사람들에게 소망과 믿음을 가르쳐줄 수 있는 기회였습니다. 베드로와 야고보와 요한은 예수님께서 변화산에 가실 때(막 9:2)나, 겟세마네 동산에 가실 때(막 14:33)도 예수님과 동행했습니다. 중요한 일에는 늘 이 세 제자가 동행했습니다. 다른 제자들의 동행을 금한 것은, 그들은 아직 믿음이 어려 예수님의 기적을 이해하고 바로 전할 능력이 없었기 때문입니다. 이는 예수님의 차별이 아닌 구별입니다. 전적인 권한과 선택은 예수님께 있는 것입니다. 유대인들은 장례식 때 모인 사람들이 같이 우는 풍습이 있었고, 때로는 삯을 주고 우는 여자를 고용하기도 했습니다(대하 35:25; 렘 9:17-18). 심히 통곡한 사람은 죽은 아이의 가족이었을 것입니다. 이처럼 고용된 여자의 울음과 가족들의 심한 통곡과 피리 소리로 인하여 온 집안이 울음바다였을 것입니다.

오스트리아 출신의 종교철학자 마르틴 부버는 그의 저서 《나와 너》에서 "참된 삶은 만남이다"라고 말했습니다. 인간은 인격적인 만남이 이뤄지기까지는 항상 고독한 존재라는 것입니다. 인간의 만남은 '나와 너', 즉 사람과 사람의 만남으로 이루어져야 합니다. 그런데 '나와 그것'의 만남이 될 때 인생의 불행이 시작되는 것입니다. 나의 관심이 내가 만나고 있는 사람 자체가 아닌 그 사람의 돈과 권력과 배경에 있다면, 그것은 진정한 만남이라 할 수 없습니다. 좋은 배우자나 스승을 만나면 모두가 축복된 만남이라고 부러워합니다. 반면 인생에서 실패한 사람들의 이유를 살펴보면 대부분 사람을 잘못 만난 것에서 시작된 것입니다. 그래서 우리는 모두 좋은 만남을 희망하면서 살아가고 있습니다. 우리의 삶에 '나와 너'의 인격적인 좋은 만남이 계속되기를 축원합니다.

인간이 사는 모든 곳에는 아픔과 싸움과 죽음이 있기에 울며 심히 통곡함이 있을 수밖에 없습니다. 통곡이 없는 사람과 가정과 장소는 이 세상에 존재하지 않습니다. 단지 절제하고 다스릴 뿐입니다. 울음과 통곡함은 어떤 사람이나 물질이나 과학이나 무엇으로도 해결할 수 없습니다. 오직 인간을 창조하시고 고치시고 사랑하시고 구원하시는 예수님을 그 마음에 모실 때만 통곡이 웃음과 기쁨으로 변화될 수 있습니다(시 30:11). 질병을 고치시고, 죽은 자를 살리시며, 우리를 지옥에서 천국으로 인도하시는 예수 그리스도의 능력과 은혜가 우리 모두의 울음과 통곡을 기쁨과 웃음으로 바꾸어주기를 축원합니다.

2. 비웃는 사람들

"들어가서 그들에게 이르시되 너희가 어찌하여 떠들며 우느냐 이 아이가 죽은 것이 아니라 잔다 하시니 그들이 비웃더라 예수께서 그들을 다 내보내신 후에 아이의 부모와 또 자기와 함께한 자들을 데리시고 아이 있는 곳에 들어가사"(39-40절).

예수님께서 아이가 죽은 것이 아니라 잔다고 하시자, 모두가 비웃었습니다. 그리스도 안에서 죽은 자는 죽은 것이 아니라 자는 것이며(고전 15:51), 그리스도가 없는 자는 살았으나 죽은 것입니다(마 8:22). 예수께서 죽은 자를 살리실 능력이 없다는 뜻으로 무리가 비웃은 것이 아니라, 물리적으로 죽은 자를 잔다고 하셨기에 비웃은 것입니다. 그러나 이런 비웃음이 오히려 아이의 죽음을 확인시키고, 그 죽은 아이를 다시 살리신 그리스도의 능력도 확인시키는 역할을 했습니다. 예수님께서는 비웃는 무리를 다 내보내셨습니다. 조소하는 무리 앞에서 하나님의 능력을 행하고자 하시지는 않았기 때문입니다.

예수님께서는 아이의 부모와 세 제자를 데리시고 아이가 누운 곳에 들어가셨습니다.

오늘날 많은 사람이 가정과 사회와 교회가 문제라고 말합니다. 그런데 문제를 분석만 할 뿐 누구도 먼저 손 내밀어 먼저 사랑하려 하지 않습니다. 누구 한 사람이 나서서 헌신적으로 사랑하면 공동체의 분위기가 바뀝니다. 가족 중 한 사람이 나서서 먼저 사랑하고 희생해 보십시오. 물론 다른 사람에게 희생을 강요해서는 안 됩니다. 누군가 자발적으로 사랑과 헌신을 실천하면 집안 분위기가 바뀝니다. "왜 밥 안 차려줘? 청소는 제대로 한 거 맞아?" "퇴근했으면 애들하고 좀 놀아줘." 이런 식으로 서로 요구하고 원망만 하면 결국 다 같이 불행해집니다. 그런데 우리는 자신이 먼저 섬기고 사랑하지는 않으면서, 그런 사람이 없다고 불평하는 데 시간을 허비합니다. 그래서 우리가 속한 공동체가 사랑의 능력도 섬김과 희생이 주는 기쁨도 누리지 못하는 것입니다. 우리의 기도가 바뀌면 좋겠습니다. "주님, 내가 나를 사랑하듯 상대를 사랑하게 해주세요. 내가 상대에게 받고 싶은 대로 내가 먼저 섬기게 해주세요. 이웃의 한계를 정하지 않고 먼저 다가가 이웃이 되고 이웃과 하나가 되게 해주세요." 이렇게 바뀐 기도대로 살아 내기 시작한다면, 먼저 우리의 내면이 변화를 느끼고, 이어서 주변 사람들도 그 변화를 알게 될 것입니다. 우리로 인해 우리가 있는 곳의 분위기가 변할 것입니다. 설령 주변 사람들이 여전히 이기적이고 자기중심적인 태도를 고수할지라도, 그들이 우리 내면의 은밀한 기쁨과 감사와 사랑을 빼앗지는 못할 것입니다.

서로 원망하고, 책임을 전가하고, 비웃고, 조롱하는 그곳은 지옥이고, 전혀 희망이 없습니다. 예수님도 그러한 곳에서는 역사하지 않으십니다. 오늘날 여기저기서 남을 비웃고 조롱하는 일이 난무합니다. 그래서 수많은 사람이 상처를 받고 공황장애를 겪습니다. 우울증은 물론 사람을 떠나는 대인기피증에 걸리게 됩니다. '비웃더라'의 헬라어 '카테게론'(κατεγέλων)은 미완료 시제로, 그들의 조롱 섞인 비웃음이 계속되었음을 보여줍니다. 비웃는 무리를 예수님은 강압적으로 몰아내셨습니다. 예수님은 자신의 능력과 존재를 부인하고 비웃는 자들은 매몰차게 쫓아내심으로 생명의 기적을 체험하는 특권에서 제외하셨습니다. 이처럼 예수님의 말씀을 비웃고 조롱하는 무리가 아니라, 생명의 역사에 믿음을 가지고 적극적으로 동참하는 성도가 되시기를 축원합니다.

3. 살리시는 예수님

"그 아이의 손을 잡고 이르시되 달리다굼 하시니 번역하면 곧 내가 네게 말하노니 소녀야 일어나라 하심이라 소녀가 곧 일어나서 걸으니 나이가 열두 살이라 사람들이 곧 크게 놀라고 놀라거늘 예수께서 이 일을 아무도 알지 못하게 하라고 그들을 많이 경계하시고 이에 소녀에게 먹을 것을 주라 하시니라"(41-43절).

'달리다굼'이라는 말을 기록한 것이나, 이 말과 더불어 그 번역까지 밝힌 것도 이방인을 위해 기록한 본서만의 특징입니다. 마태는 예수님께서 아이의 손을 잡으신 동작만 기록했고, 누가는 '아이야, 일어나라'라는 번역문만 소개했습니다. '달리다굼'은 당시 유대인들이 사용한 아랍어로 '소녀야, 일어나라'라는 뜻입니다. 당시 어머니가 아침에 아이를 깨울 때 사용하던 말이라는 설명도 있습니다. 이는 장차 예수님께서 재림하셔서 죽은 성도들을 불러 부활하게 하실 때

듣게 될 주의 음성일 것입니다. 소녀가 일어나서 걷자 사람들이 정신을 차리지 못할 정도로 놀랍니다. 예수님의 말에 비웃던 사람들이 죽은 아이가 살아 걷는 것을 보았으니 놀랄 수밖에 없었을 것입니다. 예수님은 아이가 살아나자 그에게 먹을 것을 주라고 하십니다. 예수 그리스도의 침착하고도 세심하신 모습을 볼 수 있습니다. 예수님께는 죽은 자를 살리는 것이 늦잠 자는 아이를 깨워 아침을 먹이는 일보다 쉬웠던 것입니다. 그것은 예수님의 일상이고 능력인 것입니다.

하버드대학교의 뇌 과학자이자 신경외과 의사인 이븐 알렉산더는 7일간 뇌사 상태로 있다가 살아나 《나는 천국을 보았다》(Proof of Heaven)라는 책을 썼습니다. 무신론자였던 그는 이렇게 말했습니다. "나의 체험은 육체와 뇌의 죽음이 의식의 종말은 아니라는 것과 인간의 체험이 무덤을 넘어 계속된다는 것을 보여주었습니다." 이것은 예수님이 계속해서 알려주신 사실입니다. 성경을 통해 우리에게 말씀하시는 내용입니다. 우리는 이따금 영적 체험을 하면서 사는 것이 아니라, 영적 존재로서 인간 체험과 세상 체험을 하면서 사는 것입니다. 세상 사람들은 인간과 세상과 물질이 전부인 줄 압니다. 죽음이 끝인 줄 압니다. 그러나 예수님은 우리가 영적 존재이고, 우리의 신분은 이 땅이 아닌 하늘에 속한 것임을 알려주십니다. 구원이란 우리가 영적 존재가 되어 인간과 세상과 죽음을 새롭게 바라보는 것입니다. 이 세상이 전부가 아니기에 우리는 하나님 나라의 증인이 되어야 합니다. 성령이 아니고서는 영원한 것을 알 수도, 영생을 얻을 수도 없기에 성령을 받아야 합니다. 말씀에 사로잡힐 때 다른 차원의 삶을 살게 됩니다. 그리고 생의 마지막 때 우리는 돈, 건강, 인기, 명예, 권력을 다 두고 떠나지만, 예수님의 십자가 대속의 은혜로 우리 영혼이 영원의 시간으로 넘어감을 경험할 것입니다.

예수님은 오늘도 우리에게 '달리다굼'이라고 외치십니다. '소녀야, 일어나라'고 말씀하십니다. 우리의 이름을 부르시며 실망과 좌절과 낙심과 고통의 자리에서 그 모든 것을 훌훌 털고 일어나라고 하십니다. 그리고 우리를 일어나게 하셔서 이 땅에서 영원한 하나님 나라를 살게 하십니다. 죄와 어둠에서 일어나 믿음과 영생으로 걸어가게 하십니다. 예수님이 계신 곳이 생명과 영생이 있는 곳이며 천국입니다. 예수님은 전인적인 생명의 주인이십니다. 모든 생명은 예수님의 손안에 있는 것입니다. 우리를 살리시는 생명의 예수님을 믿고 섬기는 행복한 성도들이 되시기를 축원합니다.

사랑하는 번동 가족 여러분!

이 세상에는 통곡하는 사람과 비웃는 사람이 많습니다. 그러나 오직 예수님만이 살리시는 분이십니다. 우리의 영원하시고 모든 것 되시는 달리다굼의 예수님을 믿고 찬양하는 성도들이 되시기를 축원합니다.

여호와를 경외하는 자녀

(잠 1:7-9)

인생이란 본향을 향해 가는 여행길이라 할 수 있습니다. 우리는 지금 그 길을 가고 있는 것입니다. 보이지 않는 그곳을 향해 굳건히 걸어가야 합니다. 우리의 여행길은 어둠이 아닌 밝은 빛이 비쳐야 합니다. 들을 귀가 없는 사람에게는 어떤 말을 해도 반발할 뿐입니다. 주위에 그런 사람이 있다면 그분을 위해 은밀히 기도하십시오. 그러면 서로의 마음이 통하게 되어 상대방의 마음이 부드럽게 변할 것입니다. 사람들의 비판에 동요하는 사람은 인격 완성의 길에서 멀리 있는 사람입니다. 서로 맞지 않은 사람과 잘 지낼 수 있는 방법은 내가 먼저 마음을 바꾸는 것입니다. 사람의 마음속에 있는 생각은 누구도 알 수 없습니다. 자신의 내면을 바르게 하려고 애쓰지 않는다면 사람들과 진정한 일치를 이룰 수 없습니다. 자신의 이익을 위해 다른 사람을 이용한다면 그 관계는 오래가지 못합니다. 사람과 사람은 서로 존중하는 관계가 되어야 합니다.

다섯 손가락의 역할이 서로 다른 것과 같이, 사람의 특성도 제각기 다릅니다. 그러므로 상대방의 장점을 살려주십시오. 그것이 곧 상대방을 응달에서 햇볕으로 향하게 하는 것입니다. 따뜻한 격려의 말은 사람들을 강인하게 하고 자신감을 갖게 합니다. 누군가를 인정해 주는 것은 그를 살리는 것이며, 그의 삶에 윤활유가 됩니다. 반대로 자만하고 자랑하는 것은 마찰의 원인이 됩니다. 중요한 것은 사람에게 무언가를 주는 것이 아니라, 어떤 마음으로 주는가 하는 것입니다. 자기 자신에게 도움이 되는 것에만 관심을 둔다면 그 사람은 점점 작아지고 맙니다. 그러나 이웃을 돕는 데 마음을 쓰는 사람은 반드시 성장할 것입니다.

다른 사람을 시기하거나 미워하는 것은 사람들과의 관계를 해치고 자신에게 불안과 초조함을 더할 뿐입니다. 주변 환경을 나에게 맞추려 하지 말고, 나를 주변 환경에 맞추십시오. 남을 꾸짖는 것은 시간을 허비하는 것일 뿐, 나에게도 상대방에게도 전혀 도움이 되지 않습니다. 자기만 생각하고 자기만 좋으면 그만이라고 생각하는 것은 그 인생을 실패로 이끈다고 해도 과언이 아닙니다. 그것은 자신이 많은 사람의 도움으로 살아간다는 것을 잊고 있는 것이기 때문입니다. 그러므로 우리는 죽는 날까지 누군가에게 도움이 되는 사람이 되도록 힘써야 합니다. 거센 태풍은 하룻밤에 모든 것을 휩쓸어 가지만, 잔잔한 미풍은 마음을 평화롭고 기쁘게 합니다. 태풍과 같은 마음이 아니라, 산들바람과 같은 부드러운 마음으로 살아가십시오. 부드러운 마음으로 하나님과 교회와 부모와 가족과 성도를 바라보면 은혜와 평강과 복과 성령이 가득한 인생이 될 것입니다.

현대 사회는 과학 기술의 발전과 다양한 정보 매체의 등장으로 새로운 지식이 홍수처럼 쏟아져 나오고 있습니다. 이러한 지식은 우리 삶에 많은 편리함과 문화적인 풍요함을 가져다주었지만, 동시에 우리 인생에 참된 가치와 의미를 부여하시는 하나님을 소홀히 여기며 경외하지 않게 만들었습니다. 과학과 물질이 하나님의 자리에 올라가 앉아 있으며, 현대인들의 우상이 되고 있습니다. 우리 시대에 신앙은 무기력하고 무능한 사람들을 표상하는 단어가 되고 말았습니다. 그래서 신앙생활을 선택 사항이나 취미 정도로 취급하고 있습니다. 그러나 본문 말씀은 어떤 지식보다 더 근본적이고 중요한 최고의 지식은 여호와를 경외하는 것이라고 가르쳐주고 있습니다. 모든 현실과 상황을 초월해 여호와를 절대적으로 경외하는 성도들이 되시기를 축원합니다.

1. 여호와를 경외하라

"여호와를 경외하는 것이 지식의 근본이거늘 미련한 자는 지혜와 훈계를 멸시하느니라"(7절).

잠언서의 주제입니다. 여기서 하나님을 경외한다는 것은, 노예가 상전을 대하듯 또는 우상숭배자가 우상을 대하듯 하나님을 무서워하는 것이 아니라, 하나님에 대한 사랑과 두려움이 공존하는 것입니다. 즉, 존경과 거룩한 두려움입니다. 이것이 참 신앙입니다. 신앙과 지식이 일치된 것입니다. 혹자는 “나는 불합리하기 때문에 믿는다. 나는 살기 위해 믿는다”라고 말했습니다. 전자는 불완전한 지식의 세계를 말하고, 후자는 완전한 지식의 세계를 말합니다. 신앙과 지식이 합쳐질 때 지식은 완전해지고 신앙은 풍부해집니다. 반면 미련한 자는 여호와를 경외하지 않는 자이고, 지혜가 없는 자이며, 완고

한 자입니다. 미련한 자는 자신의 것 때문에 하나님의 지혜와 훈계를 무시하고 듣지 않습니다.

성경이 경고하는 교만의 본질은 자기 마음대로 사는 방자함입니다. 자기 주관과 고집과 생각을 고수하는 사람은 하나님의 주 되심을 인정하지 않는 것입니다. '교만'에 해당하는 헬라어는 '다른 사람들 위에 자신을 올려놓는 것'을 뜻합니다. 이는 하나님이 가장 싫어하시는 태도입니다. 이스라엘의 사울왕은 교만해져 처참하게 패가망신했습니다. 바벨론의 느부갓네살왕은 교만으로 총명함을 잃고 들판의 짐승과 같이 되었습니다(단 4:28-33). 성경이 말하는 성숙함은 내 마음대로 살지 않고 하나님 중심으로 사는 것입니다. 하나님이 나를 어떻게 보실까를 먼저 생각하는 것입니다. 남극이 가장 추운 이유는 지구가 공전할 때 태양에서 가장 멀리 떨어진 위치에 있기 때문입니다. 인간도 하나님과 멀리 떨어져 살면 은혜의 빛을 받지 못해 영이 얼어붙습니다. 심령이 차가워져 남을 판단합니다. 가을 들판의 곡식을 생각해 보십시오. 알곡은 익을수록 고개를 숙이지만, 쭉정이는 자신을 꼿꼿이 세웁니다. 하나님의 은혜에서 떠난 사람은 자만에 빠져 목을 뻣뻣이 세우고 허세를 부리며 거드름을 피웁니다. 하나님의 은혜를 사모하며 낮은 자의 자리를 겸손히 지키는 성도야말로 하나님이 찾으시는 성숙한 예배자입니다.

여호와를 경외하는 것은 쉽지 않습니다. 목숨을 걸고 노력해야 겸손할 수 있고, 하나님을 경외할 수 있습니다. 교만은 잡초처럼 신경 쓰지 않아도 강하게 솟아오릅니다. 여호와를 경외하는 사람은 가장 지혜롭고 복된 사람입니다. 그것은 최고의 선택이며, 정말 잘한 것입니다. 그 사람은 성공한 사람이고, 천국의 사람입니다. 하나님을 경외하는 것은 지혜의 출발점이자, 최상의 지혜입니다. 이는 단

기간에 되지 않고 평생 노력해야 이룰 수 있습니다. 평생 여호와만 경외하는 가장 지혜롭고 복된 성도가 되시기를 축원합니다.

2. 부모의 훈계와 법을 떠나지 말라

"내 아들아 네 아비의 훈계를 들으며 네 어미의 법을 떠나지 말라" (8절).

'내 아들아'는 스승이 제자를 부르는 칭호로, 흔히 문장 초반에 나타납니다. 사제간을 부자간으로 표현하는 것은 구약 시대의 관례였고(삿 17:10; 왕하 2:12), 신약성경에서도 그 예를 볼 수 있습니다(고전 4:15; 갈 4:19). '훈계를 들으며 법을 떠나지 말라'는 말은 같은 뜻의 반복입니다. 가정에서 부모에게 순종하라는 교훈으로 십계명 중 제5계명입니다. 부모는 하나님의 대리자로 그들의 교훈은 곧 하나님의 교훈인 것입니다. '아비의 훈계'는 매질을 포함한 과격한 훈련을 가리키고, '어미의 법'은 율법을 준행하고 떠나지 말라는 부드러운 교훈입니다. 이스라엘에서는 관례상 실제적인 생활 지침과 훈계는 아버지의 몫이었고, 일반적 교훈이나 율법의 가르침은 어머니의 일이었습니다. 아버지와 어머니의 가르침은 모두 중요합니다. 어느 한쪽으로 치우치거나 둘 중 하나의 선택이 아닌 모두 절대명령과 순종이 균형과 조화를 이루어야 합니다. 둘은 상호 보완 관계이며, 서로 상승작용을 합니다.

어린 시절 찰스 스펄전이 그의 할아버지에게 이렇게 말했습니다. "저는 하나님의 자녀가 될 수 없는 게 확실해요. 하나님의 자녀라면 어떻게 이렇게 악한 생각들을 할 수 있겠어요?" 이에 할아버지는 이렇게 대답했습니다. "찰스, 네가 유혹을 받는 것은 그리스도인이 되었다는 증거야. 그런 나쁜 생각은 마귀에게서 온 것인데, 마귀는 그런 것들을 그리스도인의 마음 문에 걸어두기를 좋아한단다. 그것들을 너의 것으로 여기지도 말고, 네 마음의 방에 들이지도 말거라."

우리는 우리의 구원의 은혜를 방해하는 죄를 향해 날마다 하나님의 승리를 선포해야 합니다. 죄를 거부하고 거룩하게 사는 것이 진정 행복한 삶입니다. 은혜는 하나님이 값없이 주시는 것이지만, 값싸게 받아서는 안 됩니다. 반드시 하나님 자녀로서의 삶을 사는 값을 지불해야 합니다. 신앙생활은 하나님의 은혜를 아는 내가 하나님의 은혜를 저버린 세상에서 살아가는 것입니다. 우리는 죄와 끊임없이 싸우며 은혜를 간구해 하나님의 궁극적인 은혜에 도달해야 합니다. 우리가 하나님의 은혜에 이르지 못하면 반드시 우리 안에서 쓴 뿌리가 자랍니다(히 12:15). 은혜 없는 종교, 은혜 없는 교회, 은혜 없는 마음에는 심각한 독초가 자랍니다. 쓴 뿌리는 비록 작고 느리게 자라더라도 결국 심각한 독성을 나타냅니다. 그래서 우리에게는 한순간이나 일회성이 아닌 매일의 은혜가 절대적으로 필요합니다.

우리는 어떠한 경우라도 하나님을 경외하고, 아버지의 훈계를 들으며, 어머니의 법을 떠나지 말아야 합니다. 하나님의 법에서 떠나게 하는 마음과 행동은 마귀에게서 온 것이고, 마귀를 기쁘게 하는 것이며, 마귀와 한편이 되어 동행하는 것입니다. 마귀(디아볼로스 διάβολος)는 하나님 및 부모와의 관계를 깨뜨리고 분리시키며 서로 대적하게 만듭니다. 하나님과 부모를 거역하고 불순종하고 대적하는 자는 가장 불행한 사람이며 저주를 받은 것입니다. 마귀가 아닌 성령님(파라클레토스

παράκλητος)과 동행하여 하나님을 경외하고 아버지의 훈계를 들으며 어머니의 법을 떠나지 않는 경건한 성도들이 되시기를 축원합니다.

3. 아름다운 관과 금 사슬의 사람이 돼라

"이는 네 머리의 아름다운 관이요 네 목의 금 사슬이니라"(9절).

'머리의 아름다운 관'은 영광을 뜻하고, '목의 금 사슬'은 존대를 뜻합니다. 요셉이나 다니엘이 이와 같은 존대함을 받았습니다(창 41:42; 단 5:29). 부모에게 순종하고 하나님을 경외하는 것이 영광이고 존대함을 받는 것입니다. 이 세상의 모든 부모는 자녀들이 아름다운 관을 쓰고 금 사슬을 걸기를 원합니다. 머리의 아름다운 관은 명예 또는 권력과 관련이 있습니다. 권력이 있거나 지혜와 학식이 높은 자들이 관을 쓰게 됩니다. 본문은 여호와를 경외하며 아비의 훈계를 들으며 어미의 법을 떠나지 않는 자는 아름다운 관을 머리에 쓰게 된다고 말합니다. 이 말씀을 그대로 믿고 순종하면 됩니다. 여호와와 부모를 떠나고 불순종하고 거역하면 버림과 저주를 받게 됩니다. 어디에서도 존경이나 환영을 받지 못하며 사람 구실을 할 수 없습니다. 인생 망나니가 되는 것입니다.

성도에게는 여호와를 경외함으로 얻게 될 의의 면류관이 약속되어 있습니다(딤후 4:8). 죽도록 충성하는 자는 생명의 면류관을 받게 되며(계 2:7, 11), 고난에 참여한 자마다 목자장이 나타나실 때 시들지 않는 영광의 면류관을 받게 될 것입니다(벧전 5:4). 여호와를 경외하며 부모의 가르침에 순종하는 자도 반드시 면류관을 쓰게 됩니다.

어머님 은혜

1. 높고 높은 하늘이라 말들 하지만 나는 나는 높은 게 또 하나 있지
낳으시고 기르시는 어머님 은혜 푸른 하늘 그보다도 높은 것 같애

2. 넓고 넓은 바다라고 말들 하지만 나는 나는 넓은 게 또 하나 있지
사람 되라 이르시는 어머님 은혜 푸른 바다 그보다도 넓은 것 같애

3. 산이라도 바다라도 따를 수 없는 어머님의 그 사랑 거룩한 사랑
날마다 주님 앞에 감사드리자 사랑의 어머님을 주신 은혜를

하나님의 은혜와 부모님의 은혜는 최고의 은혜입니다. 우리는 지금도 이 은혜로 살고 있습니다. 여호와를 경외하며 부모를 잘 공경함으로 모두가 아름다운 관과 금 사슬의 축복을 받으시기를 축원합니다.

사랑하는 번동 가족 여러분!
오늘은 어버이 주일입니다. 여호와를 경외하며 부모의 훈계와 법을 떠나지 않음으로 아름다운 관과 금 사슬의 축복을 받는 모든 성도와 가정이 되시기를 축원합니다.

안전한 신앙인

(빌 3:1-3)

종교개혁자 마틴 루터는 우상을 이렇게 설명합니다. "당신의 마음이 매달리고 의지하는 것은 무엇이든지 그것이 하나님이다. 마음의 신뢰와 믿음이 하나님도 만들고 우상도 만들 수 있다." 팀 켈러(Timothy Keller)는 우상을 "하나님보다 더 중요한 것과 우리의 마음과 공상의 세계를 하나님보다 더 많이 차지하고 있는 것과 하나님이 줄 수 있는 것을 주려고 하는 것, 그것이 바로 우상이다"라고 정의했습니다. 우상은 마음속에 하나님처럼 자리 잡고 있는 것입니다. 마음을 사로잡고 있거나, 마음이 기대고 의지하는 것입니다. 따라서 사람이 우상이 될 수 있습니다. 누구 없이 못 산다면서 마음을 빼앗겨 버리면 그 사람이 곧 우상입니다. 돈이나 권력과 명예가 우상이 될 수도 있습니다. 거기서 인생의 목적과 의미를 찾고 마음을 빼앗겨 버린다면 그것이 우상입니다. 우상은 우리가 알든 모르든 하나님을 대신하며 하나님의 자리에 앉아 있습니다. 우리는 우리 안의 우상을 깨끗이 정리해야 합니다.

주일을 지키고 예배를 드리고 봉사하면서도 하나님보다 더 좋아하고 사랑하는 것이 있다면 그 삶은 결국 불타고 무너지게 됩니다(마 7:26; 고전 3:13-16). 도로와 다리와 건물은 무엇보다도 안전해야 합니다. 그렇지 않고 와우아파트나 성수대교처럼 무너지면 많은 사람이 죽고 다치는 비극이 찾아옵니다. 그러므로 모두 안전하게 지어야 하고, 정기적으로 안전 점검을 받아야 합니다. 우리의 신앙도 천국에 갈 때까지 든든하고 안전해야 합니다. 세상 시험과 풍파 가운데서도 무너지지 않고 굳건해야 합니다. 우리 모두 자신의 신앙이 안전한지 수시로 점검하여 든든하고 안전한 신앙생활을 할 수 있기를 축원합니다.

1. 기쁨이 있어야 합니다

"끝으로 나의 형제들아 주 안에서 기뻐하라 너희에게 같은 말을 쓰는 것이 내게는 수고로움이 없고 너희에게는 안전하니라"(1절).

육신의 할례와 율법적인 행위를 중요시하는 것은 결코 신앙의 중심 문제가 아닙니다. 오히려 믿음으로 마음에 할례받은 성도들이 할례의 본뜻을 이루는 것이며, 그것이 율법을 완성하는 길입니다(마 5:17). 바울은 율법주의자의 삶에서 그리스도 중심의 삶으로 변화된 자기의 경험에 비추어 자신 있게 말하고 있습니다. 빌립보에는 유대인이 적었고, 유대인 회당도 없었습니다. 빌립보에서 멀지 않은 데살로니가에는 유대인 회당이 있었고, 또 거기서 바울이 유대인의 박해를 받은 사실에 비추어 볼 때(행 16:1-5), 빌립보 교회가 성장함에 따라 아마 유대주의의 위기에 봉착했을 것입니다. 주 안에서의 기쁨은 세상의 모든 것을 이기고도 남습니다. 주님 밖에 있는 기쁨은 진정한 기쁨이 아니기에 쉽게 깨지고 식고 사라집니다. 바울은 기쁨의 권면이든 위험의 경고이든 반복하기를 귀찮아하지 않았습니다. 교회와 성도에게 유익이 되기 때문입니다.

옛날 어느 그리스 전제국가의 한 왕이 24시간 여색과 주지육림을 탐닉하면서도 더 큰 즐거움을 얻기 위해 쾌락도와 행복도를 더 높이는 수단과 방법을 찾고자 상금을 걸고 천하에 알렸습니다. 쾌락도를 높이기 위한 별의별 기발한 아이디어들이 실험되었으나, 왕의 행복에 대한 갈증은 날로 가중되기만 했습니다. 새 아이디어의 제공자들은 그를 실망시킨 벌로 감옥에 갔습니다. 어느 날 왕 앞에 새로운 제안자가 나타났습니다. 그는 수도사였습니다. 수도사는 왕 앞에서 꾸짖는 눈빛으로 단호하게 말했습니다. "왕은 절대로 행복할 수 없습니다. 기쁨을 단념하십시오. 왕은 다른 사람을 행복하게 하거나 기쁘게 한 일이 없기 때문입니다. 만일 기쁨과 행복을 원하신다면 다른 사람을 기쁘게 하고 행복하게 하십시오." 이 말을 들은 왕은 무언가 깨달은 듯 지난날의 부끄러운 자신을 돌아보게 되었습니다.

세상 모든 것이 다 있어도 기쁨이 없으면, 그것은 저주이고 지옥인 것입니다. 오늘날 마귀는 교회와 가정과 성도의 마음에서 기쁨을 빼앗아 갑니다. 기쁨이 없으면 신앙은 흔들리고 무너지기 쉽습니다. 기쁨은 성도의 모든 아픔과 문제를 해결하고 행복을 가져오며, 교회를 건강하게 성장시키는 능력입니다. 주 안에서 기뻐하는 안전한 성도들이 되시기를 축원합니다.

2. 삼가는 것이 있어야 합니다

"개들을 삼가고 행악하는 자들을 삼가고 몸을 상해하는 일을 삼가라"(2절).

'삼가라'는 말이 한 구절 안에 세 번이나 반복되면서 강조되고 있습니다. 삼가라는 말은 경계심을 가지고 관찰하라는 뜻입니다. 원어상 세 단어에 다 정관사가 있어 어떤 특수단체를 지목하고 있습니다. 이런 종류의 잘못된 성도는 로마와 빌립보에도 있었습니다. 바울은 자기 곁에 있는 자들에 대하여 극히 관대한 태도를 보인(빌 1:18) 반면, 교만하고 악한 자들에 대해서는 사정없이 공격을 퍼붓습니다. 주님께서 바리새인에 대하여 경책한 것과 같은 것입니다(마 23장). '개'라는 단어는 신약성경에 다섯 번 나타나며, 항상 불결과 비천과 비양심과 탐욕스러운 것을 뜻합니다. 수치를 모르는 사람을 비유하기도 했습니다. 행악자는 악한 일꾼이라는 뜻입니다. 행악자는 복음을 위해 일한다는 미명 아래 사욕을 따라 움직이며 악을 행하는 자들입니다. 이들은 남을 속이는 자들이었고(고후 11:13), 분규를 일으키는 자들이었습니다(빌 1:15). 또 바울은 몸을 상해하는 자들을 삼가라고 말합니다. 이들은 손할례당입니다. 손할례는 일반 할례와 달리 모세의 율법에서 금지된 살을 베는 할례를 뜻합니다. 그들은 할례의 참뜻을 잊어버렸기에, 그들의 할례는 진정한 할례가 아니라 살을 베는 데 지나지 않는 것입니다. 바울은 이러한 세 부류의 사람을 삼가라고 세 번이나 경고하고 있습니다.

18세기 프랑스에 데넥커라는 조각가가 있었습니다. 르네상스 시대의 대표적인 천재들 못지않은 조각가로 인정받았던 그는 특히 그리스 신화에 나오는 여러 신상을 정교하게 조각했습니다. 그는 세심한 특징까지 놓치지 않기 위해 여러 번 신화를 읽을 정도로 완벽을 추구하는 사람이었습니다. 점점 자신의 실력에 자신감이 생긴 그는 많은 사람에게 상징적인 의미를 지니는 그리스도를 조각하기로 결심했습니다. 그러나 작업을 시작한 지 한 달도 되지 않아 실패하고 말았습니다. 잘 알고 있던 그리스 신화와는 달리 예수님에 대해서는 전혀 알지 못했기 때문에 그 전처럼 조각으로 표현할 수가 없었던 것입니다. 그래서 그는 직접 복음서를 읽고 예수님을 알아가기 시작했고, 신앙이 성장할수록 그의 그리스도상도 조금씩 완성되었습니다. 그리고 마침내 거의 완벽에 가까운 그리스도상을 조각해 냈습니다. 그의 작품을 보고 경탄한 나폴레옹이 그에게 자신이 좋아하는 비너스 조각상을 만들어주지 않겠냐고 물었습니다. 이에 데넥커는 이렇게 대답했습니다. "황제의 명령이라 할지라도 그리스도를 조각한 이 손으로 더는 다른 신은 조각할 수 없습니다."

예수님을 만나고 그 사랑을 알게 되면 더는 세상을 이전처럼 사랑할 수 없습니다. 주님과 세상을 놓고 갈등하지 말고 결단하십시오. 주님을 따른다면 반드시 창대하게 될 것입니다. 그리고 거짓 없이 신실한 마음으로 주님을 섬겨야 합니다. 무엇보다 주님을 더 사랑한다는 고백과 삶의 결단이 있어야 합니다. 영원하지 않은 것을 영원한 것을 위해 드리는 지혜와 결단과 헌신이 반드시 있어야 합니다.

바울은 "모든 것이 가하나 모든 것이 유익한 것은 아니요 모든 것이 가하나 모든 것이 덕을 세우는 것은 아니니 누구든지 자기의 유익을 구하지 말고 남의 유익을 구하라"(고전 10:23-24)라고 말했습니다. 개들과 행악하는 자들과 몸을 상해하는 자들은 절대로 끝까지 삼가야 합니다. 성경 말씀대로 살면 틀림없이 잘됩니다. 교만이나 호기심이나 의심으로 개들과 행악자들과 몸을 상해하는 자들을 따라다니거나 함께하면 안 됩니다. 그러면 분명 망하고 저주받아 지옥으로 떨어집니다. 삼갈 것은 절대적으로 삼감으로 안전한 신앙인이 되시기를 축원합니다.

3. 성령으로 충만해야 합니다

"하나님의 성령으로 봉사하며 그리스도 예수로 자랑하고 육체를 신뢰하지 아니하는 우리가 곧 할례파라"(3절).

참 할례파의 조건을 세 가지로 요약하고 있습니다. 첫째는 하나님의 성령으로 봉사하는 것입니다. 진정한 할례파는 전통이나 형식에 지배받지 않고 성령의 인도하심에 따라 기쁜 마음으로 예배드립니다(시 51:17; 요 4:24). 둘째는 그리스도 예수를 자랑하는 것입니다. 자랑한다는 말은 바울 서신에 35회나 나타납니다. 그리스도 예수를 영광으로 생각하고 기뻐한다는 뜻입니다. 유대인은 율법 준수를 자랑하였으나, 그리스도인은 그리스도 예수를 자랑합니다. 셋째는 육체를 신뢰하지 않는 것입니다. 육체는 그리스도와 대조를 이룹니다. 유대인들의 특권의식은 그들이 아브라함의 자손이라는 것과(마 3:9; 요 8:39) 하나님과 그와의 계약의 표지로서 받는 할례에 있었습니다. 그러나 그들은 아브라함의 믿음도(창 15:6), 할례의 참뜻도 잊어버리고 육체만 의지하였기에 그들의 할례는 손할례가 되고 만 것입니다. 아브라함의 자손인 예수 그리스도(마 1:1)를 믿음으로 할례의 참뜻을 이룬 그리스도인들이 참 할례파인 것입니다. '손할례당'이라는 말은 헬라어로 '카타토메'(κατατομή)인데, 이는 절단과 손상과 훼손을 의미합니다. 즉, 이들은 몸에 생긴 흔적과 손상만 내세우는 사람들이었습니다. 참된 믿음 없이 몸에 상처만 내는 할례와 그 상처를 영웅시하거나 우상시하는 거짓 교사와 할례당을 절대로 삼가라는 것입니다. 모든 상처가 영광스러운 것은 아닙니다(갈 6:17).

18세기경 구두 직공으로 일하며 살아가던 존 워(John Warr)는 예수님을 믿고 그리스도의 증인이 되기로 작정했습니다. 그러던 중 그의 밑으로 실습생이 들어왔습니다. 존은 그에게 복음을 전했습니다. 하지만 실습생은 그의 말 듣는 것을 귀찮아했습니다. 어느 날 실습생이 위조 화폐 1실링을 진짜 화폐와 바꾸려다 발각되었습니다. 죄책감에 사로잡힌 그는 어쩔 줄 몰라 했습니다. 그때 존은 그를 위해 기도해 주고 사랑으로 도왔습니다. 실습생은 그 사랑에 감복해 예수를 믿게 되었고, 곧 그리스도의 제자로 성장했습니다. 그 실습생이 바로 인도의 선교사가 되어 놀라운 열매를 맺은 윌리엄 캐리입니다. 캐리의 선교는 세계 복음화에 막대한 영향을 끼쳤습니다. 존 워가 죄책감에 힘들어하는 사람을 책망하고 정죄하는 대신 용서하고 격려한 결과 한 위대한 선교사가 탄생한 것입니다. 용서와 사랑은 사람을 변화시키고 새롭게 하는 위대한 능력입니다.

다른 사람이 나를 점검하기 전에 나 자신이 스스로 안전 점검을 해야 합니다. 나는 과연 성령으로 봉사하고, 그리스도 예수를 자랑하며, 육체를 신뢰하지 않는 참 할례파인지 냉철하게 말씀에 비추어 점검함으로 건강하고 안전한 신앙생활을 해야 합니다. 존 워와 같은 사람이 건강하고 안전한 신앙인이며, 그런 사람에게서 윌리엄 캐리 선교사와 같은 위대한 성령의 열매가 맺히는 것입니다. 모두 성령으로 충만하여 봉사하고 전도하고 하나님께 영광을 돌리는 성도들이 되시기를 축원합니다.

사랑하는 번동 가족 여러분!

모든 것이 불안하며 신뢰할 수 없는 세상입니다. 이러한 때에 우리는 더욱 우리 자신의 신앙을 점검해야 합니다. 기쁨이 있는지, 삼가고 있는지, 성령으로 충만한지 늘 점검함으로 건강하고 안전한 교회와 성도들이 되시기를 축원합니다.

3부

여호와를 아는 나무 같은 성도

상을 차려 드립니다

(시 23:1-6)

세계 최고의 명문인 하버드대학교에서 가장 인기 있는 강좌는 '긍정 심리학'이라고 합니다. 누구나 들어가고 싶어 하는 학교에서 공부하고, 졸업하면 최고의 대우를 보장받는 하버드생들이지만 치열한 경쟁과 과한 업무로 오히려 행복도는 일반 대학생들보다 훨씬 낮다고 합니다. 이 강좌를 10년 넘게 맡고 있는 샤하르 교수는 수업을 듣는 학생들에게 늘 다음의 '행복해지는 여섯 가지 법칙'을 말해줍니다.

① 부정적인 감정도 자연스러운 감정이라는 것을 인정하라.

② 행복이 찾아오게 하려면 즐거움에 의미를 더하라.

③ 행복은 돈과 권력 같은 환경보다 마음의 자세에 달려 있음을 알라.

④ 적어도 살아온 삶을 돌아볼 정도의 여유는 가지라.

⑤ 육체가 건강해야 마음도 정신도 행복할 수 있음을 알라.

⑥ 삶에서 당연하게 여기는 부분도 감사의 조건임을 늘 기억하라.

주님께 진정한 감사를 드릴 줄 아는 사람만이 하나님이 주시는 참된 행복을 누릴 수 있습니다. 하나님이 창조하신 원리를 깨닫고 인정하는 것이 행복을 누리는 비결입니다. 모두 평생 행복하시기를 축원합니다.

시편 23편은 여러 세기를 통하여 세계의 종교 문화에서 최고의 위치를 차지해 왔습니다(Taylor). 이 짧은 시편은 전심으로 여호와께 의뢰하는 자가 누리는 평화와 고요한 즐거움을 말해주는 너무나 아름다운 전원시입니다(Rawlinson). 또 이 시는 여호와께 대한 고요한 신념을 표현하는 폭풍 같은 시입니다(Briggs). 시편 23편은 성도들에게 가장 친숙한 시편이자, 신앙생활의 진수가 담긴 시편 중의 시편으로 시편의 백미(白米)입니다. 다윗의 다른 시편들처럼 이 시편도 환난 중에서도 지극한 평강을 누렸던 다윗의 신앙적 삶을 보여주고 있습니다. 이 시는 압살롬의 반란 때라기보다 평화의 시대에 기록된 것으로 보입니다. 다윗은 모든 상황을 초월하여 하나님을 의뢰하고 평강을 누리며 살았습니다. 지금까지 받은 모든 은혜에 감사하면서 하나님 앞에 상을 차려 드리는 생애가 되시기를 축원합니다.

1. 하나님의 상으로 살았습니다

"여호와는 나의 목자시니 내게 부족함이 없으리로다 그가 나를 푸른 풀밭에 누이시며 쉴 만한 물가로 인도하시는도다"(1-2절).

다윗은 어릴 때 베들레헴에서 아버지의 양을 치던 실제 목자였고(삼상 16:11), 신정 시대에는 이스라엘의 왕으로서 백성을 이끄는 목자의 역할을 했습니다. 그런 면에서 여호와가 자신의 목자라는 체험적인 고백을 하면서, 장차 오실 완전하신 목자 그리스도의 그림자가 되고 있는 것입니다. 목자는 양들이 좋아하는 푸른 풀이 많은 풀밭으로 인도해 양들이 배불리 먹고 누워 자게 합니다. 쉴 만한 물가는 천천히 흐르는 시냇물 가를 가리킵니다. 이런 시냇가에서 물을 마음대로 마시며 편안하게 쉬는 것입니다. 양들은 이곳에서 자다 쉬고, 쉬다 잡니다. 자다 깨고, 깨었다 잡니다. 온종일 먹고 마시고 쉬고 잡니다. 양으로서는 더할 나위 없는 행복입니다. 메마른 유다 광야에서 목자를 잘 만나면 푸른 풀밭과 쉴 만한 물가에서 만족하게 쉼을 누리는 것입니다. 모두 목자를 잘 만난 은혜이고 복입니다. 반면 목자를 잘못 만나면 제대로 돌봄 받지 못하고 굶주리게 됩니다.

어느 신학자는 율법과 복음의 차이를 설명하면서 율법은 시어머니이고, 복음은 친정어머니라고 표현했습니다. 시어머니와 친정어머니의 차이가 무엇입니까? 시어머니는 법적으로 섬겨야 하는 대상입니다. 시어머니를 뜻하는 영어도 'mother in law'입니다. 그래서인지 모든 시어머니는 며느리를 법의 눈으로만 봅니다. 예를 들어봅시다. 시어머니가 방으로 들어오는데 누워서 일어나지도 않는 며느리가 있다면 시어머니가 뭐라고 말하겠습니까? 시어머니가 들어오는데 며느리가 누워서 일어나지도 않는 법이 어디 있느냐며 크게 화를 낼 것입니다. 이런 상황에서 친정어머니라면 어떻게 말할까요? 아마 "어서 일어나 밥 먹어라!" 할 것입니다. 친정어머니는 딸이 누워 있는 것이 아무 문제가 되지 않습니다. 모든 것을 법이 아니라 사랑으로 보기 때문입니다. 그래서 다정하게 그렇게 말할 수 있는 것입니다. 한마디로 율법은 명령과 심판이며, 복음은 사랑과 용서입니다.

우리는 시어머니가 아닌 친정어머니 같은 하나님의 사랑과 은혜로 지금까지 살아왔습니다. 시어머니 같은 하나님이었다면 벌써 매 맞고 쫓겨나 지옥으로 떨어졌을 것입니다. 하나님의 용서와 사랑으로 여기까지 온 것입니다. 우리가 한 것은 아무것도 없기에 하나님의 바다 같고 하늘 같은 사랑에 감사하며 찬양할 뿐입니다. 자신을 더 낮추고 하나님만 높이며, 늘 하나님께 감사하고 찬양하는 삶이 되시기를 축원합니다.

2. 부모와 가족과 성도들의 상으로 살았습니다

"내 영혼을 소생시키시고 자기 이름을 위하여 의의 길로 인도하시는도다 내가 사망의 음침한 골짜기로 다닐지라도 해를 두려워하지 않을 것은 주께서 나와 함께하심이라 주의 지팡이와 막대기가 나를 안위하시나이다"(3-4절).

다윗은 여호와께서 자신을 생명과 의의 길로 인도하신다고 고백합니다. 이는 목자가 양을 인도하는 모습입니다. 하나님께서 피난길에 유대 광야에서 지친 다윗의 몸과 영혼을 소생시켜 주시고 끝까지 의롭게 살도록 인도하신 것입니다. 양은 시력이 좋지 않기 때문에 길을 잃기가 쉽다고 합니다. 하나님은 다윗의 길을 한 걸음 한 걸음 인도하신 것입니다. 하나님의 인도하심의 궁극적인 목적은 하나님의 영광입니다. 성도들이 생명과 의의 길을 지켜야 하나님의 영광도 보존되는 것입니다. '사망의 음침한 골짜기'는 최고의 위험 곧 죽을 것 같았던 순간과 압살롬의 반란을 피하면서 겪은 위기를 뜻합니다. 여호와께서 그때마다 보호하시고 구출해 주셨기에 두려워하지 않는다는 것입니다. 하나님은 원수의 위험에서 다윗의 생명을 안

전하게 보호하셨습니다. 지팡이와 막대기는 거의 같은 의미이지만, 굳이 구분하자면 지팡이는 어둡고 위험한 길을 갈 때 길잡이 역할을 하고, 막대기는 양을 해치려 하는 짐승을 쳐서 쫓는 데 사용되는 것입니다. 때로는 지팡이가 막대기로 쓰이고, 또 막대기가 지팡이로 사용되기도 합니다.

세계에서 가장 능력 있는 영업사원으로 불리는 조 지라드의 일화입니다. 하루는 어떤 중년 부인이 지라드의 매장을 방문했습니다. 부인은 원래 맞은편의 자동차 매장을 찾았는데 담당 직원이 없다며 1시간 후에 오라는 말을 듣고 이 매장으로 온 것이었습니다. 지라드는 부인을 환영하며 자동차를 둘러보게 했습니다. 부인이 말했습니다. "사실 오늘이 제 생일이에요. 그래서 저 자신에게 흰색 자동차를 선물하려고요." 지라드는 축하의 말을 건넨 후 옆의 직원에게 뭐라고 속삭였습니다. 잠시 후 부인과 지라드가 흰색 쉐보레 자동차 앞에 섰을 때, 직원이 커다란 장미 꽃다발을 들고 나타났습니다. "생일을 축하합니다." 부인은 눈물을 글썽이며 말했습니다. "정말 감사해요. 오랫동안 선물을 받지 못했거든요. 원래 사고 싶었던 것은 저쪽 매장의 자동차이지만, 다시 생각해 보니 꼭 그럴 필요는 없겠네요." 지라드는 12년 동안 1만 3,000대의 자동차를 팔아 자동차 판매왕으로 불렸습니다. 그의 판매 비결은 친절과 사람을 존중하는 마음이었습니다. 그리스도인도 항상 친절해야 합니다.

선한 목자가 양을 안전하고 풍요로운 곳으로 인도하듯, 우리 하나님은 우리를 의의 길과 생명의 길로 인도하시기 위하여 지팡이와 막대기로 우리를 보호하셨습니다. 사망의 음침한 골짜기에서도 목숨을 던져 우리를 구원하셨습니다. 그뿐 아니라 우리는 지금까지 부모와 가족과 성도들의 보호와 사랑과 희생으로 살아왔습니다. 그들의 헌신적이고 희생적인 사랑과 친절로 오늘에 이르게 된 것입니다. 거저 된 것도 아니고, 당연한 것도 아닌 이분들의 사랑과 희생과 보호로 우리가 지금 살아 있는 것입니다. 자신을 사랑하는 분들의 은혜와 사랑을 깨달아 감사를 표현하는 정말 친절한 성도들이 되시기를 축원합니다.

3. 이제는 내가 상을 차려 드려야 합니다

"주께서 내 원수의 목전에서 내게 상을 차려 주시고 기름을 내 머리에 부으셨으니 내 잔이 넘치나이다 내 평생에 선하심과 인자하심이 반드시 나를 따르리니 내가 여호와의 집에 영원히 살리로다" (5-6절).

이제 위기가 사라지고 원수가 굴복하며 영광이 넘치는 환대를 받고 있습니다. 원수의 목전에서 상을 차려 주셨다는 것은 그 원수 위에 다윗을 둔 것으로, 원수가 그에게 굴복되었다는 뜻입니다. 다윗은 주변에 그의 생명을 노리는 적이 많았습니다. 3,000명의 특공대를 데리고 다녔던 사울이나 압살롬도 그중 하나였습니다. 그러한 위기 가운데서도 지금까지 다윗은 하나님의 풍성한 대접을 받아온 것입니다. '상을 차려 주시고'는 미완료 시제로, 그것이 과거부터 지금까지의 계속적인 행동임을 시사하고 있습니다. 또 이는 하나님께서 다윗과의 언약 관계를 견고히 하셨음을 나타냅니다. 구약적인 상황에서 하나님 앞에서 음식을 먹는다는 것은 하나님과의 깊은 교제와 언약의 관계에 있음을 뜻합니다. 여기서의 '상'은 밥상을 의미합니다. 하나님의 밥상은 최고의 상입니다. 기름을 머리에 바르는 것은 연회와 잔치에서 귀빈에 대한 우대와 존경을 표시하는 것입니다. 곧 금상첨화입니다(잠 25:11). 잔이 넘쳤다는 것은 주인에게 특별한 대우를 받았다는 뜻입니다. 다윗은 지금 어떤 왕의 상과도 비교할 수 없는 하나님의 상을 받은 것입니다.

'메멘토 모리'(Memento mori), '카르페 디엠'(Carpe Diem), '아모르 파티'(Amor Fati), '화무십일홍'(花無十日紅) 등 이 모든 짧은 단어는 한결같이 우리에게 겸손하게 살라고 말하고 있습니다. 그것이 인간이 상기해야 할 본분임을 깨우칩니다. 날숨 한 번 뱉었다가 들이키지 못하면 죽고, 하늘에서 떨어지는 새똥 하나를 피하지 못하는 게 연약한 우리 인간입니다. 그러니 교만하지 말고 매 순간 자신을 성찰하며 살라고 이르는 말입니다. 우리는 죽음을 기억하고, 운명을 사랑하며, 오늘을 하나님 앞에서 가치 있게 살아야 합니다.

지금 여러분의 나이는 얼마입니까? 아마 어리고, 젊고, 늙고 다 상황이 다를 것입니다. 우리의 시간인 '크로노스'(χρόνος)와 하나님의 시간인 '카이로스'(καιρός)도 다를 수 있습니다. 언제나 죽음을 기억하면서 하나님과 부모와 가족과 성도와 이웃에게 상을 차려 드려야 합니다. 더 받으려 할 것이 아니라, 이제는 내가 상을 차려야 할 차례입니다. 여기에 기쁨과 성숙함과 복이 임하게 되는 것입니다. 모두 가정과 교회와 사회에서 다른 분들에게 상을 차려 드리는 성숙한 삶을 사시기를 축원합니다.

사랑하는 번동 가족 여러분!

우리는 지금까지 넘치도록 하나님과 부모와 가족과 성도들의 상을 받고 살았습니다. 이제는 우리가 그분들에게 상을 차려 드리고, 더욱 성숙하고 행복하게 살아가기를 축원합니다.

오직 하나님의 뜻을 행하는 성도

(요일 2:12-17)

옛날 어느 마을의 한 부자가 자신의 하인 백 명을 한 곳에 불러 모았습니다. 하인들이 모인 자리에는 커다란 항아리가 놓여 있었습니다. 부자가 하인들에게 금화 한 닢과 작은 술 단지를 하나씩 나누어주며 말했습니다. “곧 큰 잔치를 열 것인데, 그동안 맛보지 못했던 특별한 포도주를 연회에서 내놓고 싶다. 그러니 너희는 내가 준 금화로 각자 다른 포도주를 한 단지씩 사 와서 이 큰 항아리에 붓도록 해라. 여러 가지 포도주를 섞으면 어떤 맛이 날지 매우 궁금하구나.” 하인들은 술 단지와 금화를 가지고 각자 포도주를 구하러 떠났습니다. 그런데 한 하인은 주인에게 받은 금화를 자신이 챙기고, 자기 술 단지에 물을 채워 슬그머니 그 큰 항아리에 부어 놓았습니다. ‘이렇게 큰 술 항아리에 물이 조금 섞인 걸 누가 알겠어. 이 금화는 내가 써야겠다.’ 잔치가 열린 날 부자는 포도주를 사 오라고 보낸 하인들을 불러 모아 말했습니다. “오늘의 잔치는 그동안 고생한 너희를 위한 잔치다. 오늘 하루는 너희가 사 온 술을 마음껏 마시며 즐기도록 해라." 그리고 큰 항아리에 담긴 포도주를 모두에게 나누어주었습니다. 그런데 술을 받은 하인들은 모두 깜짝 놀랐습니다. 그들이 술잔에 받은 것은 전부 맹물이었던 것입니다. 백 명의 하인 모두가 '나 하나쯤이야…' 하고 금화를 빼돌리고 물을 가져와 부었던 것입니다. 결국 하인들은 빼돌린 금화도 도로 빼앗기고, 잔치 내내 맹물만 마시고 있어야 했습니다. '나 하나쯤이야…' 하고 가볍게 생각하고 하는 행동은 자신이 얼마나 소중하고 중요한 사람인지도 잊게 만들어 버립니다.

어린아이부터 노인에 이르기까지 나이를 초월하여 성도라면 누구든 하나님의 뜻을 행해야 합니다. 어리든, 나이가 많든 누구도 예외는 없습니다. 하나님의 뜻은 결코 어렵지 않기 때문입니다(신 30:14). 모두가 '나 하나쯤이야…' 하고 불순종하거나 적당히 살면 하나님의 참된 일꾼이 될 수 없고, 하나님의 나라도 완성될 수 없습니다. 지금, 그리고 여기에서 우리에게 주신 하나님의 뜻을 알고 행하는 지혜로운 성도들이 되시기를 축원합니다.

1. 자녀들아

"자녀들아 내가 너희에게 쓰는 것은 너희 죄가 그의 이름으로 말미암아 사함을 받았음이요"(12절).

'자녀들'은 본문 14절의 '아이들'과 동의어로 봅니다. 모든 성도는 근본적으로 예수님의 대속으로 죄 사함을 받은 것입니다. 죄가 하나님과 인간 사이의 교제를 끊고 구원을 가로막았기 때문입니다(사

9:1-2). 이에 사도 바울도 믿음으로 구원받는 이신득의(以信得義)의 교리를 다룬 로마서를 기록하면서 먼저 죄론을 거론하고 있는 것입니다(롬 1:18). 여기서 '사함을 받았음이요'는 완료형 수동태로, 이미 완전히 죄 사함을 받고 있다는 것입니다. '죄'의 원어는 복수 형태로 여러 가지의 죄를 의미합니다. 우리는 예수 그리스도의 이름으로만 죄 사함을 받는 것입니다(행 4:12). '이름'은 히브리적 관점에서 그 사람의 본체를 가리킵니다. 그러므로 우리는 예수 그리스도로 죄 사함을 받은 것입니다. 자녀들도 오직 예수 그리스도의 이름으로 모든 사람과 동등하게 구원을 받은 것입니다. 구원의 유예가 아닌 완성인 것입니다.

전 세계에서 총 865개의 백화점을 운영하고 있는 J. C. 페니 컴퍼니 주식회사(J. C. Penney Company, Inc.)의 창업주 페니(J. C. Penney)는 자신의 성공 비결을 '역경과 신앙'이라고 고백했습니다. "역경은 저에게 성공의 비결을 가르쳐주었고, 예수 그리스도는 성공한 인생을 어떻게 살아가야 하는지 알려주셨습니다." '형통'은 히브리어로 '찰레아흐'(צָלֵחַ)인데, 이는 '나아가다', '추진하다'라는 뜻입니다. 이것이 우리말 성경에서는 '형통', 영어 성경에서는 '성공적인'(successful)이라는 단어로 번역되었습니다. 그리스도인의 형통은 결국 끝까지 말씀을 따라 나아가는 것입니다. 하나님께 나아갈 때 우리는 성공하며, 형통한 사람이 됩니다. 아무리 큰 부와 성공을 거두어도 하나님을 모르면 진정한 형통이 아닙니다. 믿음으로 살아가지 않으면 끝까지 형통할 수 없습니다. 진정한 형통은 끝이 좋아야 합니다. 복권에 당첨되어 억만장자가 되어도 결국 빈털터리가 되면 형통한 삶이라고 할 수 없습니다. 노예가 되고, 누명을 쓰고 옥에 갇혀도 결국 총리가 되었던 요셉처럼, 사자 굴에 갇히고 왕이 몇 번이나 바뀌어도 항상 믿음을 지켜 총리가 되었던 다니엘처럼, 하나님을 향한 믿음을 가슴에 품고 나아갈 때 우리의 삶이 오늘보다 내일, 올해보다 내년이 더욱 형통하게 될 것을 믿으십시오.

믿음을 가진 부모의 첫 번째 사명은 자녀가 하나님을 잘 믿도록 하는 것입니다. 무엇보다 먼저 하나님을 섬기도록 교육해야 합니다. 공부와 물질과 세상에 매이는 자녀가 아니라 하나님의 자녀로 성장하게 해야 합니다. 어려서부터 예배드리고 말씀을 가까이하고 하나님을 경외하는, 사무엘과 같은 자녀가 되게 해야 합니다. 우리 모든 자녀가 어릴 때부터 하나님을 인격적으로 만나고 섬기는 믿음의 자녀가 되기를 축원합니다.

2. 청년들아

"아비들아 내가 너희에게 쓰는 것은 너희가 태초부터 계신 이를 알았음이요 청년들아 내가 너희에게 쓰는 것은 너희가 악한 자를 이기었음이라 아이들아 내가 너희에게 쓴 것은 너희가 아버지를 알았음이요 아비들아 내가 너희에게 쓴 것은 너희가 태초부터 계신 이를 알았음이요 청년들아 내가 너희에게 쓴 것은 너희가 강하고 하나님의 말씀이 너희 안에 거하시며 너희가 흉악한 자를 이기었음이라"(13-14절).

본문은 청년들이 악한 자를 이겼다고 말합니다. '악한 자'의 헬라어 '톤 포네론'(τòν πονηρóν)은 남성 명사입니다. 이는 사탄을 가리키며, 악을 인격화하여 표현한 것입니다. 사탄은 빛과는 상관이 없으며, 어둠의 세계를 조종하고 통제합니다(엡 6:16; 살후 3:3). 빛 가운데

거한다고 주장하면서 형제를 사랑하지 않는 자들은 스스로 빛 가운데 있다고 착각하는 것이며, 사실상 어두운 가운데 행함으로 사탄의 조종 아래 있는 것입니다. '이기었음이라'의 헬라어 '네니케카테'(νενικήκατε)는 현재 완료 시제로, 과거에 성취한 승리가 지속적으로 효력을 발휘하고 있음을 나타냅니다. 그리스도인은 예수 그리스도를 믿었을 때 그리스도의 승리를 통해 승리했으며, 그 승리를 근거로 현재도 지속적으로 사탄과의 영적 전투에서 승리를 쟁취하고 있는 것입니다. 그리스도인은 지속적으로 죄 사함을 받고 하나님과 교제를 나눌 뿐 아니라, 한편으로는 악에 저항하고 투쟁하며 사는 것입니다. 청년들은 그리스도께서 이루신 승리를 믿고 끝까지 사탄과 맞서 싸워야 합니다.

오래전 영국 런던에 책을 옮겨 쓰는 직업을 가진 한 청년이 있었습니다. 당시는 제대로 작동하는 인쇄기가 나오기 전이라 책의 내용을 사람이 하나하나 옮겨 적어야 서점에서 팔 수 있었습니다. 온종일 글을 쓰느라 손이 부르트고 월급도 매우 적었기 때문에 사람들이 기피하는 직업이었지만, 제2차 세계대전 직후라 마땅한 일자리가 없었기에 청년은 묵묵히 자기 일을 했습니다. 주변 사람들은 '작가가 꿈이라더니 고작 남의 글이나 옮겨 쓰는 일을 하고 있느냐'며 손가락질했지만, 청년은 '책을 옮기면서 다른 사람의 글을 읽으니 훌륭한 공부가 되고 있어' 하며 모든 일을 긍정적으로 생각했습니다. 집에 올 때마다 녹초가 되었고, 손도 부르텄지만, 그래도 청년은 조금씩 자신의 글을 써나갔습니다. 청년의 첫 소설은 무려 그의 나이 서른다섯 살에야 겨우 세상에 나오게 되었지만, 이 책은 금세 수백만 부가 팔리며 베스트셀러가 되었고, 훗날 노벨문학상까지 수상했습니다. 《파리 대왕》을 쓴 윌리엄 골딩(William Golding)의 이야기입니다.

꿈이 있는 사람은 어떤 시련에도 인내합니다. 마찬가지로 하나님이 주신 비전을 품고 사는 사람은 어떤 고난에도 포기하지 않습니다. 삶이 힘들고 어려울수록 더 주님이 주신 비전을 바라보고 인내하십시오. 조금만 더 인내하면 아름다운 결과와 열매를 볼 것입니다.

요엘 2장 28절에서는 "그 후에 내가 내 영을 만민에게 부어주리니 너희 자녀들이 장래 일을 말할 것이며 너희 늙은이는 꿈을 꾸며 너희 젊은이는 이상을 볼 것이며"라고 말씀합니다. 젊은이들은 이상과 소망과 비전을 품어야 합니다. 하나님께서 청년들에게 하나님 나라와 세상을 위한 꿈과 비전을 주십니다. 이것을 이루기 위해 최선을 다하며, 악하고 흉악한 자와 싸워 이겨야 합니다. 영적으로 강건해 악한 마귀를 물리쳐야 합니다. 청년들은 자신의 힘이 아닌 하나님의 말씀의 힘으로 승리하게 될 것입니다(시 119:9; 전 12:1). 악하고 흉악한 사탄과 싸워 승리하는 성령 충만한 청년들과 성도들이 되시기를 축원합니다.

3. 아비들아

"아비들아 내가 너희에게 쓰는 것은 너희가 태초부터 계신 이를 알았음이요 청년들아 내가 너희에게 쓰는 것은 너희가 악한 자를 이기었음이라 아이들아 내가 너희에게 쓴 것은 너희가 아버지를 알았음이요 아비들아 내가 너희에게 쓴 것은 너희가 태초부터 계신 이를 알았음이요 청년들아 내가 너희에게 쓴 것은 너희가 강하고 하나님의 말씀이 너희 안에 거하시며 너희가 흉악한 자를 이기었음이라"(13-14절).

하나님은 시대를 초월하여 변함이 없으시며 영원하십니다. 본문은 선재(先在)하신 예수 그리스도에 대해 말씀합니다. 태초부터 계신 예수 그리스도를 언급함으로 당시 팽배해 있던 이단 교리에 대해 공격하고 있습니다. 예수님의 신성을 강조하는 내용입니다. 당시 이단들은 태초부터 계시고 성육신하신 예수님의 신성을 부인했습니다. 저자 사도 요한은 태초부터 계신 그리스도를 언급함으로 이단 교리의 거짓됨을 드러내고 있는 것입니다. "너희가 아버지를 알았음이요"에서 '알았음이요'의 헬라어 '에그노카테'(ἐγνώκατε)는 현재 완료 시제입니다. 이는 이 편지의 수신자들이 처음 믿을 때부터 그리스도께서 이단자들의 가르침과는 정반대로 선재하신 말씀이심을 알았고, 그 믿음이 현재까지 지속되어 신앙이 성숙했음을 뜻합니다. 이단이 득실거리는 시대에 영적 아비들과 지도자들의 책임과 사명이 막중함을 알려주시는 말씀입니다. 아비들은 가정과 교회와 자녀들과 청년들을 잘 지키고 보호하고 양육해야 하는 큰 사명이 있는 것입니다.

조지 휫필드는 미국의 대부흥을 주도했던 위대한 부흥사인데, 사실 그는 미국 태생이 아니라 영국 사람입니다. 여인숙을 하는 부모 밑에서 태어나 큰 은혜를 받고 목회자가 되어 사역하면서 미국에 전도 집회를 하러 많이 왔다가 정착하게 되었다고 합니다. 당시 미국으로 건너온 청교도들이 많았지만, 수적으로는 영국의 국교도가 여전히 많았습니다. 그때는 교회가 세례받은 성도의 숫자만큼 국가의 지원을 받았기 때문에 아이들도 태어나면 바로 유아세례를 주었고, 그 결과 기독교인 10명 중 9명은 거듭나지 않은 명목상의 그리스도인이었습니다. 이 사실을 안타깝게 여긴 휫필드는 거듭나지 못한 명목상의 신자들을 향해 강력한 복음의 메시지를 전하면서 거듭남의 필요성을 강조했습니다. 안타깝게도 당시 교회는 그런 휫필드를 못

마땅히 여겨 교회 문을 열어주지 않았고, 그는 할 수 없이 야외 집회를 인도하는 부흥사가 되었습니다. 휫필드는 타고난 큰 목소리와 호소력이 강한 메시지로 많은 사람을 진정한 회심에 이르게 했습니다. 그는 점차 유명해져 요즘의 유명 연예인이나 운동선수처럼 인기가 있었습니다. 그래서 그는 건강에 무리가 되는 줄 알면서도 집회를 요청받으면 어디든 달려가 말씀을 전하고 참된 중생의 복음을 선포했습니다. 그는 죽기 바로 전날까지도 극도로 건강이 좋지 않은 상태에서 2시간을 설교한 다음, 평소 앓던 천식이 발작해 다음 날이자 자신의 생일인 1770년 9월 30일에 56세를 일기로 주님 품에 안겼습니다. 그는 생전에 "나는 닳아서 없어지기보다 타 없어지기를 원한다"라는 유명한 말을 했는데, 자신의 말대로 불꽃 같은 삶을 살았습니다.

더욱 감동적인 것은 그의 비문입니다. 휫필드는 일반 묘지보다 그의 사역의 근거지였던 올드사우스장로교회에 묻히기를 원했고, 교회는 그의 소원대로 강대상 바로 밑 지하실에 그의 시신을 묻었습니다. 그런데 그의 비문이 너무나 인상적입니다. 보통 위대한 사람들의 비문에는 그의 업적이나 생애를 짧게 요약하는 글을 적는데, 휫필드의 비문에는 이렇게 적혀 있었습니다. "여기 조지 휫필드가 묻혔다. 그가 어떤 사람이었는지는 심판 날에 드러날 것이다"(Here lies G. W. What sort of a man he was, the great day will discover). 놀랍게도 이 비문은 휫필드가 스스로 미리 준비한 것이었습니다. 휫필드는 심판대 앞에 섰을 때 자신의 행위가 다 드러난다는 것을 알고 부끄럽지 않은 인생을 살고자 노력했던 것입니다.

가정이나 교회에서 아비들의 사명은 너무나도 큽니다. 아비들은 희생과 사랑이 있어야 합니다. 신앙의 본을 보여야 합니다. 자녀와 다음 세대에게 신앙을 전수해야 합니다. 조지 휫필드처럼 성령 충만하여 이 시대와 교회와 자녀와 다음 세대를 책임지고 주님께로 인도하는 영적 아비들이 다 되시기를 축원합니다.

사랑하는 번동 가족 여러분!

우리 모두 자녀이든, 청년이든, 아비이든 모든 나이와 세대를 초월하여 세상이나 세상에 있는 것과 육신의 정욕과 안목의 정욕과 이생의 자랑을 좇지 말고, 오직 하나님의 뜻을 행함으로 각자에게 주신 사명을 잘 감당하는 성령 충만한 성도들이 되시기를 축원합니다.

에섹에서 브엘세바까지

(창 26:12-25)

사진 예술에 남다른 꿈과 열정을 가진 한 소녀가 있었습니다. 이 소녀는 이후 무려 72년 동안 카메라와 함께 살아왔습니다. 평생을 사진 예술에 바친 이 거장은 여성 최초의 사진작가로 꼽히는 이모젠 커닝햄입니다. 대학생 때 장학금을 받기 위해 찍은 식물 사진을 시작으로 사진 예술에 매료된 그녀는 사진의 프레임을 그림의 캔버스처럼 상상하며 본격적으로 사진에 빠져들기 시작했습니다. 그리고 1976년 93세의 나이로 생을 마감하기까지 카메라를 손에서 놓지 않았습니다. 그런 그녀에게 생전에 한 기자가 진지하게 물었습니다. "평생 찍은 사진 중에서 가장 아끼는 최고의 명작은 무엇입니까?" 그러자 그녀는 창문 너머로 시선을 돌리며 기자에게 활기차게 말했습니다. "아마 오늘보다 내일 찍게 될 작품일 것입니다." 오늘보다 내일 더 나은 작품을 찍고자 하는 열정이 그녀를 성공적인 작가로 만들었던 것입니다.

누구나 인생을 살면서 예기치 못한 많은 어려움을 겪습니다. 건강이나 재정상의 문제, 인간관계에서의 상처, 자연재해 등 그 어려움은 다양합니다. 특히 사람들로 인하여 겪는 고통은 더욱 견디기 어렵습니다. 그래서 가출이나 이사, 도피를 하게 되고, 심하면 살인이나 자살을 하기도 합니다. 마음 같아서는 나에게 해를 끼친 사람을 찾아 어떻게든 보복하고 싶지만, 성경은 원수를 대적하지 말고 선으로 악을 갚으라고 말씀합니다(잠 25:21-22; 마 5:44; 롬 12:17-19). 그리고 원수에게 베푼 용서와 사랑에 대한 놀라운 승리와 성공과 복을 보장하고 있습니다.

오늘 본문 말씀에 나오는 이삭이 그러한 사람이었습니다. 원수의 나라 블레셋에서 농사를 지은 이삭이 100배의 소득을 얻어 큰 부자가 되었습니다. 상식과 경험을 초월해 창대하고 왕성해져 거부가 되었습니다. 그러자 칭찬과 박수가 아닌 시기와 질투와 추방과 방해가 시작되었습니다. 이러한 극한 상황에서 이삭은 그런 자들에게 온유하게 양보하고 참고 사랑했습니다. 그럴수록 하나님은 그와 함께하셨고 더 크고 놀라운 복을 그에게 부어주셨습니다. 이삭의 모습을 본받아 우리 모두도 시기와 싸움이 가득한 세상에서 하나님께서 주시는 놀라운 은혜와 축복의 주인공이 되기를 축원합니다.

1. 에섹

"그랄 목자들이 이삭의 목자와 다투어 이르되 이 물은 우리의 것이라 하매 이삭이 그 다툼으로 말미암아 그 우물 이름을 에섹이라 하였으며"(20절).

이삭은 목축을 계속하면서 농사를 겸했습니다. 그리고 100배의 결실을 얻게 됩니다(12절). 100배의 추수란 최대의 추수를 말합니다. 이스라엘에서는 일반적으로 많이 추수할 경우 25배에서 50배 정도를 추수하며, 아주 좋은 평야에서는 밀은 80배, 보리는 100배가 수확된다고 합니다. 이삭은 재산을 빼앗고 퇴거를 강요하는 사람들과 다투지 않고 조용히 물러났습니다. 그의 온유한 성격을 보여줍니다. '에섹'은 '억압하다', '강탈하다'의 뜻입니다. 이삭은 불공평하게 강탈을 당했습니다. 이 우물의 이름을 에섹이라고 부른 것을 보면, 이방땅에서 이삭이 겪은 고초와 비애가 어떠한 것인지를 짐작할 수 있습니다. 이삭이 우물을 포기한 것은 힘이 없어서가 아니라 관대한 마음으로 양보한 것입니다. 이삭에겐 마음만 먹으면 얼마든지 동원할 수 있는 사람과 군대가 있었습니다(창 26:16). 그는 땅과 우물이 아니라 하나님이 복을 주신다고 믿었기 때문에 하나님의 뜻대로 살았던 것입니다.

에섹(다툼)은 더 크고 많은 에섹을 낳습니다. 시기는 또 다른 시기와 불행과 죽음을 가져옵니다. 에섹을 이기는 비결은 이삭처럼 온유하게 양보하는 것입니다. 모든 결정권과 해답은 하나님께 있다는 신앙입니다. 이 신앙이 있으면 다 참고 양보하고 온유할 수 있습니다. 우리의 인생이 에섹을 만나 에섹에서 끝나는 불행한 인생이 아니라, 에섹을 넘어 온유함과 양보와 신앙으로 승리하는 이삭과 같은 인생이 되기를 축원합니다.

2. 싯나

"또 다른 우물을 팠더니 그들이 또 다투므로 그 이름을 싯나라 하

였으며"(21절).

'싯나'의 히브리어 '시트나'(שִׂטְנָה)는 '적대감'이라는 뜻으로, 원수같이 기다리고 있다는 뜻의 '사탄'에서 유래했습니다. 이 같은 이름은 새로운 우물을 파려는 이삭의 두 번째 시도가 처음보다 더 악의적인 도전을 받았음을 의미합니다. 첫 우물을 양보한 이삭에게 하나님은 다른 우물을 얻게 하셨고, 그랄의 약탈자들은 그것도 빼앗았습니다. 이삭은 또다시 양보하고 다른 우물을 팠습니다. 속옷을 가지고자 하는 자에게 겉옷까지 준 것입니다(마 5:40). 이는 보기에 따라서는 바보 같은 행동일 수 있습니다.

세상의 모든 현명한 사람은 말을 중요하게 여겼습니다. 그리스의 철학자 솔론은 "말은 행동의 거울이다"라고 했고, 루크는 "말 한마디에 세상을 지배할 힘이 있다"라고 말하기도 했습니다. 그런데 미래를 어둡게 하는 세 마디 말이 있다고 합니다. "다 그런 거지 뭐" "나 하나쯤은 괜찮아" "다른 사람도 다 그래"가 그것입니다. 반대로 미래를 밝게 바꾸는 세 마디 말이 있다고 합니다. 그것은 "다 그런다고 할지라도…" "나 하나만큼은…" "다른 사람이 다 그래도…"라고 합니다. 단 세 마디의 말만 바꿔도 정말 인생이 바뀝니다. 말은 생각에서 나오고, 행동은 말을 따라가기 때문입니다.

세상 사람들은 시기와 미움에서 벗어날 수 없습니다. 에섹과 싯나에서 싸우지 않는 사람은 없습니다. 살든지 죽든지 싸움판으로 끌려들어갑니다. 죽기까지 싸워야 하고, 결국은 죽습니다. 그러나 모든 사람이 다 싸운다 해도, 나만큼은 온유하고 양보하고 하나님을 신뢰하는 믿음으로 살아야 합니다. 에섹을 넘고, 싯나를 넘어 온유함과 믿음으로 살아가는 이 시대의 이삭이 다 되시기를 축원합니다.

3. 르호봇

"이삭이 거기서 옮겨 다른 우물을 팠더니 그들이 다투지 아니하였으므로 그 이름을 르호봇이라 하여 이르되 이제는 여호와께서 우리를 위하여 넓게 하셨으니 이 땅에서 우리가 번성하리로다 하였더라"(22절).

이삭은 블레셋 사람들이 더는 자기들의 영토라고 합법적으로 주장할 수 없는 지역으로 옮겨 우물을 또 팠습니다. '르호봇'은 '넓은 공간'이라는 뜻입니다. 이삭은 새로운 우물을 르호봇이라고 이름 지은 뒤, 하나님께서 그의 가족과 가축들을 위해 적절한 장소를 제공해 주신 것에 감사했습니다. 싸움이 아닌 양보와 온유함을 택한 이삭에게 하나님의 복과 '온유한 자는 땅을 기업으로 받으리라'는 예수님의 팔복이 성취된 것을 보게 됩니다(마 5:5). 이 땅에서 열매를 맺는 번성의 복이 그에게 임한 것입니다. 블레셋 사람들의 갖은 훼방과 핍박에도 끝까지 인내하며 양보해 온 이삭은 하나님으로 말미암은 최후 승리와 번영을 기뻐하고 노래하며 간증하고 선포하고 있습니다(시 37:11).

기독교대학의 하버드라고 불리는 미국 시카고의 명문 휘튼대학교는 노예제도를 반대하던 감리교 목사들이 세웠습니다. 이 학교의 중앙홀 2층에는 이 학교에서 배출한 선교사들의 명단과 사진이 붙어있는데, 이 중 몇몇 사진에는 십자가 표시가 있습니다. 이는 말씀을 전하러 떠난 이역만리 사역지에서 순교를 당한 선교사들을 표시한 것입니다. 남미 에콰도르의 아오카 부족에게 복음을 전하러 갔다가 목숨을 잃은 이야기로 유명한 짐 엘리엇도 이 학교 출신입니다. 짐 엘리엇은 학교에 다닐 때 큐티를 하며 묵상한 내용을 노트에 적곤 했는데 그중에는 이런 내용이 있습니다. "세상엔 끝까지 붙들 수 없는 것을 위해 평생을 바치는 사람이 대부분이다. 그리스도인은 십자가를 끝까지 붙들고 있어야 한다. 젊음도 지나가고, 명성과 쾌락도 결국은 지나가고, 아무리 많은 물질이라도 마지막까지 붙들고 있을 수는 없다. 마지막까지 십자가를 붙드는 사람만이 지혜로운 사람이다."

영원하지 않고 끝까지 붙들 수 없는 것, 땅과 우물을 위해 살지 않고 온유함과 양보와 믿음으로 십자가만 붙들고 살 때, 에섹과 싯나를 넘어 르호봇에 이르게 됩니다. 이 세상과 비교할 수 없이 넓은 르호봇과 같은 하나님 나라를 위해 살아가는 이 시대의 이삭이 다 되시기를 축원합니다.

4. 브엘세바

"이삭이 거기서부터 브엘세바로 올라갔더니 그 밤에 여호와께서 그에게 나타나 이르시되 나는 네 아버지 아브라함의 하나님이니 두려워하지 말라 내 종 아브라함을 위하여 내가 너와 함께 있어 네게 복을 주어 네 자손이 번성하게 하리라 하신지라 이삭이 그곳에 제단을 쌓고, 여호와의 이름을 부르며 거기 장막을 쳤더니 이삭의 종들이 거기서도 우물을 팠더라"(23-25절).

이삭은 르호봇에서 아버지 아브라함이 살던 브엘세바로 올라갔습니다(창 21:33). 하나님께서는 아브라함과 언약을 맺으셨고, 이삭과 그 자손에게도 복을 내리셨습니다. 이삭은 브엘세바에서 단을 쌓아 여호와의 이름을 불렀습니다. 아버지 아브라함의 신앙생활을 그대로 답습한 것입니다. 브엘세바에 장막을 치고 우물을 팠습니다. 이삭의 신앙이 조금 더 하나님 중심주의로 심화해 가고 있다는 증거입니다. 하나님의 은혜로 파는 곳마다 물이 나왔습니다. 이삭은 헤브론으로 이주하여 죽기 전까지 그곳을 떠나지 않았습니다(창 35:23). '세바'(שֶׁבַע)는 '맹세' 또는 '일곱'이라는 뜻입니다. 이삭이 하나님을 잘 섬기고 부모를 공경했을 때 우물 일곱과 일곱 배의 놀라운 복을 주신 것입니다.

여름에 우는 매미는 여름에 불과 15~20일을 살겠다고, 땅속에서 무려 7~17년을 산다고 합니다. 모든 것에 조급해하고 기다리지 못하는 우리와 많이 다른 것 같습니다. 그러다 매미가 되면 그 15~20일을 사는 것도 너무나도 감격스러워 산천이 떠나가도록 밤낮 노래를 부르다 죽습니다. 이것이 매미의 운명이라고 합니다. 매미도 이러한데, 예수 그리스도 안에서 하늘에 속한 신령한 복을 누리며 영원히 살게 된 성도들이 이 짧은 인생이 좀 괴롭다고, 좀 고생스럽다고, 좀 짜증스럽다고 사소한 일에 화내고 원망하고 불평하면서 찬송을 잊으면 되겠습니까? 기도를 잊으면 되겠습니까? 말씀을 잊으면 되겠습니까? 하나님 앞에 나오는 것을 잊으면 되겠습니까? 기쁨을 잊으면 되겠습니까? 감사를 잊으면 되겠습니까? 은혜를 잊으면 되겠습니까? 화평을 잊으면 되겠습니까? 세상 살기가 조금 힘들고 어렵고 괴롭더라도, 하나님 아버지께서 이미 우리에게 주신 하늘에 속한 신령한 복을 기뻐하고 감사하고 찬송하며 살아가시기를 바랍니다. 브엘세바에서 제단을 쌓고 하나님을 경배하며 찬양하는 이 시대의 이삭이 다 되시기를 축원합니다.

사랑하는 번동 가족 여러분!

우리가 사는 세상은 크고 작은 시기와 미움이 끊이지 않고 계속 있습니다. 그러기에 우리는 더욱 이삭과 같은 온유함과 양보와 하나님에 대한 절대적인 믿음으로 살아야 합니다. 복은 땅에 있는 것이 아니라 하나님께 있으며, 하나님을 예배하고 섬기는 것이 참된 복임을 깨달아, 에섹과 싯나를 넘어 르호봇과 브엘세바에 이르는 이 시대의 진정한 이삭이 모두 되시기를 축원합니다.

깨어 기도하라

(마 26:36-46)

요즘 젊은이들을 '메이비 세대'(Maybe Generation)라고 한답니다. 선택의 폭이 넓어져 결정을 못 내리는 애매한 세대라는 것이지요. 어린 시절에 뜻을 정해 우상의 음식을 거부한 다니엘 이야기를 참 많이 들었습니다. 청년 시절에는 주일을 지키려 애쓴 사람의 이야기나 직장 회식에서 술을 거부한 사람의 신앙적 영웅담도 많았습니다. 요즘은 술을 마시는 것이 죄인지, 술을 안 마시는 것이 신앙의 본질인지를 이야기합니다. 세상과 경쟁하려면 주일에도 공부하고 일을 해야 한다고 합니다. 물론 무엇인가를 하고 말고는 신앙의 본질이 아닙니다. 그러나 기준은 있어야 합니다. 다니엘이 뜻을 정하여 죄의 길을 가지 않았던 것처럼, 우리 삶의 기준을 거룩하신 하나님께 맞춰야 합니다. 다니엘은 자신의 삶에 선명하게 그은 선이 있었습니다. 선을 긋는다는 것은 그 선을 지키기 위해 자기 삶과 권리를 일정 부분 절제하고 포기하겠다는 말입니다. 악이 횡행하는 세상에서 명확하게 선을 긋고 지키지 않으면 거룩함의 능력이 설 자리를 잃습니다. 요즘 교회와 신앙인들이 세상에서 힘을 잃는 것은 거룩한 삶을 위해 명확히 선을 긋고 자기 것을 포기한 이야기가 없기 때문입니다. 세상에서 아무것도 잃지 않으려고 버둥거리는 것은 거룩하신 하나님의 주권을 자기 삶에서 포기했다는 말과 다르지 않습니다. 거룩함을 위한 기준으로 단호히 결단하며 참된 경건을 추구하기 위해서는 기도해야 합니다.

기도하지 않으면 어떤 결심도 없고, 선도 없습니다. 그때그때 이익과 편리를 따라 선택하고 합리화하고 주저앉게 됩니다. 그러나 기도하면 분명한 결심과 선이 보입니다. 하나님께서 그것을 지켜낼 수 있도록 지혜와 힘을 더하여 주십니다. 존경하는 사람들이나 부모님의 말씀도 귀 기울여 듣고 따르면 유익이 됩니다. 하물며 우리에게 생명을 주시고 구원하신 예수님의 말씀에 순종하는데 놀라운 응답과 기적과 복이 반드시 임하지 않겠습니까? 그 예수님께서 어려운 시대를 살아가고 있는 우리에게 깨어 기도하라고 말씀하십니다. 어려움이 있어도 순종하면서 기도하면 반드시 그 이유를 알게 되고, 놀라운 복을 경험하게 됩니다. 깨어 기도하여 놀라운 기도의 응답과 복을 경험하는 성도들이 다 되시기를 축원합니다.

1. 기도하시는 예수님

"이에 예수께서 제자들과 함께 겟세마네라 하는 곳에 이르러 제자들에게 이르시되 내가 저기 가서 기도할 동안에 너희는 여기 앉아 있으라 하시고"(36절).

'겟세마네'는 '기름 짜는 틀'이라는 뜻입니다. 당시 이곳에서 감람 기름을 짰기에 생긴 이름입니다. 예수님께서 이곳에서 몸의 진액과 땀과 피를 짜내시며 기도하셨습니다. 예수님께서는 유대 지방에 계실 때 이곳에 자주 오셨습니다. 예루살렘 성벽에서 약 3리 정도 떨어진 이곳은 기드론 시내를 건너 감람산 서쪽 지점에 있었습니다. 예수님의 정확한 장소 지정에 따라 세 제자는 예수님과 더욱 가까이 있게 되었고, 나머지 제자는 예수님에게서 어느 정도 떨어져 있게 되었습니다. 제자들은 제자의 위치에서 기도해야 했습니다. 그들이 주님과 동등한 자격으로 기도에 참여할 수는 없는 것입니다. 이 기도에서는 오직 한 아들이 계시고, 한 중보자가 계십니다(Bengel). 예수님은 제자들과 조금 떨어져, 속마음을 그들에게 꺼내 보이지 않으시고 오직 홀로 하나님 아버지께 나아가 호소하며 간절히 기도하셨습니다.

성공학의 거장인 브라이언 트레이시는 그의 책 《잠들어 있는 시간을 깨워라》에서 천재들에겐 공통점이 있다고 말합니다. 그가 느낀 천재들의 공통점은 경이감입니다. 경이감은 모든 사물과 사건을 익숙하게 쳐다보지 않는 능력입니다. 또 마치 대상을 처음 본 것처럼 어린아이와 같은 마음으로 바라보고 그 앞에서 경탄할 줄 아는 마음입니다. 다음은 트레이시가 들려주는 우화입니다. 천재들만 사는 나라가 있었습니다. 그 나라에서 어느 날 아침 태양이 떠올랐습니다. 그때 텔레비전에서 속보가 흘러나옵니다. "속보를 알려드립니다. 오늘도 어제와 같이 태양이 떠올랐습니다." 그랬더니 이 뉴스를 보던 사람이 모두 저마다 손뼉을 치며 감탄했습니다. 그들은 서로의 얼굴을 보면서 이렇게 말합니다. "아니, 세상에, 저 하늘의 큰 태양이 오늘도 떠올랐다니요! 정말 놀랍고 신기하지 않아요?" 탁월한 영성을 가진 영적인 천재들도 이와 같습니다. 작은 일을 보면서 경탄하며 감사할 줄 압니다. 감사가 무뎌진 마음은 길가의 밭처럼 딱딱하고 단단해진 마음입니다. 매일의 익숙한 일에서 하나님의 놀라운 손길을 볼 줄 아는 사람이 살아 있는 영성을 가진 사람입니다.

기도하시는 예수님의 모습을 보면서 우리도 경탄하고 감동해야 합니다. 기도를 안 하셔도 되는 예수님이 우리보다 더 기도하시는 것을 보면서 놀라워하며 감탄해야 합니다. 예수님은 행동과 삶으로 기도를 교육하신 것입니다. 기도하라고 말씀만 하시고 그냥 쉬셔도 되는 예수님께서 직접 기도가 삶이고, 삶이 기도인 영적으로 충만한 모습을 보여주신 것입니다. 새벽이든 밤이든 언제 어디서나 기도하시고, 때로는 겟세마네 동산에 오르셔서 기도하셨던 예수님을 따라 기도하는 성도들이 다 되시기를 축원합니다.

2. 기도를 부탁하시는 예수님

"베드로와 세베대의 두 아들을 데리고 가실새 고민하고 슬퍼하사 이에 말씀하시되 내 마음이 매우 고민하여 죽게 되었으니 너희는 여기 머물러 나와 함께 깨어 있으라 하시고"(37-38절).

마가는 좀더 구체적으로 베드로와 야고보와 요한이라고 그들의 이름을 밝히고 있습니다(막 14:33). 이 세 제자는 예수님께서 가장 신임하는 자들로서 변화산에서도 예수님의 영광을 목격했고(마 17:1), 이곳 겟세마네에서도 예수님의 고민과 슬픔을 목격하게 되었습니다. 그들은 예수님의 영광과 고난의 증인으로 오늘 우리에게 예수님의 행적을 전해주고 있습니다. '고민'의 헬라어 '아데모네인'(ἀδημονεῖν)

은 극한 불안과 근심을 뜻하는 말이며, '슬픔'의 헬라어 '뤼페이스다이'(λυπεῖσθαι)는 마음의 갈피를 잡을 수 없을 만큼 깊은 슬픔을 의미합니다. 인성을 그대로 드러내시는 인간 예수님의 모습입니다. 우리의 고난을 그대로 당하신 것입니다. 예수님은 세 제자에게 '나와 함께 깨어 있으라'고 기도를 부탁하셨습니다. 제자들이 예수님의 고난에 본질적으로 참여할 수는 없다 할지라도, 인간적인 연민과 기도로 동참해 주기를 원하셨습니다. 예수님은 자신에게 다가오는 인류 구속을 위한 죽음의 그림자를 분명하게 보고 계셨습니다. '깨어 있으라'의 헬라어 '그레고레이테'(γρηγορεῖτε)는 현재형 동사로, 계속적으로 잠에서 깨어 일어나 있으라는 의미입니다. 또 이 말씀은 앞으로 어떤 일이 발생할지 모르므로 정신을 차리고 깨어 있으라는 경계의 말씀입니다.

상가 2층 개척교회에서 사역하시는 목사님이 어느 날 아침 집에 쌀이 떨어졌다는 사실을 알게 되었습니다. 그런데 그날 낮에 어느 성도님이 어떻게 알았는지 쌀을 한 자루 가지고 왔습니다. 그날 저녁 목사님이 화장실에 가려고 밖으로 나오는데 교회당 안에서 이상한 소리가 들렸습니다. 조심스럽게 다가가 들여다봤더니, 도둑이 낮에 집사님이 갖다 놓은 쌀자루를 어깨에 메려고 낑낑대고 있는 게 아닙니까! 목사님은 뒤로 살금살금 다가가 도둑이 어깨에 잘 멜 수 있도록 쌀자루를 살짝 밀어주었습니다. 이상한 낌새에 뒤를 돌아본 도둑이 '으악!' 하고 놀라자, 목사님이 입에 손을 갖다 대며 말했습니다. "쉿! 조용히 하게, 그리고 빨리 나가게." 도둑은 쌀자루를 메고 후다닥 도망쳤습니다. 다음 날 아침 교회에서는 쌀자루를 도둑맞았다고 한바탕 소동이 일어났습니다. 그런데 그다음 주일 예배 시간에 목사님이 설교를 시작하려는데 성도들 틈에 낯선 어떤 사람이 깨끗하게 옷을 차려입고 앉아 있는 것을 발견했습니다. 바로 그 쌀 도둑이었습니다. 이것은 실제로 있었던 이야기입니다.

무엇이든 심은 대로 거둡니다. 기도와 구제와 사랑도 심은 대로 거둡니다(갈 6:7-10). 기도를 부탁하는 사람은 이미 기도의 응답과 능력을 체험한 사람입니다. 기도의 능력을 체험하지 못한 사람은 누구에게도 기도를 부탁하지 않습니다. 아울러 보통 기도를 안 하는 사람에게는 결코 기도를 부탁하지 않습니다. 그러므로 기도를 부탁하고, 또 부탁을 받는 사람들은 기도의 능력자들입니다. 기도 부탁을 받으면 즉시 기도해야 하고, 기도할 때마다 그 부탁받은 기도를 해야 합니다. 기도가 공수표가 되거나 부도가 나면 안 됩니다. 예수님이 세 제자에게 기도를 부탁하신 것처럼 기도를 부탁하고 또 기도 부탁을 받으면, 사명감을 가지고 깨어 기도하는 성도들이 다 되시기를 축원합니다.

3. 기도하라고 명령하신 예수님

"시험에 들지 않게 깨어 기도하라 마음에는 원이로되 육신이 약하도다 하시고"(41절).

'마음'의 헬라어 '프뉴마'(πνεῦμα)는 육신과 반대되는 개념으로, 하나님께서 인간에게 나누어주신 하나님의 형상입니다. 영혼과 사리를 판단할 수 있는 이성을 의미합니다. 육신적인 유혹과 충동은 마음의 선한 의지를 무참히 짓밟아 버릴 수 있습니다. 이것이 인간이 지닌 유약함입니다. 예수님은 자신의 어려움보다 훨씬 덜한 제자들의 어려움을 염려해 주셨던 것입니다. 마음으로는 원하더라도 육신의 본능을 지닌 인간은 당면한 시험을 스스로 이기지 못합니다. 육신의 약함을 극복하기 위해서는 깨어 기도하는 것이 유일한 방법이며, 기도 외에 다른 대안은 없습니다(막 9:29).

심리학 용어 중에 '호손 효과'(Hawthorne Effect)라는 것이 있습니다. 자기 행동이 관찰되고 있음을 알 때 자신의 행동을 조정하거나 순화하는 현상을 말합니다. 1920~1930년대 미국 전기 엔지니어링 및 제조 회사인 웨스턴 일렉트릭의 호손 공장에서 생산 능률에 관한 여러 실험을 했습니다. 그 결과 생산 능률이 오르고 지속적으로 유지되는 데 영향을 끼친 것은 조명의 밝기, 휴식 시간, 임금 지급 방식 등 노동 환경이 아니었습니다. 그것은 연구진들이 실험을 위해 자신들을 지켜보고 있다는 점이었습니다. 노동자들은 자신들이 관찰되고 있기에 최선의 결과를 보여주고자 열심히 일했던 것입니다. 우리 역시 하나님이 늘 나를 보고 계신다는 '하나님 앞에서'의 의식으로 모든 언행을 결정해야 합니다. 우리의 믿음이 살아 있는 믿음, 큰 믿음, 상급 받을 믿음인지, 아니면 '해로운' 신앙의 '해로운' 신자로 주변과 교회에 해를 끼치는 믿음인지 늘 살펴보아야 합니다. 하나님은 행동으로 보이는 믿음을 원하십니다. 신앙인은 하나님을 알수록 더욱 순결하고 거룩하고 깨끗해져야 합니다. 하나님의 요구임을 알기에 죄를 버리고 날마다 성품을 다듬어 가며 하나님이 원하시는 고귀한 선택을 해야 합니다. 우리의 지성과 감성과 의지를 모두 활용해 우리 믿음이 진짜임을 증명해 보이며 살아야 합니다. 그래야 한국 교회가 살아납니다.

진정한 기도는 우리 자신이 아닌 하나님의 뜻과 원대로 하는 것입니다. 모든 기도는 때가 있습니다. 기도할 때 기도하지 않으면 위기의 상황에서 주님을 부인하고 저주하게 됩니다(마 26:70-74). 기도의 승리가 신앙과 삶의 승리가 되는 것입니다. 어떤 이유와 변명도 앞세우지 말고 기도하라는 명령에 순종할 때 완전한 응답이 임하게 됩니다. 그것이 '그래'이든, '기다려'이든, '안 돼'이든 우리에게 가장 좋은 것으로 하나님의 시간(카이로스 καιρός)에 반드시 응답해 주십니다. 기도하라는 예수님의 말씀에 절대 순종하는 성도들이 다 되시기를 축원합니다.

사랑하는 번동 가족 여러분!

기도하시는 예수님께서 우리에게 기도를 부탁하셨고, 또 기도하라고 명령하셨습니다. 깨어 기도하는 교회와 성도들이 되시기를 축원합니다.

거룩한 씨가 되어라

(사 6:6-13)

인생은 짧습니다. 어제만 해도 태아였는데 오늘은 뻣뻣한 시체가 됩니다. 그런데 다른 각도에서 보면 인생은 또 깁니다. 수많은 시련에도 삶의 불꽃은 쉽게 꺼지지 않고, 숭고한 이상을 한 번쯤은 멋있게 펼칠 충분한 시간이 있기 때문입니다. 또 육체의 삶만이 삶의 전부는 아니기 때문입니다. 인생의 목표는 무덤이 아닙니다. 모든 영혼은 무덤 너머의 영원을 사모합니다. 인생은 한낱 공허한 '한여름 밤의 꿈'이 아닙니다. 돌과 강철로 만들어진 높은 마천루가 언젠가는 무너지고, 구름 위에 우뚝 선 높은 산이 언젠가는 조각이 될지라도 인생의 잔영들은 영원히 남아 있을 것입니다. 인생의 영원성은 영원한 신비입니다. 그래서 사람들은 가끔 묻습니다. '인생이 무엇인가?' 니체는 말했습니다. "인생은 배우다." 때로는 웃다가, 때로는 울다가 끝나는 것이 인생이라는 것입니다. 그는 인생을 장난처럼 보았습니다. 쇼펜하우어는 말했습니다. "인생이란 무의미하다. 그러므로 빨리 죽는 것이 낫다." 항상 회의 속에 살았던 그는 인생을 가치 있게 여기지 않았습니다. 톨스토이는 그의 책 《부활》에서 이렇게 말합니다. "인생은 강과 같다. 같은 물이지만 때로는 빠르고 때로는 느리며, 때로는 넓고 때로는 좁으며, 때로는 맑고 때로는 흐리며, 때로는 따뜻하고 때로는 차다. 인생도 마찬가지다." 그는 인생을 변화무쌍한 것으로 보았습니다. 파스칼은 《팡세》에서 말합니다. "사형선고를 받아 사슬에 묶인 사람들이 있는데, 그중 몇 명이 매일 그들이 보는 데서 처형되고 남은 자는 자신의 운명이 그들과 같으리라고 여기고 슬픔에 잠겨 희망도 없이 서로 얼굴을 쳐다보며 자기 차례를 기다리는 그것이 인생이다." 그는 절대자를 모르는 인생의 비참함과 맹목적인 면을 그렇게 표현했습니다. 인생은 정의할수록 불안이란 이름의 불개미 떼들이 의식의 붉은 바위 그늘 밑을 점령해 나가는 것 같습니다. 그래서 시인 하이네는 "바닷가에서 '바다야! 인생이 무엇이냐?' 하고 외쳤더니 파도만 철썩철썩하더라"라고 말했습니다. 인생은 정의가 필요 없다는 말입니다.

어느 날 한 여성이 영국 문호 칼라일에게 편지했습니다. "인생이 무엇인가요?" 칼라일이 대답했습니다. "젊은 자매여, 광대하고 복잡한 문제로 뛰어들지 말고, 간단하고 정결한 삶에서 자족을 배우시고 매일의 일과에 충실하세요." 그렇습니다. 우리는 인생을 정의할 필요가 없습니다. 다만 우리의 인생길이 아름답게 펼쳐지도록 노력할 필요는 있습니다. 인생이 고통의 황무지라면, 우리는 그 황무지에 샤론의 장미꽃을 피우며 살아가면 됩니다. 샤론의 꽃이 우리 마음에 피어나 우리의 영혼이 영원의 꽃향기를 날리는 인생이 된다면 얼마나 아름다운 일입니까?

최고의 인생은 하나님을 만나, 하나님을 믿고 섬기고 충성하는 것입니다. 이것이 참된 복이며 선물입니다. 여기에 진정한 행복과 쉼과 만족이 있는 것입니다. 허무하게 살다 사라지고 불행하게 지옥으로 떨어지는 인생이 아니라 하나님의 거룩한 씨가 되는 최고의 복이 우리 모두에게 임하기를 축원합니다.

1. 죄 사함을 받아야 합니다

"그때에 그 스랍 중의 하나가 부젓가락으로 제단에서 집은바 핀 숯을 손에 가지고 내게로 날아와서 그것을 내 입술에 대며 이르되 보라 이것이 네 입에 닿았으니 네 악이 제하여졌고 네 죄가 사하여졌느니라 하더라"(6-7절).

웃시야왕은 16세에 즉위하여 52년간 통치하며 국위를 크게 선양했고, 하나님의 사업에도 열성적이었습니다. 그러나 그 열성이 지나쳐 제사장의 직무를 대행하려다 하나님의 징계를 받아 나병환자가 되기도 했습니다. 이사야는 자신의 친척인 웃시야왕이 죽었을 때 적지 않은 충격과 실망을 안고 성전에 올라갔습니다. 세상적으로 실망했을 때가 곧 하나님을 만날 수 있는 때입니다. 이사야는 성전에서 웃시야의 보좌와 비교할 수 없는 하나님의 보좌와 영광의 환상을 보았습니다. 여섯 날개를 가진 천사들을 보았습니다. 이사야는 거룩하신 하나님의 임재 앞에서 두려움에 떨며 죄를 회개했습니다. 그러자 천사 중 하나가 핀 숯을 이사야 입술에 대며 '네 악이 제하여졌고, 네 죄가 사하여졌다'라고 말했습니다. 이는 죄를 정결하게 하신 표적이었습니다. 입술이 부정하다고 고백하는 이사야에게 그 입술을 불로 지져 정결하게 하신 것입니다. 입술의 죄가 모든 죄를 대표하기에 입을 정결하게 하심은 모든 죄를 정결하게 하신 것과 같습니다. 오직 하나님만이 우리의 모든 죄를 정결하게 하실 수 있습니다.

죄에 대한 많은 정의가 있지만, 개인적으로 감리회 창시자인 존 웨슬리의 어머니 수산나 웨슬리의 정의가 가장 좋은 듯합니다. 죄의 본질을 정확히 짚어 냈다고 생각하기 때문입니다. 그녀는 공식적인 교육을 받지 않았지만, 바르고 깊은 통찰력으로 죄에 대해 이렇게 정의했습니다. "당신 양심의 예민함을 둔화시키는 것은 무엇이든, 하나님에 대한 당신의 감각을 둔하게 만드는 것은 무엇이든, 영적인 것에 대한 당신의 갈망을 약화하는 것은 무엇이든, 당신의 영혼보다 육신을 더 강화하는 것은 무엇이든, 그것이 아무리 순수해 보이더라도 죄가 됩니다." 이 기준을 우리 자신에게 정직하게 적용한다면 아마 죄의 목록은 무섭게 불어날 것입니다. 속으로 '큰일 났다! 나는 꼼짝없는 죄인이로구나!' 하고 탄식한다면 다행입니다. 그렇게 느껴야 합니다. 자신이 죄인이라는 사실을 인정할 때 우리는 우리의 죄에 분노하고 절망할 것입니다. '주님이 내 안에, 내가 주님 안에 산다'고 말할 수 있는 사람은 죄의 유혹과 죄에 대한 진노에서 해방됩니다. 거룩하신 예수 그리스도와 사귀어 살면 우리 존재가 하나님께 조율되어 갑니다. 예수 그리스도를 주님으로 영접하면 성령의 능력 안에서 거듭나게 되고, 죄를 미워하게 됩니다. 그리고 생각하는 것과 말하는 것과 행동하는 것에서 하나님의 형상이 드러납니다.

죄에 대해 예민하고 조심하면 하나님은 죄 사함의 은혜를 우리에게도 베푸십니다. 죄 사함을 받은 사람이 자유인이고, 행복한 사람이고, 그리스도인입니다. 예수 그리스도의 온전한 속죄 행위로 인하여 짐승을 잡거나 숯을 입에 대는 제사는 이제 불필요하게 되었습니다. 모두 오직 예수 그리스도의 보배로운 피와 십자가의 복음으로(히 9:12, 10:10, 12, 14) 완전하고 영원한 죄 사함을 받아 하나님 나라와 교회의 거룩한 씨가 되시기를 축원합니다.

2. 순종해야 합니다

"내가 또 주의 목소리를 들으니 주께서 이르시되 내가 누구를 보내며 누가 우리를 위하여 갈꼬 하시니 그때에 내가 이르되 내가 여기 있나이다 나를 보내소서 하였더니"(8절).

이사야가 새로운 사명을 받는 장면입니다. 하나님의 임재 앞에 죄를 고백한 이사야는 죄 사함을 받은 뒤 곧 새 사명을 받았습니다. 이사야가 처음으로 사명을 받은 것이 아니라, 이미 부르심을 받았는데(사 1:1) 이때 큰 은혜를 받으며 사명을 재확인한 것입니다. 죄에서 정결함을 받은 이사야는 즉시 영의 귀가 열려 하나님이 부르시는 소리를 들었습니다. 부르심의 목적은 하나님을 위한 것이고, 부르심의 대상은 이 백성이며, 부르심을 받은 자는 이사야였습니다. 여기서 참된 사명감과 소명감의 내용이 분명하게 드러납니다. 일하는 자 중에는 자기 자신을 위해 일하는 자가 있고, 백성과 하나님을 위하여 헌신하는 자도 있습니다. 또 삯을 위해 일하는 삯꾼도 있습니다(요 10:12-13). 하나님을 위해 헌신할 때 다른 사람들에게 도움이 되고 자신에게 은혜가 됩니다. 하나님의 부르심에 이사야는 즉각적으로 응답합니다. "내가 여기 있나이다 나를 보내소서." 참으로 귀한 모습입니다. 이사야는 모세나(출 3:11, 4:13) 에스겔처럼(겔 2:8)

거절하지 않고 즉시 수락하고 순종했습니다. 앞서 자기 부정의 태도(사 6:5)와는 모순되는 듯하지만, 진정한 소명에는 자기 부정과 긍정이란 모순이 조화되는 것입니다. 하나님 앞에서는 이처럼 겸손해야 합니다.

조지 뮬러는 그의 평생에 5만 번의 기도 응답을 받은 사람으로 알려져 있습니다. 그는 젊은 날에 시편 68편 5절의 "하나님은 고아의 아버지시며 과부의 재판장이시라"라는 말씀을 읽고 영혼이 흔들리는 큰 감동을 받아 길가에 버려진 고아들을 돌보기 시작했습니다. 그 후 그는 66년 동안 일만 명이 넘는 고아를 먹이고 입히고 가르치며 살았습니다. 그가 그렇게 살 수 있었던 비결은 성경 말씀과 기도였습니다. 그는 하루 중 2~4시간은 반드시 기도했습니다. 기도하기 전에 그는 먼저 성경 말씀을 깊이 묵상했습니다. 그는 빌립보서 4장 19절의 "나의 하나님이 그리스도 예수 안에서 영광 가운데 그 풍성한 대로 너희 모든 쓸 것을 채우시리라"라는 말씀을 글자 그대로 믿었습니다. 그에게 어느 날 한 기자가 물었습니다. "목사님은 어떻게 그렇게 훌륭한 일을 할 수 있었습니까?" 그는 다음같이 답했습니다. "나는 평생 성경을 200번 읽었습니다. 단 한 번도 싫증을 느낀 적이 없지요. 내가 성경을 읽지 않았던 3년은 '잃어버린 시간'이었습니다. 하루라도 하나님의 말씀을 먹지 않으면 영적인 활력을 얻을 수가 없습니다. 내 사역의 힘은 성경입니다." 날마다 성경을 읽고 기도드리는 생활은 그의 삶의 활력소이자 길잡이였습니다. 조지 뮬러는 스스로에 대해 말하기를 자신은 특별한 은사를 가진 사람이 아니라 지극히 평범한 보통 사람이라고 했습니다. 다만 성경의 약속을 신뢰하여 5만 번의 기도 응답을 받을 수 있었을 뿐이라고 했습니다. 다만 '겨자씨만 한 믿음이 있으면 산을 옮길 수 있다'는 예수님의 말씀을 실천하여 증명했을 뿐이라고 했습니다. 오늘을 살아가는 우리에게도 이러한 절대적인 믿음이 있어야 합니다(마 17:20).

'나를 보내소서'는 '나는 준비되어 있습니다'라는 뜻입니다. 하나님은 이사야처럼 준비된 사람을 사회 각 분야에서 찾고 계시며, 또 사용하십니다. 가슴의 뜨거움과 불타는 소명감이 있다면 하나님은 반드시 사용하십니다. 조지 뮬러처럼 기도와 말씀으로 준비하면 하나님이 반드시 크게 사용하십니다. 기도, 말씀, 순종과 하나님의 사명과 소명은 정비례하는 것입니다. 모두 하나님께 절대 순종함으로 이 시대에 복음과 선교의 거룩한 씨가 되시기를 축원합니다.

3. 그루터기가 됩시다

"그중에 십 분의 일이 아직 남아 있을지라도 이것도 황폐하게 될 것이나 밤나무와 상수리나무가 베임을 당하여도 그 그루터기는 남아 있는 것같이 거룩한 씨가 이 땅의 그루터기니라 하시더라"(13절).

이스라엘의 인구 대부분이 바벨론의 포로가 되거나 죽고, 그중의 일부인 10분의 1이 남아 있을지라도 그들마저 멸망하여 결국 전 인구가 멸망한다는 것입니다. 이스라엘 백성의 대부분이 바벨론의 포로로 잡혀가고, 일부는 애굽으로 도피했을 때(렘 44:11-27), 느부갓네살왕은 이스라엘 땅에 비천한 국민은 남겨두어 포도원을 다스리는 자와 농부가 되게 했습니다(왕하 25:12; 렘 39:10). 상수리나무는 참나무과(Oak)에 속하는 테레빈(terebinth)목으로 지중해 연안이 원산지입니다. 아브라함이 이 상수리나무 아래서 제단을 쌓아 하나님께 경배하였을 때 하나님이 그에게 나타나심으로 거룩한 나무가 되었습니다

(창 12:6-7). 밤나무와 상수리나무는 잘라도 그 뿌리에서 새싹이 나옵니다. 밤나무와 상수리나무가 베임을 당한 것 같아도 그루터기가 남아 있어 거기서 새싹이 나 새로운 나무가 되는 것처럼, 이스라엘이 그 죗값으로 지금은 전멸당한 것처럼 보이나 그것이 끝이 아니라 거룩한 씨가 남아 있다는 것입니다. 남아 있는 그루터기가 거룩한 씨로 불린 것은, 그들이 회개하여 아브라함에게 언약하신 선민의 대통을 이어갈 것이기 때문입니다. 남아 있는 그루터기에서 '남은 자' 사상이 발전했습니다. '남은 자' 사상의 구약적 배경 중 또 하나는 엘리야 시대에 바알에게 무릎 꿇지 않은 7천 명입니다(왕상 19:18). 바울은 이 남은 자의 구원을 영적으로 그리고 종말론적으로 해석하여 마지막에 구원받는 이스라엘에 적용하고 있습니다(롬 9-11장).

서양 연극 중 생명이 15분밖에 남지 않은 한 젊은이를 주인공으로 한 "단지 15분"이라는 작품이 있습니다. 주인공은 어려서부터 총명했으며, 뛰어난 성적으로 박사과정을 수료하고 논문 심사에서도 극찬을 받았습니다. 이제 학위 받을 날짜만 기다리면 되는 상황이었고, 그의 앞날은 장밋빛 그 자체였습니다. 그런데 어느 날 가슴에 심한 통증을 느껴 정밀 검사를 받았는데 시한부 인생이라는 청천벽력 같은 진단이 떨어진 것입니다. 그것도 남은 시간은 단 15분이었습니다. 그는 망연자실했습니다. 이 모든 상황이 믿기지 않았습니다. 그렇게 5분이 지나갔습니다. 이제 남아 있는 인생은 10분이었습니다. 이때 그가 누워 있는 병실에 한 통의 전보가 날아들었는데, 억만장자였던 삼촌이 방금 돌아가셨다는 것입니다. 그리고 그의 재산을 상속할 사람이 자기뿐이니 속히 상속 절차를 밟아달라는 것이었습니다. 그러나 죽음을 앞둔 그에게 재산은 아무 소용이 없었습니다. 그렇게 운명의 시간은 또다시 줄어들었는데, 그때 또 하나의 전보가 도착했습니다. '당신의 박사 학위 논문이 올해의 최우수논문상을 받게 되었음을 알려드립니다. 축하합니다!' 하지만 이 축하 전보도 그에게는 아무런 위안이 되지 못했습니다. 그리고 다시 절망에 빠진 그에게 또 하나의 전보가 날아왔지만, 그 전보도 그의 시계를 멈추게 할 수는 없었습니다. 마침내 15분이 다 지나고, 그는 숨을 거두었습니다.

이 연극은 한 인간의 삶을 15분이라는 짧은 시간으로 응축해 보여줍니다. 이 청년의 삶은 우리 모두의 삶과 같습니다. 젊은 시절의 꿈을 좇아 정신없이 달리다 보면 어느새 머리카락이 희끗희끗해집니다. 그리고 인생의 진정한 의미를 깨달을 즈음이면 남은 시간이 별로 없다는 것을 발견하게 되는데, 그때 가서 후회한들 아무 소용이 없습니다. 시간은 강물과 같아서 막을 수도 없고, 되돌릴 수도 없기 때문입니다. 그러나 이 물을 어떻게 흘려보내느냐에 따라 시간의 질량도 달라질 수 있습니다. 세네카는 말했습니다. "인간은 항상 시간이 모자란다고 불평하면서 마치 시간이 무한정 있는 것처럼 행동한다." 정말 시간의 빠른 흐름이 새삼 느껴지며 참으로 두렵기까지 합니다. 지금 이 순간도 시간은 쉼 없이 흘러가고 다시는 돌아오지 않습니다. 시간은 매사에 멈추는 법도, 또 더디게 흘러가는 법도 없는데, 그렇다고 해서 시간을 저축하거나 남에게서 빌릴 수도 없는 것입니다. 또 시간이 우리에게 무한정 주어지는 것도 아니며, 길어야 고작 100년의 삶을 우리 인간들은 살고 있는 것입니다. 시간은 곧 우리의 생명인 것입니다. 그러므로 시간을 헛되이 사용하면 안 됩니다. 우리 인생길에 누군가 늘 곁에 있다면 언제나 행복하고 희망찬 나날이 될 것입니다. 한 번뿐인 인생에서 마음을 활짝 열고 다른 사람에게 베풀 수 있는 것은 다 베풀어 보시기 바랍니다. 베풀며 살면 그 삶에 기쁨과 행복이 가득할 것입니다.

우리 모두 없는 것 때문에 불평하거나 포기하지 않고 아직 남아 있는 그루터기에 대한 희망과 믿음을 가지고 교회와 가정의 그루터기 곧 거룩한 씨가 되기를 축원합니다.

사랑하는 번동 가족 여러분!

모두 죄 사함을 받고, 하나님의 부르심에 순종하고, 남은 그루터기가 되어 이 시대에 하나님의 거룩한 씨가 되시기를 축원합니다.

너는 복이 될지라

(창 12:1-9)

기독교 신자들이 '예수쟁이' 또는 '예수꾼'이라고 불리던 때가 있었습니다. 상당히 익살맞으면서도 생각해 보면 바르게 붙여준 별명 같습니다. '예수쟁이' 또는 '예수꾼'이라 함은 '예수로 먹고사는 사람', '예수밖에 모르는 사람', '예수에 미친 사람'이라는 뜻이 아니겠습니까? 얼마나 좋습니까? 적어도 '예수꾼'이라는 말을 들으려면 '예수로 시작해서 예수로 끝나는 사람'이어야 합니다.

우리나라는 정착 생활을 하는 농경 사회였으며, 더군다나 전쟁을 치른 민족이어서 우리 주변에는 유난히도 고향을 그리워하는 사람이 많습니다. 타향살이에 관한 서글픈 사연과 시와 노래와 한이 많습니다. 가족과 친척과 부모가 있는 고향을 떠나는 것은 누구나 어렵고 고통스러운 것입니다. 오늘 본문에는 이러한 마음의 안정과 상황의 안락함이 있는 고향을 떠나 나그네 생활을 시작하는 75세의 노인 아브람이 등장합니다. 아브람은 하나님의 명령을 따라 보이지 않는 목적지를 향해 가족과 함께 나그넷길을 떠났습니다. 오늘 본문을 통해 이 나그네의 여정에서 하나님이 아브람에게 무엇을 원하셨고, 아브람을 어떻게 연단하셨으며, 어떤 사람으로 만드셨는지를 살펴보면서 우리도 우리의 인생길을 아브람처럼 살아가도록 결단하기를 축원합니다.

1. 순종하라

"여호와께서 아브람에게 이르시되 너는 너의 고향과 친척과 아버지의 집을 떠나 내가 네게 보여줄 땅으로 가라 내가 너로 큰 민족을 이루고 네게 복을 주어 네 이름을 창대하게 하리니 너는 복이 될지라 너를 축복하는 자에게는 내가 복을 내리고 너를 저주하는 자에게는 내가 저주하리니 땅의 모든 족속이 너로 말미암아 복을 얻을 것이라 하신지라"(1-3절).

고대 사회에서 고향과 친척과 아버지의 집을 떠나는 것은 생명과 생업과 생존의 위기를 자초하는 것입니다. 보이지 않는 미래를 위해 보이는 현재의 모든 것을 포기하고 하나님만 신뢰하는 순종이 아브람의 믿음이었습니다. 그리하면 하나님께서 그로 큰 민족을 이루게 하고, 그 이름을 창대하게 하며, 그를 복이 되게 하신다고 약속하셨습니다. 이 복은 단순히 수적인 큰 민족이 아니라 영적으로 위대한 민족을 이루게 하시고, 아브람의 이름을 위대하게 하시며, 물질적인 복을 주신다는 약속일 뿐 아니라, 죄를 사해 주신다는 영적인 복이고 그 후손으로 메시아 예수 그리스도를 주신다는 언약(covenant)입니다. 아브람은 도저히 순종할 수 없는 가운데서 하나님을 전적으로 신뢰하며 즉시, 그리고 온전히, 기쁨으로 순종했습니다. 순종을 연기하는 불순종의 죄를 범하지 않았습니다(창 22:3).

모든 그리스도인은 두 마음 사이에서 일어나는 영적 싸움에 부름 받은 그리스도의 군사입니다. 그럼에도 대부분의 그리스도인이 이 싸움에 별 관심을 두지 않습니다. 그런데 이 싸움의 대상은 악한 마귀입니다. 그러므로 부부가 지금 갈등하고 있다면, 상대 배우자가 싸움의 대상이 아니라 그 부부 뒤에서 그들을 조종하는 마귀가 바로 그 대상인 것입니다. 마귀는 우리의 육체보다는 생각을 공격하고 충동질해서 그 죄악 된 생각을 행동으로 옮기게 하는 간접 공격법을 사용합니다. 어느 날 죽도록 싸우기만 하는 어느 부부를 만난 적이 있습니다. 그 부부의 마음은 상대 배우자에 대한 불신과 미움과 억울함으로 가득 차 있었습니다. 그 상태에서는 정말 백약이 무효입니다. 그 잘못된 생각이 먼저 바뀌어야 합니다. 그 모든 부정적인 생각은 마귀의 유혹을 따라 살아온 삶의 결과이기 때문입니다.

그런데 어느 날 이 아내가 말씀을 통해 남편이 비록 불신자이지만 그가 자신의 머리이며 주님께서 죽기까지 사랑하셨던 존재임을 깨닫게 되었습니다. 그 말씀이 바로 성령의 검이었습니다. 아내는 그 검을 가지고 마귀를 대적했습니다(약 4:7). 정말 위대한 깨달음과 결단이었습니다. 그 싸움의 결과 마귀는 패하고, 그 아내는 성령의 열매로 성품이 변화되었습니다. 혹 지금 이 같은 사탄과의 싸움으로 고통받고 있다면, 즉시 말씀으로 대적하십시오. 마귀는 도망가고, 그분은 승리자가 될 것입니다. 이것은 주님의 변함없는 약속이기 때문입니다.

오늘도 마귀(디아볼로스)는 성도들이 하나님 말씀에 불순종하게 만듭니다. 그러나 성령님(파라클레토스)은 하나님을 전적으로 신뢰하며 온전하게 순종하게 하십니다. 모두 아브람처럼 성령님께 감화되어 하나님의 말씀에 전적으로, 온전히, 즉시 순종함으로 복이 되시기를 축원합니다.

2. 다시 시작하라

"이에 아브람이 여호와의 말씀을 따라갔고 롯도 그와 함께 갔으며 아브람이 하란을 떠날 때에 칠십오 세였더라 아브람이 그의 아내 사래와 조카 롯과 하란에서 모은 모든 소유와 얻은 사람들을 이끌고 가나안 땅으로 가려고 떠나서 마침내 가나안 땅에 들어갔더라 아브람이 그 땅을 지나 세겜 땅 모레 상수리나무에 이르니 그때에 가나안 사람이 그 땅에 거주하였더라"(4-6절).

창세기 11장 31-32절을 보면 "데라가 그 아들 아브람과 하란의 아들인 그의 손자 롯과 그의 며느리 아브람의 아내 사래를 데리고 갈대아인의 우르를 떠나 가나안 땅으로 가고자 하더니 하란에 이르러 거기 거류하였으며 데라는 나이가 이백오 세가 되어 하란에서 죽었더라"라고 말씀합니다. 갈대아 우르에서 가나안으로 가는 길은 두 개가 있었습니다. 유브라데강을 따라 올라가 수리아의 하란을 거쳐 가는 길과 광야길로 바로 가는 길입니다. 광야길은 여자들을 데리고 가는 것이 불가능했습니다. 아브람의 아버지 데라가 갈대아 우르를 떠난 것은 달과 해 등 우상을 숭배하는 데서 떠나고자 한 종교적인 이유 때문으로 봅니다(외경 유딧기 5:6-9). 그들은 신앙의 자유를 위해 대서양 횡단의 모험을 결행한 청교도의 조상이었습니다. 이 신앙 모험의 주도자는 아브람이었습니다(Large). 여기서 '하란'은 데라의 아든 '하란'(창 11:26-27)이 아니라 지역명입니다. 데라는 아브람을 70세에 낳았고(창 11:26), 하란을 떠날 때 아브람이 75세였으므로(4절), 그때 데라는 145세였습니다. 즉, 아브람은 데라가 145세 때 하란을 떠났고, 데라는 60년을 더 살다가 하란에서 죽었습니다(행 7:4). 데라는 갈대아 우르는 떠났으나 가나안에 이르지 못하고 중간 지점인 하란에서 죽었습니다. 불신 생활에서 떠나 신앙생활을 하다가 결실하지 못하고 도중에서 낙심하는 성도들의 그림자라 할 수 있습니다. 아브람은 오직 하나님의 말씀에 순종해 75세에 하란을 떠났습니다. 아브람은 아내 사래와 조카 롯과 하란에서 모은 모든 소유와 사람들을 이끌고 가나안 땅에 들어갔습니다. 갈대아 우르를 떠난 뒤 다시 하란에서 60년을 머물렀지만, 거기서 주저앉지 않고 75세에 다시 시작했습니다.

미국 휴스턴의 한 마을에서 집마다 유전이 발견된 일이 있었습니다. 그런데 유일하게 석유가 나오지 않은 집이 있었는데, 아이러니하게도 그 동네에서 가장 신앙심이 좋은 부부의 집이었습니다. 처음에는 견딜 만했습니다. 그러나 가까운 이웃들이 차를 바꾸고, 비싼 옷을 입고, 더 좋은 동네로 이사 가는 것을 보면서 그 부부는 점점 섭섭함과 원망이 생겼습니다. 20년의 세월이 흘렀습니다. 동네 사람들은 어떻게 되었을까요? 대부분 어려움을 당했습니다. 가정이 깨지기도 하고, 자녀들이 탈선하기도 했습니다. 마약으로 인생을 망치거나, 자살로 생을 마감한 이들도 있었습니다. 그러나 석유가 나오지 않은 그 가정은 여전히 행복하게 살고 있었습니다. 그 부부는 나중에 이렇게 고백했습니다. "당시에는 하나님이 야속했고 마음이 힘들었지만, 세월이 흐른 뒤에 알게 되었습니다. 우리 가정이 가장 가치 있는 것을 가지고 있다는 사실을요."

돈의 가치는 이 세상으로 한정됩니다. 우리는 영원한 세상인 천국을 소유한 사람들입니다. 천국에서는 돈이 아무런 가치가 없습니다. 우리의 보물은 주님이 십자가에서 주신 구원과 천국입니다. 이것을 정말 이해했다면 물질과 하나님 사이에서 고민할 필요가 없습니다. 진정한 보물인 영생을 얻으면, 남들이 하지 말라고 해도 우리는 먼저 하나님 나라와 의를 구하는 삶을 살게 됩니다. 그럴 때 주님이 모든 것을 더해 주심을 믿게 됩니다.

지금 우리의 나이가 얼마입니까? 너무 늦었다고 생각하지 마십시오. 지금이 가장 좋은 때이고, 적당한 때입니다. "내 나이가 어때서"라는 노래처럼 지금 다시 시작하십시오. 공부, 기도, 봉사, 예배, 사랑, 전도, 섬김을 다시 시작하십시오. 아브람이 하란에서 주저하지 않고 다시 일어나 가나안으로 떠났던 것처럼, 모두 하나님이 주신 은혜와 사명과 직분을 가지고 다시 시작하는 이 시대의 아브람으로 복이 되시기를 축원합니다.

3. 예배하라

"여호와께서 아브람에게 나타나 이르시되 내가 이 땅을 네 자손에게 주리라 하신지라 자기에게 나타나신 여호와께 그가 그곳에서 제단을 쌓고 거기서 벧엘 동쪽 산으로 옮겨 장막을 치니 서쪽은 벧엘이요 동쪽은 아이라 그가 그곳에서 여호와께 제단을 쌓고 여호와의 이름을 부르더니 점점 남방으로 옮겨갔더라"(7-9절).

하나님께서 약속의 땅에 처음 나타나셨습니다. 하나님은 그 후에도 아브람에게 여러 번 나타나셨고(창 18:2, 21:17, 22:11-18), 또 하갈이나

(창 16:7-14, 21:17-18) 야곱에게도(창 31:11-13, 32:24-30) 나타나셨습니다. 그리고 가나안 땅을 주겠다고 여러 번 반복하셨고, 그것이 이스라엘의 가나안 소유권 주장과 동경의 근원이 되었습니다. 아브람이 쌓은 제단은 하나님의 나타나심과 언약에 감사하며 예배를 드리기 위한 단이었습니다. 아브람은 이후 모리아산에서도 단을 쌓았습니다(창 22:9). 제사는 선민의 표시이자, 의무이며, 믿음이었습니다. 우상의 성소가 하나님의 성소가 된 것입니다. '벧엘'은 '하나님의 집'이라는 뜻입니다. 가는 곳마다 제단을 쌓는 데서 신앙의 조상인 아브람의 경건한 모습을 볼 수 있습니다. '여호와의 이름을 부르더니'는 찬송과 기도가 있는 공(公)예배를 드린 것을 뜻합니다(창 4:26). 아브람은 정처 없이 유리하는 중에도 하나님과의 교제를 게을리하지 않았습니다. 하나님을 향한 기도와 찬양은 성도가 어떠한 상황에서도 결코 멈춰서는 안 되는 영적 호흡인 것입니다.

양어장을 운영하는 분들의 말을 들어보면, 물고기들은 병으로 죽는 것보다 먹이를 먼저 먹으려고 하다 부딪쳐서 생기는 상처로 죽는 경우가 더 많다고 합니다. 그 죽음에는 물고기 책임도 있지만, 공간이 좁은 것에도 원인이 있습니다. 넓은 바다에서는 부딪칠 염려가 없습니다. 그런데 좁은 곳에서 살다 보면 부딪칠 일이 많습니다. 인간도 좁은 공간에 같이 있으면 부딪치고 상처를 입을 가능성이 높은 것이 사실입니다. 그러나 인간은 물고기가 아니기 때문에 좁은 공간에 살아도 마음은 넓게 펴고 살 수 있습니다. 사람들이 왜 작은 교회를 부담스럽게 생각합니까? 작은 교회에서는 사람들과 부딪칠 일 더 많기 때문입니다. 그러나 마음만 달리 먹으면 부담스럽게 생각할 것이 전혀 없습니다. 건물 공간만이 공간의 전부는 아니기 때문입니다. 마음먹기에 따라 우리에게는 무한한 영적 공간이 있습니다.

그리고 무의식의 공간이 있고, 꿈의 공간도 있습니다. 그러한 공간에서 꿈과 가능성을 향해 전진하면 어떤 환경에서도 넓은 마음을 가지고 살 수 있습니다. 우리가 하나님의 은혜를 받으면 우리 속에 있는 영적 세계가 훨씬 더 넓어집니다. 그 넓은 공간에서 누리는 기쁨과 감사가 있으면 작은 일로 부딪쳐서 상처를 주고받고 시험에 들었느니, 교회를 떠나느니 할 이유가 없습니다. 이는 은혜 받은 사람의 영적 세계가 넓어질 때 가능한 것입니다. 하나님의 모든 충만하심이 가득 준비되어 있는 곳은 교회입니다. 만물 위에서, 만물 안에서 충만케 하시는 자의 충만이 교회에 있습니다. 그 주님을 믿고 신앙생활하면서 받은 은혜와 믿음의 힘을 함께 나누어가는 것입니다. 그래서 누군가가 나 자신으로 인하여 예수 그리스도를 만나게 되고 교회로 향하게 되는 공동체를 만들어가는 것입니다.

〈볼티모어 선〉이라는 일간지가 한번은 신문 독자들에게 이런 설문조사를 한 적이 있다고 합니다. '만약 당신이 1년밖에 살지 못한다면 당신은 그 1년 동안 무엇을 하시겠습니까?' 수천 명에게 물어보았는데, 그 대답은 딱 두 가지로 요약되었습니다. 하나는 '다른 사람에게 더 많은 도움을 주겠다'는 것이었고, 다른 하나는 '더 많이 사랑하겠다'는 것이었습니다. 그 설문 응답에는 새 집을 장만하겠다, 아름다운 곳으로 여행을 하겠다, 멋진 새 자동차를 구입하겠다, 돈을 더 많이 저축하겠다, 출세를 위해 더 매진하겠다, 명예와 명성을 더 높게 쌓겠다 등의 세상적인 소원은 하나도 없었다고 합니다.

그리스도인으로 산다는 것, 그것은 바울의 고백처럼 '나는 매일 그리스도와 함께 죽고, 그리스도와 함께 산다'(고전 15:31; 갈 2:20)고 할 정도는 아니더라도, 마치 1년밖에 살지 못하는 생애를 사는 것과 같습니다. 한 해가 지날 때마다 1년을 결산하고 나서 하나님이 또 1년을 주신다고 생각하며 하나의 매듭을 지으면서 살아간다면 우리의 삶은 훨씬 더 진지하고 진솔해질 것입니다. 그것은 더 많이 받고, 더 많이 축적하는 삶이 아니라, 더 많이 주고, 더 많이 베푸는 삶이 될 것입니다. 서로 격려하고, 서로 덕을 세우는 길은 다른 사람을 더 많이 도와주고, 더 많이 사랑하는 것입니다. 이것이 죽음을 두려워하지 않는 신앙인의 자세인 것입니다.

예배드리기에 완벽한 장소와 시간과 상황은 없습니다. 언제 어디서나, 어떠한 상황에서도 아브람처럼 예배드리면 그곳이 성전이 되고, 완전한 곳으로 변화되는 것입니다. 언제나 먼저는 예배입니다. 예배에는 모든 복과 능력과 은혜가 가득합니다. 아브람처럼 어디서나 먼저 예배함으로 복이 되시기를 축원합니다.

사랑하는 번동 가족 여러분!

우리는 모두 복이 되어야 합니다. 이는 하나님의 명령이자, 우리에게 주시는 복입니다. 하나님의 말씀에 순종하고, 다시 시작하고, 예배드림으로 모두 이 시대의 복덩어리 아브람이 되시기를 축원합니다.

여호와를 아는 나무 같은 성도

(겔 17:22-24)

개인병원을 개업한 어느 기독교인 의사가 있었습니다. 그는 늦은 밤 병원 문을 닫으면 모든 직원을 퇴근시키고 혼자 금고 앞에 앉아 그날 번 돈을 계산하면서 하루의 피곤을 씻곤 했습니다. 매 순간 그의 관심은 돈이었습니다. 어느 날 밤 책상 위에 돈을 쌓아 놓고 열심히 세던 그는 문득 이런 생각이 들었습니다. '만약 내가 지금 하나님 앞에 가면 무엇이라고 보고드릴 수 있을까? 환자들의 병을 고치고 돈만 세다 왔다고 보고하면 하나님이 기뻐하실까?' 그는 부끄러워 얼굴이 뜨거워짐을 느꼈습니다. 그러면서 그는 하나님이 가장 기뻐하시는 일이 무엇인지 생각해 보았습니다. 결국은 이 말씀이었습니다. "지혜 있는 자는 궁창의 빛과 같이 빛날 것이요 많은 사람을 옳은 데로 돌아오게 한 자는 별과 같이 영원토록 빛나리라"(단 12:3).

그 후 그 의사는 환자들이 오면 열심히 정성을 다해 치료해 주면서 전도했습니다. 치료하면서 병과 죽음과 내세에 대해 말해주었습니다. 그리고 밤이 되면 돈을 세고 난 뒤, 그날 전도하여 구원받은 명단을 놓고 기도했습니다. 그 후로 하나님께서 영광 받으실 것을 생각하니 그렇게 일이 보람되고 기쁠 수가 없었습니다. 우리도 자신을 돌아보며 생각해 봐야 합니다. '나는 하나님 앞에 가면 무엇이라고 보고드릴 수 있을까?'

묘목을 이식하는 방법 중에 꺾꽂이라는 것이 있습니다. 이는 원(原) 묘목에서 충실한 한 가지를 취해 새 땅에 옮겨 심는 방법을 말합니다. 옮겨 심어진 가지는 밑으로 새로운 뿌리가 내려 하나의 새로운 묘목으로 성장하게 됩니다. 본문에서도 이와 똑같은 일이 묘사되어 있습니다. 하나님께서 백향목 새 가지를 꺾어 새로운 토양에 옮겨 심는 것입니다. 결국 이 가지는 많은 열매를 맺는 아름다운 백향목으로 성장하게 됩니다. 이 비유는 오실 그리스도의 모습과 그분으로 말미암아 완성될 하나님 왕국의 모습을 그려주고 있습니다. 본문의 백향목 나무 비유를 통해 그리스도와 그 왕국이 어떤 모습인지 살펴보면서 하나님께서 우리에게 주시는 은혜를 깨닫는 시간이 되기를 축원합니다.

1. 새 가지

"주 여호와께서 이같이 말씀하시되 내가 백향목 꼭대기에서 높은 가지를 꺾어다가 심으리라 내가 그 높은 새 가지 끝에서 연한 가지를 꺾어 높고 우뚝 솟은 산에 심되"(22절).

백향목은 다윗 왕가를 가리킵니다. 하나님께서 새 땅에 이식할 백향목 가지는 새 가지 끝에서 난 것이라고 말씀하십니다. '새 가지'

는 예수 그리스도를 나타내십니다. 예수님께서 유다 족속의 후손으로 이 땅에 오실 것을 뜻합니다. 이 약속에 따라 예수님은 아브라함과 다윗의 씨로 탄생하셨습니다(창 22:18). 예수 그리스도의 이 땅에 오심은 다른 어떤 구원자나 구원의 역사와는 전혀 다른 유일한 사건입니다. 예수 그리도의 존재(요 1:1)와 성품(벧후 1:4), 사역(롬 3:24), 사역의 결과(딛 2:14)에서 역사상의 어떤 인물과도 비교할 수 없습니다. 예수님은 하나님 자체이셨으며(빌 2:6), 인간인 동시에 하나님이셨습니다(막 14:21). 예언자처럼 하나님의 말씀을 확증하셨으나, 그리스도의 모든 예언 그 자체가 하나님 말씀이었으며(요 1:14), 이에 진정성과 권위를 지니셨습니다. 그리스도는 왕직과 제사장직과 선지자직을 모두 갖고 계신 분이십니다. 이 3중직을 동시에 가지고 계시며, 또 행사하시는 분이십니다. 성경의 예언자들과 사도들이 그리스도를 새로운 왕(사 9:6), 새 일(시 104:24), 새 역사(엡 3:7, 20)로 묘사한 이유가 여기에 있습니다. 그분은 죄가 없는 둘째 아담이셨기에(고전 15:47), 그리스도께 순종하는 모든 사람은 새 심령을 가진 새사람으로 거듭나는 것입니다(벧전 3:4). 하나님의 크고 비밀스러운 구원이 그리스도를 통해서만 실현되는 것입니다.

미국 볼티모어에 있는 존스홉킨스대학의 외과 의사이자 교수로서 독실한 신앙을 가지고 있었던 켈리 박사의 일화입니다. 그는 늘 양복에 시들지 않은 장미꽃을 꽂고 다녔다고 합니다. 그 꽃은 언제 보아도 금방 꺾은 것처럼 싱그러웠습니다. 한 학생이 물었습니다. "선생님의 꽃은 언제 봐도 시든 적이 없는데, 무슨 비결이라도 있으신가요?" 그러자 그는 웃으면서 그 비결은 별것 아니라며 양복 앞섶을 뒤집어 보여주었습니다. 속주머니에는 꽃이 꽂힌 작은 물병이 있었습니다. 그래서 꽃이 늘 싱싱하게 보였던 것입니다. 켈리 박사는 말했습니다. "우리가 이 세상에 다니면서 언제나 신선하고 아름답고 향기를 발하는 그리스도인이 되려면, 우리 삶의 뿌리가 이 장미꽃과 같이 그리스도의 생수에 담겨 있어야 합니다." 예수 그리스도 안에 뿌리를 내리면 주님이 주시는 생수로 말미암아 늘 싱싱한 꽃처럼 살아갈 수 있습니다. 삶에서 늘 신선하고 아름다운 그리스도의 향기를 풍기는 성도들이 다 되시기를 축원합니다.

예수 그리스도만이 구원의 새 가지입니다. 다른 나무의 다른 가지는 결코 우리를 구원할 수 없습니다. 다른 가지는 저주와 멸망의 가지입니다. 아무리 크고 화려하고 굵어도, 거기에는 생명과 구원이 없습니다. 죄가 없으시며, 우리를 죄에서 구원하시는 새 가지인 예수 그리스도만 믿고 충성해야 합니다. "이르시되 너희가 너희 하나님 나 여호와의 말을 들어 순종하고 내가 보기에 의를 행하며 내 계명에 귀를 기울이며 내 모든 규례를 지키면 내가 애굽 사람에게 내린 모든 질병 중 하나도 너희에게 내리지 아니하리니 나는 너희를 치료하는 여호와임이라"(출 15:26). 하나님의 새 가지인 예수 그리스도를 믿음으로 구원과 치료의 은혜가 삶에 충만하시기를 축원합니다.

2. 연한 가지

"주 여호와께서 이같이 말씀하시되 내가 백향목 꼭대기에서 높은 가지를 꺾어다가 심으리라 내가 그 높은 새 가지 끝에서 연한 가지를 꺾어 높고 우뚝 솟은 산에 심되"(22절).

여호와께서 백향목에서 새로 취한 새 가지가 연한 가지라고 말씀하십니다. 이는 그리스도의 겸손하신 성품을 비유하신 것입니다. 이사야 선지자는 "그는 주 앞에서 자라나기를 연한 순 같고 마른 땅에서 나온 뿌리 같아서 고운 모양도 없고 풍채도 없은즉 우리가 보기에 흠모할 만한 아름다운 것이 없도다"(사 53:2)라고 말했습니다. 메시아로 오실 예수님의 외모가 연한 순 같고 마른 땅에서 나는 뿌리 같아서 고운 모양도 풍채도 없어 흠모할 만한 아름다운 것이 없는 초라한 모습이라고 했습니다. 그는 하나님의 본체이시지만, 하나님과 동등 됨을 취하지 않으셨습니다. 그리스도의 겸손은 성육신에서 시작하여 십자가에서 절정에 이르렀습니다. 이사야 선지자는 그리스도를 종(사 53:11)과 어린 양(사 53:7)으로 묘사함으로 그분의 겸손한 성품과 신분을 예언했습니다. 그리스도 자신도 자기 목숨을 많은 사람의 대속물로 주기 위해 왔다고 말씀하셨습니다(마 20:28; 막 10:45). 예수 그리스도는 그렇게 낮은 나무와 마른 나무가 되셨습니다(겔 17:24).

아시시의 성자인 프랜시스가 구원받은 지 얼마 되지 않아 겪은 일입니다. 어느 날 그는 길을 가다 우연히 나환자를 만나게 되었습니다. 그 나환자를 본 순간 마음에서 전쟁이 일어났습니다. 그에게 가서 기도해 주고 싶은 마음과 그러다 병이 전염되면 어떡하나 하는 두려움 간의 전쟁이었습니다. 결국 두려움이 이겨 그는 나환자를 그냥 지나쳐 갔습니다. 그런데 성령님께서 그의 다른 마음을 움직이시며 부담을 주셨습니다. 그는 마음에 생긴 부담 때문에 그 자리에 서서 기도했습니다. "주님, 제가 나환자를 그냥 지나쳤는데 그것이 잘못입니까?" 그러자 주님께서 "왜 그를 그냥 지나쳤느냐?"라고 물으셨습니다. 그는 솔직하게 "그가 너무 더럽게 느껴져서 그 병이 전염될까 봐 그랬습니다"라고 고백했습니다. 그때 그에게 주님의 음성이 들려왔습니다. “너는 그 더러운 나환자보다 낫다고 생각하느냐? 너는 이전에 그 나환자보다 더 더러운 죄인이었다. 그런데 난 그런 너의 모습을 그대로 받아주고 사랑했단다.” 그 순간 그는 나환자보다 더 추하고 더러운 죄인이었던 자신에게 주님이 찾아와 사랑으로 받아주셨음을 다시금 깨닫게 되었습니다. 그는 다시 나환자에게 돌아가 그에게 입 맞추고 축복했습니다. 이때부터 아시시의 성자 프랜시스는 알베르나의 산록에서 마지막 숨을 거두기까지 끊임없는 사랑의 순례를 하게 되었습니다. 그리고 그는 목숨이 다하는 순간에 “나의 사랑, 나의 전부이신 예수여!”라고 고백했다고 합니다. 주님께서는 우리의 생애에서 결실을 찾으십니다. 그리고 열매를 맺으라고 우리에게 시간을 주셨습니다. 이제 은혜의 시간이 지나면 심판의 시간이 다가옵니다. 우리는 의로우신 하나님께 ‘나를 조금 더 참아주셔서 열매를 맺기도 전에 나를 데려가지 마시옵소서’라고 기도하면서 주님의 사랑을 실천해야 합니다.

예수님은 가장 높으신 분이시지만 가장 낮아지셔서 우리를 섬기시고 또 섬기셨습니다. 우리 같은 죄인을 섬기시고 용서하셨습니다. 하나님은 높은 자를 낮추시고, 낮은 자는 높이시는 분이십니다(삼상 2:6-10; 약 4:10). 그 모든 것은 나에게 있는 것이 아니라, 하나님 손에 있는 것입니다. 연한 가지처럼 스스로 낮아지셔서 우리를 구원하시고 축복하신 예수님을 본받아 스스로 낮아지고, 또 낮은 자를 섬기는 성도들이 다 되시기를 축원합니다.

3. 아름다운 백향목

"이스라엘 높은 산에 심으리니 그 가지가 무성하고 열매를 맺어서

아름다운 백향목이 될 것이요 각종 새가 그 아래에 깃들이며 그 가지 그늘에 살리라 들의 모든 나무가 나 여호와는 높은 나무를 낮추고 낮은 나무를 높이며 푸른 나무를 말리고 마른나무를 무성하게 하는 줄 알리라 나 여호와는 말하고 이루느니라 하라"(23-24절).

하나님께서 연한 새 가지가 무성하게 자라 열매를 맺어 크고 튼튼하고 아름다운 백향목이 될 것이라고 말씀하십니다. 그러면 그늘이 생겨 각종 새가 와서 쉴 것입니다. 새 토양에 심어진 백향목 가지의 왕성한 생명력을 보여줍니다. 나무의 충실도와 모양새와 열매 맺음 등 어느 것 하나 흠잡을 데 없는 완전한 백향목으로 자리 잡게 됩니다. 이는 하나님 나라의 확장과 완성을 의미합니다. 모든 인류가 예수 그리스도를 통해 구원받게 됩니다. 겨자씨 비유(마 13:31-32)와 누룩 비유(마 13:33), 그물 비유와 같은 말씀입니다(마 13:47-48). 하나님께서는 이스라엘 백성의 반역으로 그들만의 구원을 취소하시고, 도리어 그 백향목에서 꺾은 새 가지를 새 땅에 심어 성장케 하심으로 하나님의 나라와 백성을 확장해 우주적 영적 왕국을 만드셨습니다(갈 3:8). 열매 없는 야생 포도나무(사 5:4)와 썩은 베 띠(렘 17:3)와 깨진 옹기(렘 19:10)과 같았던 우리가 새 가지이며 연한 가지로서 백향목이 되신 예수 그리스도를 통해 영적 이스라엘이 되어 구원받은 것입니다.

켄 블랜차드가 그의 베스트셀러 《칭찬은 고래도 춤추게 한다》를 쓰게 된 배경이 있습니다. 킹슬리라는 사람이 휴가 중 머리를 식히려고 플로리다의 해상 동물원에 갔다가 범고래 쇼를 보게 됐습니다. 거대한 범고래들이 대단한 묘기를 보여주었습니다. 킹슬리는 생각했습니다. '나는 부하 직원 몇 사람과 자식 한두 명 가르치는 것도 이렇게 힘든데, 어떻게 저 조련사는 말도 통하지 않는 고래를 훈련시켜 묘기를 하게 할까?' 그 방법이 궁금했던 그는 조련사를 찾아가 물었습니다. 그리고 조련사의 대답에서 놀라운 통찰과 지혜를 얻었습니다. 그것을 정리하면 다음과 같습니다. 첫째, 고래는 신뢰가 형성될 때까지 말을 듣지 않습니다. 사람을 세우고 성장시키기를 원한다면 인내심을 갖고 신뢰가 형성될 때까지 기다려야 합니다. 둘째, 잘한 일에 초점을 맞춰야 합니다. 고래를 훈련하는 조련사는 잘못한 것은 못 본 척하고 빨리 다른 행동으로 유도합니다. 긍정적인 것을 강조함으로 잘못된 행동에 쓰일 에너지를 다른 곳으로 전환시킵니다. 셋째, 과정을 칭찬합니다. 우리는 오랫동안 결과 중심으로 평가받고, 잘못을 지적받고, 꾸중을 듣는 문화에서 살았습니다. 우리는 지금 서로 인정하지 않고, 걸핏하면 비난하고 악성 댓글을 달고 반대하는 시대에 살고 있기에, 그 어느 때보다 칭찬과 격려가 필요합니다. 그만큼 서로 상처를 주고받는 세상입니다. 그래서 누군가가 나를 조금만 인정해 주고, 격려해 주며, 힘이 되는 말을 해주면 벌떡 일어설 수 있습니다. 사람은 말 한마디에 용기를 얻어 일어설 수도 있고, 실망해 넘어질 수도 있는 연약한 존재입니다. 잘하는 사람들은 더 잘하게 격려하고, 실수한 사람들에게는 다시 일어서게 격려하는 것은 매우 귀한 일입니다. 잠언은 이렇게 교훈하고 있습니다. "칼로 찌름같이 함부로 말하는 자가 있거니와 지혜로운 자의 혀는 양약과 같으니라"(잠 12:18).

최고의 격려와 위로와 복은 예수님의 생명의 복음을 전해주는 것입니다. 복음을 믿으면 어떤 사람이라도 변화되어 위대하고 아름다운 인생을 살 수 있습니다. 죄로 인해 지옥에 갈 수밖에 없는 우리가 백향목 되시는 예수 그리스도로 말미암아 구원받았습니다.

이 사실을 믿고 기뻐하며 찬양하는 성도들이 다 되시기를 축원합니다.

사랑하는 번동 가족 여러분!

오늘 나무를 비유로 한 말씀은 새 가지이고 연한 가지이며 아름다운 백향목이 되신 예수 그리스도를 보여주고 있습니다. 우리의 구원을 위해 그러한 모습으로 이 땅에 오신 예수 그리스도를 영원토록 찬양하며 섬기는 성도들이 다 되시기를 축원합니다.

엠마오에서 다시 예루살렘으로

(눅 24:13-35)

영국 작가 콜린 웨스트의 동화 '핑크 대왕 퍼시'는 핑크색을 좋아하는 왕의 이야기입니다. 퍼시 대왕은 핑크색을 정말 좋아해서 핑크색 옷만 입고, 핑크색 음식만 먹으며, 나무와 꽃과 풀 그리고 동물까지도 모두 핑크색으로 물들였습니다. 그것은 개인적인 만족에서 그치지 않았습니다. 백성들에게도 소유물을 전부 핑크색으로 바꾸라고 명령했습니다. 그러나 그에게도 바꾸지 못하는 것이 하나 있었는데, 그것은 바로 푸른 하늘이었습니다. 하늘마저 핑크색으로 바꾸고 싶었던 왕은 현자에게 하늘을 핑크색으로 바꿀 수 있는 묘안을 생각해 내라고 했습니다. 현자는 고민 끝에 왕에게 안경을 건네주었고, 안경을 쓴 왕의 눈앞에는 핑크빛 하늘이 펼쳐졌습니다. 하지만 하늘이 변한 것이 아니었습니다. 단지 그가 쓴 안경이 핑크색 렌즈였기 때문입니다. 만약 누군가가 핑크빛 렌즈를 끼고, 하늘은 파란 것이 아니라 핑크빛이라고 우긴다면 어떻겠습니까? 자기 편견에 빠진 사람은 이와 같습니다. 오직 자신의 생각만 옳다고 우기는 사람은 어리석은 사람입니다. 지혜로운 사람은 타인의 충고와 견해를 받아들이는 넓은 마음을 가진 사람입니다(왕상 3:9, 4:29).

칠전팔기(七顚八起)라는 말은 온갖 우여곡절 끝에 마침내 소정의 목표에 도달하게 되는 굳건한 의지나 신념과 관련해 쓰는 말입니다. 누가복음 본문에 나오는 엠마오 도상의 두 제자에 관한 말씀은 하나님의 신령하고 위대한 계획 앞에서 줄곧 넘어지고 마는 인생의 연약함과 몽매함을 일깨워줍니다. 그리고 나아가 하나님의 주권적인 간섭과 이에 부응하는 믿음의 결단으로 말미암아 인생은 언제라도 새로운 삶을 시작할 수 있으며, 또한 다시 시작해야 한다는 사실을 교훈해 줍니다. 아브라함도 75세에 하란에서 다시 시작하여(창 12:1-4) 믿음의 조상이 된 것입니다. 우리의 신앙의 발자취를 되돌아보면 뚜렷하게 내세울 만한 성공적인 사례보다는 실패와 부끄러움의 삶으로 얼룩져 있음을 깨닫게 됩니다. 이러한 실패를 되새길 때마다 우리를 사랑하시되 끝까지 사랑하시어 지금 여기까지 신앙의 끈을 놓치지 않게 하신 하나님의 크고도 자비로우신 은혜를 확인할 수 있습니다(요 13:1). 모든 것이 은혜입니다. 오늘 본문에 등장하는 엠마오 도상의 두 제자의 경우를 통해 우리의 영적 현주소를 돌아봄으로, 엠마오에서 이제 다시 예루살렘으로 돌아가고 올라가는 성도들이 다 되시기를 축원합니다.

1. 과거—예수님을 열렬히 따랐던 자들입니다

"예수께서 이르시되 너희가 길 가면서 서로 주고받고 하는 이야기가 무엇이냐 하시니 두 사람이 슬픈 빛을 띠고 머물러 서더라 그

한 사람인 글로바라 하는 자가 대답하여 이르되 당신이 예루살렘에 체류하면서도 요즘 거기서 된 일을 혼자만 알지 못하느냐"(17-18절).

본문의 두 제자 중 한 사람의 이름이 글로바였다는 것을 제외하고 이들에 관한 구체적인 내용은 기록되어 있지 않습니다. 다만 짐작할 수 있는 것은 이들이 열두 사도 중에는 들지 않았다는 것과 그럼에도 한때는 예수님을 환호하며 추종했던 무리 중 핵심 인물이었을 것이라는 사실입니다. 예수님을 따르게 된 동기가 무엇이었든지 간에 예수님의 크신 권능과 무한한 사랑을 받아 진심으로 섬기고 사랑했던 자들이었습니다. 우리에게도 처음에나 과거 한때는 예수님을 뜨겁게 믿고 따르고 충성을 다했던 기억과 추억이 있을 것입니다. 그러나 첫 믿음과 사랑과 뜨거움이 일관되게 평생 계속되기는 쉽지 않습니다. 이런저런 수천수만 가지의 이유와 변명으로 신앙과 사랑이 식는 경우가 우리 자신뿐 아니라 주위에도 너무나 많습니다. 그럼에도 우리는 다시 시작하고 회복하여 첫사랑을 찾아야 합니다(계 2:4-5). 본문의 두 제자는 예수님의 메시아 되심의 의미를 착각하고 있었기에, 예수님의 죽으심과 더불어 모든 소망을 잃어버렸습니다. 예수님을 믿고 따르다가 고난이나 염려나 욕심으로 인하여 믿음을 저버리는 경우가 많습니다. 바른 메시아관과 믿음이 있어야 끝까지 섬기고 따를 수 있습니다.

C. S 루이스는 《순전한 기독교》에서 사람은 악해질수록 자신 안에 기생하는 악을 깨닫지 못한다고 말합니다. 어느 정도 악한 사람은 자기가 선한 사람이 아니라는 것을 인식하지만, 철저하게 악한 사람은 자기가 악하다고 생각하지 않습니다. 선의 기준을 잃어버린

악인은 자신의 행동을 합리화하기 위해 다양한 방법을 사용합니다. 자기 잘못을 다른 사람 탓으로 돌리거나, 자신의 악행이 선한 목적을 위해서라고 거짓 주장을 하기도 합니다. 악이 일상화되면 악을 악으로 인식하지 못합니다. 16세기 종교개혁가 마틴 루터는 "거룩한 자라도 그 육신에는 사탄의 악이 있다. 다만 그것을 따르지 않을 뿐이다"라고 말했습니다. 그리스도를 믿어 구원받은 사람도 여전히 육신에는 사탄의 악이 있기에 계속 죄의 유혹과 싸워야 합니다. 유혹이 얼마나 강력하고 치명적인지는 유혹에 치열하게 맞서 봤거나 유혹에 걸려 넘어져 본 사람만 압니다. 어느 기독교 변증가는 이렇게 말했습니다. "모욕이 무엇인지 이해할 수 있는 사람은 모욕을 준 사람이 아니라 모욕을 당한 사람이다. 악이 무엇인지 설명할 수 있는 존재는 우리 죄를 위해 죽으신 예수님뿐이다." 하나님이 우리에게 구원의 은혜를 베푸셨지만, 죄는 여전히 우리를 유혹합니다. 그러므로 악은 어떤 모양이라도 버리고 항상 선을 따라야 합니다(살전 5:22). 성도는 하나님이 주신 성령의 능력을 통해 선으로 악을 넉넉히 이길 수 있습니다.

우리가 예수님을 만나 믿게 된 것은 최고의 은혜이고 행운이며 선물이고 복입니다. 우리의 초심이 끝까지 가야 합니다. 성령으로 시작하여 육체로 끝나면 안 됩니다. 가룟 유다가 되면 가장 비극적인 인생이 되는 것입니다. 지금의 믿음과 열정과 헌신이 어떤 경우에도 변질되지 않음으로 끝까지 믿고 충성하는 성도들이 다 되시기를 축원합니다.

2. 현재—절망에 빠진 자들입니다

"우리는 이 사람이 이스라엘을 속량할 자라고 바랐노라 이뿐 아니라 이 일이 일어난 지가 사흘째요 또한 우리 중에 어떤 여자들이 우리로 놀라게 하였으니 이는 그들이 새벽에 무덤에 갔다가 그의 시체는 보지 못하고 와서 그가 살아나셨다 하는 천사들의 나타남을 보았다 함이라"(21-23절).

두 제자는 그동안 예수님을 이스라엘을 로마의 압제에서 구해줄 구세주로 믿고 따랐습니다. 그러나 예수님께서 십자가에서 죽으심으로 모든 기대와 소망은 산산이 깨지고 무너졌습니다. 완전한 절망과 실망과 원망과 포기였습니다. "내가 목자를 치리니 양의 떼가 흩어지리라"(마 26:31)라는 예수님의 예언처럼, 예수님께서 무기력하게 십자가에 못 박혀 돌아가시고 무덤에 들어가시자, 핵심 인물들조차 혼비백산하여 흩어진 채 모두가 절망과 불안과 두려움에 휩싸이게 되었습니다. 심지어 예수님의 부활을 알리는 목격자들의 증거를 듣고서도 그 사실을 믿지 않았습니다. 예수님을 '말과 일에 능하신 자'(19절) 혹은 '이스라엘을 구속할 자'(21절)로 알긴 했지만, 십자가 고난을 통해 인류의 죄를 대속하고 하늘의 영광을 새로이 회복하실 것이라는 사실은 깨닫지 못했던 것입니다. 그들은 마치 애굽 땅에 열 가지 재앙을 내리고 홍해를 가르신 하나님의 크신 권능을 생생히 목격하고도, 작은 불편과 어려움에도 불평하고 원망하며 40년 동안 온갖 불신앙과 거역과 추태를 드러낸 이스라엘 백성과 같았습니다. 대선지자 엘리야가 바알과 아세라를 섬기는 850명과 목숨을 걸고 갈멜산에서 싸워서 승리했으나(왕상 18:19), 이세벨의 핍박을 피해 광야의 한 로뎀나무 아래 앉아 죽여달라고 할 정도로 우울증과 절망감에 빠졌던 것처럼(왕상 19:4-5), 두 제자와 모든 사람이 절망에 빠져 있었습니다.

누구에게나 꿈이 있습니다. 그러나 모든 사람이 꿈을 이루는 것은 아닙니다. 다음과 같은 꿈을 이룰 수 있는 여덟 가지 법칙이 있어 소개합니다. 첫째, '나도 할 수 있다'는 생각으로 새롭게 시작하십시오. 자신에게 무궁무진한 잠재력이 있다는 것을 기억하십시오. 하나님께서 주신 잠재력의 5퍼센트만 사용해도 천재가 됩니다. 둘째, 자신의 목표를 마음의 소원과 일치시키십시오. 막연한 욕망은 소원이 아닙니다. 소원을 분명하게 확인하고 총력 투구하십시오. 셋째, 부정적인 생각을 버리십시오. '나는 안 돼', '할 수 없어', '나 같은 게 무슨…'이라는 소리가 들려오거든 '이전의 나는 무능했다. 그러나 이제는 달라져 새사람이 되었다'라고 응답하십시오. 넷째, 긍정적인 말을 매일 반복하십시오. '나는 성장하고 있다', '나도 성공할 수 있다', '해낼 수 있고 말고!'라고 다짐하십시오. 말은 힘과 용기를 더하는 영양소입니다. 다섯째, 대가를 지불하십시오. 진정한 성공은 땀과 수고를 통해서만 완성됩니다. 심는 대로 거두는 법입니다. 여섯째, 어려움이 닥쳐도 낙심하거나 포기하지 마십시오. 일곱 번 넘어져도 여덟 번 일어선다는 용기와 신념을 가지십시오. 일곱째, 모든 일에 감사하십시오. 실패는 단지 실패가 아니라 성공의 밑거름이라고 생각하십시오. 여덟째, 큰 꿈을 가지십시오. 꿈꾸는 데는 수고도 돈도 필요치 않습니다.

날마다 똑같은 하루하루이지만 매일이 기분 좋은 날이 되기를 소망하면서, 마음에 희망과 행복과 사랑을 품고 오늘도 힘차게 살아가야 합니다. 매일이 좋은 날이 되기를 바라는 소망은 누구나 동일하게 가지고 있는 것입니다. 오늘도 아주 작은 소망들이 우리가 힘을 내어 살아가게 하는 무지갯빛 희망이 되어 주기를 기대합시다.

본문의 이 두 제자를 비롯한 모든 제자가 예수님의 십자가 죽음으로 인하여 모든 소망과 희망을 잃고 절망에 빠지고 추락하게 되었습니다. 절망은 사탄의 공격 무기입니다. 누구라도 절망의 지배를 받으면 아무것도 할 수 없습니다. 오늘날도 수많은 절망으로 인하여 행복과 사명을 상실한 사람이 너무나도 많습니다. 절망은 예수님의 제자들이나 모세나 엘리야와 같은 믿음과 성령이 충만한 지도자들에게도 반드시 찾아옵니다. 모든 절망을 예수 그리스도의 이름과 능력으로 물리치고 절망의 자리에서 일어나 희망의 예루살렘으로 유턴하는 신앙과 인생이 다 되시기를 축원합니다.

3. 미래—복음의 일꾼으로 변화된 자들입니다

"그들이 서로 말하되 길에서 우리에게 말씀하시고 우리에게 성경을 풀어주실 때에 우리 속에서 마음이 뜨겁지 아니하더냐 하고 곧 그때로 일어나 예루살렘에 돌아가 보니 열한 제자 및 그들과 함께 한 자들이 모여 있어 말하기를 주께서 과연 살아나시고 시몬에게 보이셨다 하는지라 두 사람도 길에서 된 일과 예수께서 떡을 떼심으로 자기들에게 알려지신 것을 말하더라"(32-35절).

두 제자는 부활하신 예수님이 성경을 풀어주실 때 마음이 뜨거워졌습니다. 말씀이 들어가면 마음이 뜨거워지고 감동을 받게 되어 삶과 발걸음이 바뀌게 됩니다. 이것이 말씀과 성령의 능력입니다. 이 능력 때문에 예수님을 믿고 예배하고 봉사하고 목사가 되고 선교사가 되고 자신을 드려 헌신하게 됩니다. 이 뜨거움이 없이는 평생 아무것도 못 합니다. 주의 일을 방관하고 방해하며 오히려 적그리스도가 됩니다(요일 2:22). 부활하신 예수님을 만나면 마음이 뜨거워지고, 말씀을 전하게 되고, 다시 사명의 자리인 예루살렘으로 돌아가게 됩니다. 요나가 다시스에서 다시 니스웨로 돌아간 것같이, 엠마오에서 예루살렘으로 방향 전환을 하게 됩니다. 자신의 말을 하는 것이 아니라, 예수님의 말씀인 복음을 말하게 됩니다. 이것이 체험적인 신앙이며 전도인 것입니다.

어떤 부인의 이야기입니다. 남편이 양말을 벗으면 아무 데나 집어던졌다고 합니다. 아빠가 그러니 아이들도 당연히 속옷이나 양말을 아무렇게나 던져 놓는다는 것이었습니다. 남편이 출근하고 아이들이 등교하고 나면, 자기는 너무 비위가 약해 그 양말이나 옷가지를 집어 드는 것이 뱀을 집어 드는 것처럼 싫었다고 합니다. 그래서 남편과 아이들에게 제발 빨랫감을 빨래통이나 세탁기에만 넣어주면 좋겠다고 누차 부탁했지만 끝내 듣지 않더라는 것입니다. 그래서 부인은 큰 빨래 바구니를 집 안 군데군데 놓아두었습니다. 그런데 곧 후회했다고 합니다. 벗어서 휙휙 집어던지는데 어떤 것은 들어가고, 어떤 것은 바닥에 떨어지고, 어떤 것은 걸쳐 있기도 하는 것입니다. 하루는 너무 속이 상한 부인이 식탁에 앉아 멍한 얼굴로 '저 버릇 언제 고치나…' 이런 생각을 하고 있는데, 남편이 평소 습관대로 옷을 벗어 휙 집어던졌다고 합니다. 그런데 그 순간 빨래통에 쏙 들어갔다는 것입니다. 그래서 부인이 기회를 놓치지 않고 "어떻게 거기에 집어넣었어요? 실력 대단하네요!"라고 말했습니다. 그랬더니 당장 남편에게 변화가 일어났다고 합니다. 집어던지는 것은 변하지 않았는데, 던져서 들어가지 않으면 집어다가 들어갈 때까지 던지더라는 것입니다.

이런 유명한 말이 있습니다. "칭찬으로도 고칠 수 없는 습관은 어떤 것으로도 고칠 수 없다." 이것을 칭찬 요법이라 합니다. 다시 말하면, 사람을 치료하는 가장 탁월한 효과를 가진 것은 칭찬이라는 것입니다. 서양 속담에도 이런 유명한 것이 있습니다. "한 방울의 꿀도 수많은 벌을 끌어모으지만, 수만 톤의 가시는 한 마리의 벌도 오게 할 수 없다." 흥미로운 것은, 칭찬은 꼭 그런 사람으로 만들어 버린다는 사실입니다. 이것을 '칭찬의 심리학'이라고 부릅니다. 누군가를 변화시키고자 할 때, 변화되었으면 하는 기대를 칭찬에 실어 상대방에게 전달하면, 상대방이 이내 그런 사람으로 변한다는 것입니다. 이런 점에서 우리 가정에 행복을 빚어낼 수 있는 가장 놀라운 비결이 있다면, 그것은 끊임없이 가족들에게 칭찬의 말을 던지는 것입니다.

운동선수는 응원 소리에 힘을 얻고, 사람들은 칭찬 한마디에 힘을 얻습니다. 미운 사람일수록 칭찬을 많이 해주라는 말이 있습니다. 언제가 그가 나를 위해 큰 일을 하게 될 수도 있기 때문입니다. 칭찬하는 데는 비용조차 들지 않습니다. 때로는 큰 비용으로도 해결할 수 없던 것을 진실한 칭찬 한마디가 해결하기도 합니다. 우리가 잘 아는 링컨 대통령은 위대한 업적을 많이 남겼음에도 주변에 그를 비난하는 사람이 많았다고 합니다. 링컨이 죽었을 때 그의 외투 호주머니에는 뜻밖에도 그를 칭찬하고 격려하는 내용의 기사가 실린 신문 조각이 있었는데, 얼마나 많이 봤는지 그것이 닳고 닳아 있었다고 합니다. 사람들은 그제야 링컨같이 위대한 인물이 어떻게 그 많은 사람의 비난의 화살을 피해 갔는지 알 수 있었습니다. 그는 바로 칭찬 한마디, 그것으로 피해 갔던 것입니다. 한 번의 칭찬이면

석 달도 살 수 있다는 말이 있습니다. 칭찬의 중요성을 꼭 기억하고, 그 칭찬을 잘 활용하는 지혜로운 성도들이 되시기를 바랍니다.

부활하신 예수님은 두 제자의 마음을 뜨겁게 하시어 다시 예루살렘으로 가게 하셨고, 두 제자로 인하여 또 다른 수많은 제자와 성도들이 마음이 뜨거워져 목숨을 내놓고 복음을 전하게 되었습니다. 말씀의 감동이 제자를 만들고 복음을 땅끝까지 전하게 했습니다. 모두에게 이런 은혜와 복이 충만하시기를 축원합니다.

사랑하는 번동 가족 여러분!

포기와 절망과 실망을 넘어 복음의 일꾼이 되어 엠마오에서 다시 예루살렘으로 올라가는 성도들이 다 되시기를 축원합니다.

여호와께서

(시 127:1-5)

쉬운 말이면서도 하기 어려운 말 세 가지가 있습니다. "나는 모릅니다" "나는 도움이 필요합니다" "내 잘못입니다"가 그것입니다. 이런 말은 나이 들어가면서 더 말하기가 어려워지고, 직책이 높아지면서는 더더욱 말하기가 어려워집니다. 또 어른이 아이에게 말하기가 어렵고, 선생이 학생에게 말하기가 어렵습니다. 상관이 부하에게 말하기가 어렵고, 잘난 사람이 못난 사람에게 말하기가 어렵습니다. 사람들은 "나는 모릅니다"라고 말하면 자신이 못난 사람으로 보이게 될까 봐 염려합니다. 그러나 자신이 모르는 것을 솔직하게 모른다고 말할 수 있는 것이 용기이고 인격입니다. "나는 도움이 필요합니다"라는 말 역시 마찬가지입니다. 남에게 도움을 요청하는 것을 자신의 부족함을 드러내는 것인 양 생각하기 때문입니다. 그러나 세상은 어차피 서로 돕고 사는 것입니다. 누구도 타인의 도움 없이 살아갈 수 없습니다. 도움이 필요할 때 기꺼이 서로 도움을 요청하고 또 도와주는 것이 세상이 돌아가는 이치입니다. “내 잘못입니다”라는 말도 그렇습니다. 자신이 하는 일에 실수나 허물이 없다고 유능한 사람이 아닙니다. 더 나은 삶을 추구하노라면 도전은 있게 마련이고, 그 도전을 극복해 나가다 보면 시행착오가 있을 수밖에 없습니다. 그런 착오가 있을 때 기꺼이 인정하는 것이 참된 용기입니다.

어느 커다란 벌레 한 마리가 좁은 공간에서 하늘을 쳐다보고 있었습니다. 그러자 같은 종류의 벌레들이 사방에서 모여들어 서로 짓밟으면서 너도나도 하늘을 보겠다고 경쟁을 벌였습니다. 그러는 사이에 수많은 벌레가 죽어갔습니다. 하늘에서 보물이 떨어지는 것도 아닌데, 허망한 생각에 마음이 팔려 다툼을 하면서까지 그처럼 죽어간 것이었습니다. 어느 세계적인 작가가 쓴 작품의 줄거리입니다. 물론 그 작가는 이 작품을 통해 허망한 일에 마음이 팔려 평생 허덕이다가 죽어가는 인간상을 그대로 보여준 것입니다. 이는 또한 하나님을 알지 못하고 세상일에 정신을 팔고 살아가는 인간들의 모습이 얼마나 허망하고 어리석은 것인지를 보여주고 있습니다.

모든 것의 결정과 심판은 오로지 하나님이 하십니다. 하나님의 절대주권을 인정하고 하나님 앞에서(Coram Deo) 살아가는 것이 행복하고 영원한 가치가 있는 삶입니다. 오늘 본문 시편 127편의 솔로몬의 시를 통해 하나님께서 우리 모두에게 주시는 풍성한 은혜를 다 경험하시기를 축원합니다.

1. 최선을 다하며 살아야 합니다

"여호와께서 집을 세우지 아니하시면 세우는 자의 수고가 헛되며 여호와께서 성을 지키지 아니하시면 파수꾼의 깨어 있음이 헛되

도다 너희가 일찍이 일어나고 늦게 누우며 수고의 떡을 먹음이 헛되도다 그러므로 여호와께서 그의 사랑하시는 자에게는 잠을 주시는도다"(1-2절).

인간은 이성과 지성과 영성으로 최선을 다하며 살아야 합니다. 게으르고 나태하고 무책임하고 책임을 전가하며 살아서는 안 됩니다. 성경의 다섯 달란트와 두 달란트를 받은 사람들처럼 최선을 다해야 착하고 충성된 종이 되고, 열매와 좋은 결과를 맺게 됩니다(마 25:21, 23). 한 달란트 받은 종처럼 자신이 받은 것을 땅에 묻어 두고, 놀고 쉬고 즐기며 원망하고 핑계하며 게으르고 나태하게 살아서는 안 됩니다(마 25:26). 최선을 다하여 집을 세우고 성을 지켜야 합니다. 게으르지 말고 열심을 내야 합니다(롬 12:11). 잠언은 이렇게 교훈합니다. "게으른 자여 개미에게 가서 그가 하는 것을 보고 지혜를 얻으라 개미는 두령도 없고 감독자도 없고 통치자도 없으되 먹을 것을 여름 동안에 예비하며 추수 때에 양식을 모으느니라"(잠 6:6-8).

나이가 들면 근육 감소로 살이 빠지고 힘이 없어 활기를 잃습니다. 노쇠 상태가 되면 낙상 골절이 증가하고, 요양 시설에 들어갈 위험도 커집니다. 경희대 노인노쇠연구센터가 제시하는 노년 건강을 위한 방법을 소개합니다. 첫째, 단백질 섭취를 충분히 하고 고기보다 야채 위주의 식사를 하는 것이 좋다는 말은 노년기에는 해당하지 않습니다. 각종 만성 질환을 앓고 있어 단백질 요구량은 오히려 올라갑니다. 일반 성인보다 오히려 더 많은 단백질을 먹어야 합니다. 식사 때마다 25그램 이상 먹는 것이 좋습니다. 돼지 보쌈 두 점 또는 닭가슴살 1/4덩어리 정도입니다. 둘째, 신체 활동량을 늘려야 합니다. 보행 속도가 느려지면 노화가 시작된 것입니다. 평소 달리기와 빨리 걷기 등 유산소 운동과 근력 운동을 섞어 1주에 3회 이상, 한 번에 30분 이상 해야 합니다. 별도로 운동을 못 한다면 집안일을 부지런히 하고 약속 장소에 빠른 걸음으로 다녀와도 비슷한 효과가 있습니다. 활발한 신체 활동을 하루 15분 이상만 해도 그렇지 않은 사람보다 근감소증이 3배 적습니다. 셋째, 비타민D를 보충해야 합니다. 부족하면 골다공증이 오고 근력이 약해집니다. 혈액 검사로 비타민D 농도를 측정해 보고, 부족하면 약물 복용이나 주사를 맞는 것이 좋습니다. 비타민D가 많은 우유·치즈 등 유제품, 계란, 연어·정어리 등 생선, 표고버섯, 시금치를 자주 섭취하면 좋습니다. 또 햇볕을 쬐며 걸으면 피부에서 비타민D 합성이 잘됩니다. 넷째, 우울증이 있으면 사회 활동이 줄고 식사를 잘 하지 않게 되므로, 적극적으로 약물치료를 받아야 합니다. 관절통, 신경통이 있으면 움직이지 않게 되니, 약물 복용으로 통증을 관리하는 것이 신체 활력 유지에 필수입니다. 다섯째, 부적절한 약물과 신경안정제 같은 약물은 근육을 약하게 만들기 때문에 사용을 조심해야 합니다. 경희대병원 가정의학과 원장원 교수는 그런 약물은 어지럼증을 유발해 낙상을 일으킬 수 있다며, "나이가 들면 약물 부작용에 취약하니 필요하지 않은 약을 먹지 않는 것도 매우 중요하다"고 말했습니다. (조선닷컴, 김철중 의학 전문기자)

인간의 수명과 건강과 능력은 한계가 있습니다(시 90:10). 시편 기자는 "우리에게 우리 날 계수함을 가르치사 지혜로운 마음을 얻게 하소서"(시 90:12)라고 말했습니다. 우리의 모든 것과 기회는 하나님이 주신 것이기에 하나님께 돌려 드려야 합니다. 신앙과 직장과 건강과 학업과 사업과 살림 등 모든 것에 게으르지 않고 최선을 다하여 여호와께서 기뻐하시는 삶을 살아가는 성도들이 다 되시기를 축원합니다.

2. 하나님께 삶을 맡기며 살아야 합니다

"여호와께서 집을 세우지 아니하시면 세우는 자의 수고가 헛되며 여호와께서 성을 지키지 아니하시면 파수꾼의 깨어 있음이 헛되도다 너희가 일찍이 일어나고 늦게 누우며 수고의 떡을 먹음이 헛되도다 그러므로 여호와께서 그의 사랑하시는 자에게는 잠을 주시는도다"(1-2절).

건축자가 아무리 수고하여 집을 세우더라도, 여호와께서 그 집을 세우시지 않으면 헛된 일이 됩니다. 여기서 '집'이란 하나님의 집인 성전도 뜻하기에, 솔로몬은 자신이 힘들여 건축한 성전이 하나님께서 세우신 것이라고 고백하고 있는 것입니다. 파수꾼이 아무리 깨어 성을 지켜도 여호와께서 지켜주지 않으시면 적의 공격을 받아 그것이 헛수고가 됩니다. 성공하기 위해 새벽 이른 시간부터 밤늦도록 수고하며 음식을 먹는다 하더라도 여호와께서 돕지 않으시면 헛된 것입니다. 하나님을 의지하고 믿음으로 사는 자는 자기가 할 수 있는 최선을 다한 다음에는 하나님께 모든 것을 맡기며 살아야 합니다(마 6:25-34). 그렇지 않으면 인간의 염려가 하나님의 역사를 막을 수 있습니다.

뉴욕의 한 공동묘지 관리인의 이야기입니다. 어떤 여인이 일주일에 5달러씩 묘지 관리 사무소로 돈을 보내왔습니다. 거기에는 짤막한 편지도 있었습니다. "죄송합니다. 제가 몸이 아파 아들 묘에 갈 수가 없습니다. 아들 묘에 일주일에 한 번씩 신선한 꽃으로 갈아 꽂아주시기를 바랍니다." 그러고는 한 주도 거르지 않고 편지와 돈을 보내왔습니다. 이렇게 수년이 흘렀습니다. 어느 날 그 공동묘지를 한 부인이 방문했습니다. 차가 도착하자 차 뒷자리에 앉아 있던 부인이 운전기사의 부축을 받고 내렸습니다. 몸이 쓰러질 듯 흔들렸습니다. 곧 죽을 것 같은 몸이었습니다. 그런데 그 가슴에는 꽃다발이 한 아름 안겨 있었습니다. 그 여인은 관리인을 찾아와 말했습니다. "제가 바로 일주일에 한 번씩 편지와 5달러를 보냈던 사람입니다. 제 이름은 아담스입니다. 제가 오늘 여기에 직접 오게 된 이유가 있습니다. 제 담당 의사가 제 생명이 몇 주 남지 않았다고 말해, 세상을 떠나기 전에 사랑하는 아들의 무덤에 손수 꽃다발을 갖다 놓고 싶어서 왔습니다." 그 말을 들은 관리인이 말했습니다. "그렇군요. 그런데 저는 부인에게 용서받을 것이 있습니다. 저는 매주 부인이 보내준 돈으로 꽃을 사서 무덤 앞에 놓을 때마다 부인에 대해 유감스럽게 생각해 왔습니다." 부인은 깜짝 놀라며 물었습니다. "무슨 말입니까?" 관리인이 말했습니다. "꽃은 불과 몇 시간도 안 되어 다 시들어 버립니다. 그리고 다음 날이면 썩어 냄새가 납니다. 그 무덤에 꽃을 꽂아 놓아도 누구 하나 향기를 맡을 사람이 없습니다. 죽은 사람이 냄새를 맡습니까? 좋아합니까? 그것은 부인의 생각일 뿐이고, 죽은 사람은 보지도 못하고 즐기지도 못합니다. 제가 사는 집 옆에 공립병원이 있습니다. 그래서 저는 가끔 가족이 없어 혼자 입원해 있는 환자들에게 꽃을 갖다주곤 했습니다. 그들에게 꽃을 주면 너무나 좋아했습니다. 그들은 환하게 웃었습니다. 냄새도 맡고 기뻐했습니다. 부인도 이제는 매주 공동묘지에 꽃을 놓지 말고 소외당한 사람들에게 꽃을 줘보십시오. 죽은 사람에게 주어서 무엇합니까? 산 사람에게 주어야지요." 이 말을 들은 부인은 마음이 불편했는지 아무 말도 하지 않고 가 버렸습니다. 그 후 3개월이 지났습니다. 어느 날 그 부인이 직접 운전을 하고 건강한 모습으로 공동묘지에 나타났습니다. 그리고 말했습니다. "관리인님! 제가 당신의 말대로 소외당한 사람들에게 꽃을 갖다주었습니다. 아들에게 일주일에 5달러씩 쓰던 돈을 아픈 이들에게 썼습니다. 그랬더니 그들이 너무나 좋아하더군요. 좋아하는 그들의 표정을 바라볼 때 제 마음도 기뻤습니다. 제 마음이 편안해졌습니다. 그러면서 신경성 질환도 떠나고, 몸이 이렇게 건강하게 회복되었습니다." 죽은 사람 눈높이로 살지 않고 소외된 사람 속에 들어가 그들 눈높이로 살았더니 기적이 일어난 것입니다. 삶의 눈높이를 낮추었더니 하나님께서 복을 주신 것입니다. 자기 연민에 빠지면 자기 자신이 죽습니다. 그러나 다른 사람에게 기쁨이 되어 주면 복을 받습니다.

잠언 16장 1절은 "마음의 경영은 사람에게 있어도 말의 응답은 여호와께로부터 나오느니라"라고 말씀합니다. 이어 3절에서는 "너의 행사를 여호와께 맡기라 그리하면 네가 경영하는 것이 이루어지리라", 9절에서는 "사람이 마음으로 자기의 길을 계획할지라도 그의 걸음을 인도하시는 이는 여호와시니라"라고 말씀합니다. 그리고 33절에서는 "제비는 사람이 뽑으나 모든 일을 작정하기는 여호와께 있느니라"라고 말씀합니다. 모든 말의 응답과 걸음과 경영과 작정은 사람이 아닌 전적으로 하나님께 있음을 믿기에, 자신의 최선을 다하고 모든 결과는 여호와께 맡기는 성도들이 다 되시기를 축원합니다.

3. 하나님이 복을 주십니다

"보라 자식들은 여호와의 기업이요 태의 열매는 그의 상급이로다 젊은 자의 자식은 장사의 수중의 화살 같으니 이것이 그의 화살통에 가득한 자는 복되도다 그들이 성문에서 그들의 원수와 담판할

때에 수치를 당하지 아니하리로다"(3-5절).

자식은 여호와께서 주시는 선물이며, 집이나 성이나 토지나 그 무엇보다 더 소중한 기업이고 상급입니다. 화살통에 가득한 화살처럼 자식이 많은 자는 세력이 있어 성문 재판석에서 적대자와 말할 때도 수치를 당하지 않습니다. 특별히 앞의 2절 하반절에서는 "여호와께서 그의 사랑하시는 자에게는 잠을 주시는도다"라고 말씀합니다. 요즘 불면증으로 고생하는 분이 많으신데, 이 잠을 주시는 복을 받으시기를 바랍니다. 하나님을 의지하고 믿음으로 사는 자는 최선을 다하고 하나님께 맡기므로, 아무 염려 없이 편안하게 잘 수 있다는 것입니다. 표준새번역 성경에서는 이렇게 번역하고 있습니다. "일찍 일어나고 늦게 눕는 것, 먹고 살려고 애써 수고하는 모든 일이 헛된 일이다. 주께서는, 사랑하시는 사람에게는 그가 자는 동안에도 복을 내리신다." 아침부터 늦은 시간까지 열심히 일하며 산다 해도 하나님의 은혜가 없으면 그 수고가 복으로 이어지지 않는다는 의미입니다. 나아가 하나님을 사랑하는 자에게는 그가 잠을 자는 동안에도 하나님께서 그의 삶에 복을 내리신다는 뜻입니다. 우리가 잠자는 동안에도 하나님은 일하십니다. 여호와께서 우리 모두의 가정과 신앙과 건강과 범사에 흘러넘치는 복을 주시기를 축원합니다.

사랑하는 번동 가족 여러분!

자신의 최선을 다하고 여호와께 맡김으로 여호와께서 현세와 내세에 주시는 놀라운 복을 모두 누리시기를 축원합니다.

한 사람

(롬 5:12-21)

등이 굽어 콤플렉스가 있는 모세라는 철학자가 있었습니다. 모세는 훌륭한 인품으로 사람들의 존경을 받았지만, 흉한 외모로 여성들에게는 기피 대상이었습니다. 독일을 여행하던 중 프롬체라는 여인에게 한눈에 반한 모세는 자신의 부족함을 알면서도 사랑의 마음을 감출 수가 없었습니다. 어떻게든 그녀의 마음에 들려고 노력했지만, 멋진 남자들에게 끊임없이 구애를 받던 프롬체는 모세에게 눈길조차 주지 않았습니다. 모세는 그곳을 떠나기 전날 밤 프롬체를 찾아가 자신의 진심을 이렇게 전했습니다. "하나님이 제 미래의 신부를 정해주시는 꿈을 꾼 적이 있습니다. 하나님은 저에게 훌륭한 외모를 주시고, 아내의 등은 굽게 만들겠다고 하셨습니다. 아내를 너무나 사랑한 저는 제 등을 굽게 하고, 아내에게는 더없는 아름다움을 달라고 간곡히 부탁했습니다. 비록 꿈이었지만 제 마음은 진심입니다. 제 사랑을 받아주시겠습니까?" 모세의 진심은 프롬체의 마음을 움직였고, 두 사람은 평생의 동반자가 되었습니다. 화목한 가정을 이루어 '가장 행복했던 음악가'로 불리는 멘델스존의 할아버지 모세 멘델스존의 일화입니다. 누군가를 사랑한다면 마음에 담아두지 말고 용기를 내 고백해 보십시오.

아무리 과일들이 싱싱해도 같은 상자에 있는 과일 하나가 썩어 부패하기 시작하면 나머지 과일 전부가 부패합니다. 페스트(pest)라는 병이 중세에 유럽 전역을 휩쓸며 수많은 사람의 생명을 앗아갔습니다. 감염 속도는 매우 빨랐고, 전염되면 대부분 죽었습니다. 병균은 인간의 육체를 죽이지만, 죄는 인간의 영혼을 죽이고 지옥으로 몰아넣습니다. 한 사람이 죄를 지음으로 모든 사람에게 전염되었고, 결국 모든 사람이 죽음과 지옥에 이르게 되었습니다. 그러나 하나님께서 길이요 진리요 생명이신 예수 그리스도를 통해 새 생명과 영생을 얻게 하셨습니다. 오늘 본문을 통해 예수 그리스도를 만남으로 모두 구원과 영생의 은혜를 충만하게 누리시길 축원합니다.

1. 한 사람 아담

"그러므로 한 사람으로 말미암아 죄가 세상에 들어오고 죄로 말미암아 사망이 들어왔나니 이와 같이 모든 사람이 죄를 지었으므로 사망이 모든 사람에게 이르렀느니라"(12절).

하나님은 6일 동안의 창조 사역을 마치시고 보시기에 좋다고 하셨습니다. 인간을 만드시고는 심히 좋다고 하셨습니다(창 1:31). 하나님의 이 큰 기쁨을 아담과 하와가 파괴했습니다. 한 사람 아담의 범죄로 모든 인류가 사망에 이르게 되었습니다. 하나님과의 관계가 단

절되었습니다. 인간은 스스로 지은 죄로 말미암아 하나님의 형상과 복을 상실한 것입니다. 칼빈을 비롯한 종교개혁가들은 이것을 '전적 타락'이라고 칭했습니다. 하나님께서 주신 선한 의지와 아름다운 본성이 하나도 남지 않고 다 소멸해, 구원받을 소망과 능력을 상실한 것입니다. 시편에서 다윗은 이를 "내가 죄악 중에서 출생하였음이여 어머니가 죄 중에서 나를 잉태하였나이다"(시 51:5)라고 표현했습니다. 하나님의 형상을 따라 지음 받았지만(창 1:26), 한 인간 아담의 범죄로 모든 인류가 죄악의 노예와 포로 상태로 추락하게 되었습니다.

오늘날 교회에서는 싸우는 일이 많습니다. 회의하다가도 별것 아닌 일로 싸웁니다. 그렇게 싸우다 교회가 분열되기도 합니다. 그러면 마귀가 매우 기뻐합니다. 손 하나 대지 않고 마귀가 승리를 경험하는 것입니다. 그런데 안타깝게도 싸우는 당사자들은 그것이 싸울 일이 아니라는 사실을 미처 깨닫지 못합니다. 분별력이 없기 때문입니다. 깨어 기도하지 않기 때문입니다. 분별력이 없으면 싸움의 대상을 파악하지 못합니다. 누구와 싸워야 하는지를 제대로 알지 못합니다. 분별력이 없으면 마귀의 전술에 휘말려 엉뚱한 곳에 에너지를 쓰게 됩니다. 오늘날 신자들은 매우 분주합니다. 분주한 생활로 피곤해지면 가장 먼저 기도에 소홀해집니다. 기도하려면 영적으로 민감해야 하고 집중력이 필요합니다. 기도하는 사람은 삶에서 불필요한 것을 가지치기해야 합니다. 승패는 기도하는 자리에서 결정됩니다. 모든 문제는 기도의 자리에서 해결됩니다. 그러므로 하나님께 모든 것을 내려놓고 맡기십시오. 하나님의 도우심을 구하십시오. 기도의 자리가 중요합니다. 나라와 교회와 가정과 자신을 위해 기도하는 그 자리에서 모든 것이 결정됩니다. 날마다 영적 무기인 기도의 날을 날카롭게 하십시오. 우리의 싸움의 대상은 가족이나 성도가 아닌 사탄입니다(엡 6:12).

본문에 ‘한 사람’이라는 단어가 12회나 반복됩니다. 그래서 로마서 5장을 ‘한 사람’ 장이라고 말합니다. ‘한 사람’을 모든 사람의 대표로 보는 것입니다. 대표자를 통한 하나님의 섭리입니다. 아담은 모든 범죄자의 대표로, 거기서 사망의 줄기가 나왔습니다. 어거스틴은 “한 사람을 통해 죄와 사망이 들어왔고, 모든 사람에게 죄와 사망이 미치게 되었다”라고 했습니다. 진화론은 인류의 조상을 원숭이로 보는 반면, 창세기는 완전한 사람 아담이 타락한 것을 말합니다. 과학은 인류를 동물에서 진화된 것으로 보지만, 성경은 인류를 완전히 타락한 존재로 봅니다. 아담은 하와의 머리로, 이 한 사람은 모든 인간을 대표하고 있습니다. 우리 모두 한 사람 아담의 후손으로서 예수 그리스도를 믿고 회개함으로 죄 사함과 영생을 누리기를 축원합니다.

2. 한 사람 예수

"한 사람의 범죄로 말미암아 사망이 그 한 사람을 통하여 왕 노릇 하였은즉 더욱 은혜와 의의 선물을 넘치게 받는 자들은 한 분 예수 그리스도를 통하여 생명 안에서 왕 노릇 하리로다"(17절).

사랑이신 하나님께서는 자신이 창조하신 인간을 죽음 가운데 버려두시지 않고, 인간에게 한 길을 허락하셨습니다. 전적으로 타락하여 전적으로 무능력한 인간에게 하나님의 생각과 방법으로 새 생명의 길을 주셨습니다. 그것은 영원한 생명의 씨앗이었습니다. 이는 곧 하나님 자신이면서 독생자이신 예수 그리스도이십니다. 하나님께 범죄하고 지옥으로 내몰린 인간에게 하나님 스스로 인간이 되셔서 성육신하신 것입니다. 가장 멀리 그리고 가장 낮게 인간의 몸으로 이 땅에 오셨습니다. 태초부터 존재하셨던 말씀(Logos)이 육신이 되어 인간 세계를 구원하러 오신 것입니다. 그리고 생명이신 예수님이 직접 인간을 위하여 오셔서 죽으심으로 모든 인간을 구원하셨습니다(마 20:28; 막 10:45). 영원히 죽었던 인간들이 오직 예수 그리스도를 믿음으로 모두가 살고 영생을 얻게 되었습니다. 한 사람 예수 그리스도가 이루신 기적입니다.

인류는 아담으로부터 오늘 우리에 이르기까지 언제나 심판을 자초하는 죄인들입니다. 하나님은 우리에게 복과 생명을 풍성히 주고자 하시지만, 우리는 끊임없이 하나님을 거부하고 우리 나름의 좋은 것을 추구해 왔습니다. 그러나 하나님은 죄인인 우리가 자초하는 심판과 절망과 파국이 우리의 결말이 되지 않게 하겠다는 의지를 보여주십니다. 하나님이 언약 백성에게 요구하시는 바가 있는 것입니다. 하나님은 그분의 백성이 이방 민족들과 구별 없이 사는 것을 용납하지 않으십니다. 그 구별은 하나님만이 주시는 복과 은혜와 생명의 풍성함을 구체적으로 보여주시기 위한 것입니다. 또 그것은 모든 민족을 향한 하나님의 복된 계획이 이루어지도록 하나님이 의도하신 장치입니다. 하나님은 우리가 생각하는 것보다 더 크고 은혜로우십니다. 그런 하나님과 연합하고 하나님을 의지하며 사는 것이 유일한 생명의 길입니다. 그 길에서 하나님은 우리를 기다리십니다. 비록 지금은 실패해 망하게 되었으나 아직 끝이 아니라고, 이 모든 일을 통해 하나님을 더 깊이 알게 될 것이라고 애타게 외치십니다. 하나님을 더 깊이 알아 제사장 노릇을 제대로 할 기회와 하나님 백성답게 살 기회를 우리에게 주고자 하십니다(출 9:5-6; 벧전 2:9). 하나님은 계약이 아닌 언약으로 우리를 끝까지 사랑하시고 구원하십니다.

바울은 '한 사람'이라는 표현으로 인성이나 신성을 초월하여 아담과 예수 그리스도를 일대일로 대조하고 있습니다. 한 사람 아담의 범죄는 많은 사람의 죽음을 가져왔고, 한 사람 예수 그리스도의 대속은 많은 사람을 구원했습니다. 본문의 '더욱'은 예수 그리스도의 은혜가 양적으로 더 크고, 질적으로 더 확실한 것을 뜻합니다. 오직 예수 그리스도가 완전한 승리를 거두셨음을 선포하는 것입니다. 비교할 수 없는 우위이며 승리입니다. 사탄이 아담을 앞세워 하나님 나라와 백성을 멸망시키려고 하였으나, 예수 그리스도는 십자가와 부활로 완전한 승리를 거두셨습니다. 한 사람 예수 그리스도를 믿음으로 영원한 구원과 천국의 삶을 누리는 성도가 다 되시기를 축원합니다.

3. 한 사람 나(OOO)

"율법이 들어온 것은 범죄를 더하게 하려 함이라 그러나 죄가 더한 곳에 은혜가 더욱 넘쳤나니 이는 죄가 사망 안에서 왕 노릇 한 것 같이 은혜도 또한 의로 말미암아 왕 노릇 하여 우리 주 예수 그리스도로 말미암아 영생에 이르게 하려 함이라"(20-21절).

아담으로 인한 범죄와 멸망은 예수 그리스도로 말미암은 의와 영생이란 복으로 완성되었는데, 그 중간에 있는 율법이 무슨 의미가 있느냐는 것입니다. 하나님은 잔인한 폭군이 아니라 생명의 아버지가 되신 것입니다. 율법으로 인해 범죄가 더해지는 잔인한 현상이 넘치는 은혜로 압도된 것입니다. 하나님의 은혜는 죄인들을 의롭게 하시는 법에 의해 지배되며, 그 목적은 그리스도의 공로를 통해 사망에서 영생으로 인도하는 것입니다. 예수 그리스도를 믿고 영접한 모든 성도는 사망의 왕국을 떠나 영생의 왕국을 향해 가고 있는 것입니다. 예수 그리스도를 믿는 성도는 누구도 정죄하지 못하며, 건드리지도 못합니다(요일 5:18).

어느 조류학자가 강의에서 한 이야기입니다. "지구상에서 가장 높이, 가장 멀리 날아갈 수 있는 새는 알바트로스입니다. 알바트로스는 빠른 속도와 높은 고도로 비행하는데, 그 힘은 어디서 비롯되는 것일까요? 그것은 알바트로스의 뼈를 보면 알 수 있습니다. 놀랍게도 알바트로스의 뼈는 속이 비어 있습니다. 이러한 '골공'(骨空) 구조 때문에 알바트로스는 높이, 빨리 날 수 있는 것입니다." 그런데 골공 구조가 한편으로는 치명적인 위험 요소가 됩니다. 뼛속이 비어 있기에 작은 충돌에도 몸이 부서져 쉽게 죽을 수 있기 때문입니다. 그러나 이 골공 구조가 알바트로스를 높이, 빨리 날게 하는 원동력인 것은 분명한 사실입니다. 지극히 높으신 하나님의 뜻을 따르며 그분의 유업을 이어가기 위해서는 비워야 할 것과 감수해야 할 것이 있습니다. 세상 욕심을 비워야 하고, 때로는 위험이나 모험을 감수해야 합니다. 그런데 많은 사람이 언제나 자기를 지켜줄 것이라고 착각하며 세상적인 것들로 자신을 가득 채웁니다. 하나님의 본체이신 예수님은 자기를 비우고 종이 되셔서 죽기까지 하나님께 복종하심으로 지극히 높은 영광에 이르셨습니다. 예수님이 본을 보이신 '자기 비움'은 가장 높은 경지의 신앙을 추구하는 이들이 가야 할 길입니다(빌 2:7-8).

하나님께서 이스라엘 백성에게 율법을 주신 것은 하나님의 뜻대로 살도록 하기 위함입니다. 율법을 지키면 죄를 줄이고 하나님께

복을 받을 수 있습니다. 율법은 죄를 깨닫게 하기 위해 주신 것입니다. '죄가 더한 곳에 은혜가 넘친다'는 말씀은 죄가 많을수록 은혜가 커진다는 뜻이 아니라, 아무리 큰 죄라도 하나님의 은혜는 그 죄를 덮을 만큼 크고 강력하다는 뜻입니다. 그리스도의 은혜는 모든 죄를 덮을 수 있을 만큼 크고 강합니다. 그러나 우리는 하나님의 은혜를 남용하지 말아야 합니다. 평생 은혜를 생각하며 회개와 순종의 삶을 살고 그리스도의 은혜에 보답하며 사는 한 사람, 진정한 그리스도인이 바로 우리 모든 성도가 되기를 축원합니다.

사랑하는 번동 가족 여러분!

많은 사람 중에서도 한 사람이 중요합니다(렘 5:1). 한 사람 아담의 죄로 인하여 한 사람 예수 그리스도께서 우리를 구원하신 은혜에 감사하며, 그 은혜를 전하며 사는 바로 그 한 사람이 다 되시기를 축원합니다.

4부

행복한 사람

기억하라

(출 19:1-6)

심리학에서는 학문적으로 두려움을 다음의 네 가지로 분류합니다. 곧 공격성을 나타내는 두려움(Fight), 도망치게 만드는 두려움(Flight), 아무것도 못 하게 만드는 두려움(Freeze), 원인을 제거하려는 용기를 내게 만드는 두려움(Fawn)입니다. 두려움이 아예 없는 사람은 위험을 피할 수 없고, 반대로 두려움이 너무 많은 사람은 자신이나 상대방을 다치게 할 확률이 높습니다. 그러나 두려움을 극복하기 위해서는 결국 용기가 필요합니다. 용기는 두려움이 없는 사람이 아니라, 두려움을 인정하고 극복한 사람만이 낼 수 있습니다.

독일의 대문호 괴테는 "용기는 두려움이 없는 상태가 아니다. 진정한 용기란 두려움이 있음에도 행동하는 상태다"라고 말했습니다. 옳은 일에는 항상 용기가 필요합니다. 니느웨로 향하던 요나도 두려움을 느꼈고, 바알 선지자들과 싸워 이긴 엘리야도 두려움을 느꼈습니다. 우리 주님도 십자가 고난을 앞에 두고는 두려움에 간절히 기도했습니다. 그러므로 두려운 일이 생기지 않게 해달라고 기도하지 말고, 두려움을 감당할 용기를 달라고 주님께 기도하십시오.

하나님은 이스라엘 백성을 선택하셨고, 특별히 사랑하고 훈련시키며 기대하셨습니다. 애굽 땅에 열 가지 재앙을 내리시는 중에도 그들은 아무런 손해를 입지 않도록 특별하게 보호하고 인도하셨습니다. 홍해를 열어 그들을 안전하고 완전하게 건너게 하신 반면, 애굽의 왕과 특별 병거와 군인들은 모두 죽게 하셨습니다. 또 광야 40년 동안 만나와 메추라기를 공급해 먹게 하셨고, 반석에서 물이 솟게 해 마시게 하셨으며, 옷과 신발이 닳지 않도록 기가 막힌 은혜를 허락해 주셨습니다. 어느 것 하나 은혜 아닌 것이 없었습니다. 모든 것이 놀라운 은혜였습니다. 하나님은 이처럼 특별한 은혜와 사랑을 이스라엘 백성에게 부어주셨습니다. 그리고 이 놀라운 은혜를 받은 이스라엘 백성에게 하나님을 제대로 잘 섬기고, 이 모든 사실을 자손에게 전하라고 명령하셨습니다. 하나님께서 자신의 삶에 베풀어 주신 은혜와 기적을 자손들에게 전하는 성도가 다 되시기를 축원합니다.

1. 은혜를 기억하라

"내가 애굽 사람에게 어떻게 행하였음과 내가 어떻게 독수리 날개로 너희를 업어 내게로 인도하였음을 너희가 보았느니라"(4절).

이스라엘에는 독수리가 많이 서식합니다. 본문은 독수리가 새끼를 훈련시킬 때 새끼를 등에 업고 날개를 펴고 가다가 높은 상공에서 새끼를 떨어뜨려 새끼가 필사적으로 날게 하고, 아주 위험할 때는 내려와 다시 업고 올라가는 동작을 반복하는 것을 배경으로 표현한 것입니다. 애굽에서는 독수리가 모성애의 상징으로 숭배되었습니다. 하나님께서 이스라엘 백성을 애굽에서 인도하시어 광야에서 훈련시키신 것을 독수리의 훈련에 비유한 것입니다(신 32:10-11). 율법에 담긴 근본정신은 이런 사랑이었습니다. 이스라엘 백성은 출애굽을 하면서 나일강의 물이 피로 변한 기적과 장자 재앙과 홍해 사건까지, 하나님께서 애굽 사람들만 심판하신 구체적이고도 반복적인 놀라운 사건들을 생생하게 두 눈으로 보았습니다. 이제 하나님은 율법을 주시기 전에 그 구원 사건을 상기시키심으로, 이스라엘을 향한 하나님의 사랑을 확증하고 자손에게 전하라고 하셨습니다.

《경유록》에 보면 다음과 같은 이야기가 나옵니다. 상인이 많이 사는 흡 지방에 한 선비가 살고 있었습니다. 선비의 부친은 젊어서 먼 지방 일대로 장사를 떠났는데, 떠난 지가 어느새 삼십 년이나 되었습니다. 선비의 집 방안에는 아버지가 떠나며 남긴 아버지의 초상화 한 장만이 남아 있을 뿐이었습니다. 어느 날 집을 떠난 아버지가 삼십여 년 만에 드디어 집으로 돌아오게 되었습니다. 그러나 아버지를 만난 아들은 너무 오랜만에 만난 탓인지 자기 앞에 서 있는 사람을 아버지라고 믿을 수가 없었습니다. 방에 걸려 있는 초상화와 비교해 보았지만 서로 닮은 데가 조금도 없었습니다. 그는 아버지에게 말했습니다. "그림 속의 제 아버지는 살결이 희고 살이 쪘는데, 당신은 살결이 검고 몸이 말랐습니다. 그림에는 수염이 검고 적은데, 지금 당신의 수염은 희고 많습니다. 쓰고 있는 모자나 입고 있는 옷이나 신고 있는 신발까지 너무나 그림과 다른 것 같습니다." 초상화와 다르다며 돌아온 아버지를 믿지 못하는 것이었습니다. 딱하게도 그의 어머니 또한 마찬가지였습니다. 자기 남편이 돌아왔지만, 아들의 이야기를 들은 어머니는 아들을 따라 초상화를 쳐다보며 “네 말이 맞다. 초상화하고는 너무나 차이가 크구나” 하면서 남편을 선뜻 맞아들이지 않는 것이었습니다. 난감해진 아버지는 할 수 없이 예전에 있었던 일들을 이야기하기 시작했습니다. 초상화를 그린 화가의 이름과 초상화를 그리게 된 사연 등을 상세하게 이야기했습니다. 이야기를 들은 어머니가 그제야 몹시 기뻐하며 남편인 줄 알아보았고, 그런 어머니의 모습을 보고 나서야 아들도 예를 갖추고 아버지를 아버지로 모셔 들였다는 이야기입니다. 아들이나 그 어머니나 너무 오랫동안 아버지와 남편을 보지 못했으니 그럴 수도 있겠구나 싶지만, 생각해 보면 사실 이 해프닝은 초상화 때문에 생긴 일입니다. 아들과 그 어머니는 초상화에 얽매어 돌아온 아버지와 남편을 알아보지 못했습니다. 아버지를 기억하라고 그린 초상화가 오히려 아버지를 알아보지 못하게 한 것입니다. 문득 아버지와 어머니를 바라보면 우리의 기억 속에 남아 있는 예전의 모습과 사뭇 다를 때가 많습니다. 흰머리는 더욱 늘고, 주름은 더욱 깊어지고, 손은 더욱 야위고, 등은 더욱 굽어졌습니다. 그럴 리야 없겠지만 지금의 부모님이 기억 속에 남아 있는 부모님의 모습과 다르게 노쇠했다고, 행여 부모님의 은혜를 잊어버리고 박대하는 어리석은 사람이 되어서는 안 될 것입니다.

우리는 헤아릴 수 없고, 기억할 수 없고, 측량할 수 없을 정도로 은혜를 받고 누렸으며, 지금도 누리고 있습니다. 그러나 그 은혜를 감사하게 생각하지 않고 당연하거나 부족하다고 불평하며 원망하는 경우가 많습니다. 우리는 부모님의 계산을 초월한 희생적인 사랑을 받았고, 하나님의 놀라운 현세적인 은혜와 구속사적인 사랑을 받았습니다. 그럼에도 기억하지 말아야 할 것을 기억하고, 잘못된 것을 기억함으로 거역하고 원망하는 것이 우리 마음과 몸에 잔뜩 배어 있습니다. 평생 베풀어주신 은혜만을 기억하고 감사하며, 또 자손들에게 그 은혜의 기억을 전해주는 성도가 다 되시기를 축원합니다.

2. 정체성을 기억하라

"세계가 다 내게 속하였나니 너희가 내 말을 잘 듣고 내 언약을 지키면 너희는 모든 민족 중에서 내 소유가 되겠고"(5절).

전 세계와 열방이 하나님의 소유이지만, 이스라엘은 그중에서도 특히 보배로운 소중한 소유입니다. 하나님은 이스라엘을 통하여 열방을 하나님께로 인도하며 성화시키고자 하시는 목적이 있기 때문입니다. 이스라엘을 선택하신 목적은, 그들이 하나님의 소유일 뿐 아니라 그들로 하나님의 말씀에 순종하고 언약을 지켜 거룩한 백성이 되게 하시려는 것입니다. 이스라엘 백성에게는 분명한 정체성과 역사적 사명이 있었습니다. 온 우주와 모든 사람은 하나님의 소유입니다. 우주적인 하나님께서 이스라엘을 택하시고 자신의 소유와 백성으로 삼으셨음을 강조하는 내용입니다. '소유'의 히브리어 '세굴라'(סְגֻלָּה)는 평범한 소유물이 아니라, 특별한 소유물과 매우 귀중한 소유물, 매우 값진 소유물을 가리키는 것입니다(슥 9:16). 이스라엘 민족이 하나님의 언약인 율법을 지키기만 하면, 그들은 세상 열방 중에서 하나님이 가장 귀중하게 여기는 백성이 될 것이라는 사명과 복입니다.

다른 사람과의 갈등을 해결할 수 있는 첫 번째 원리는 나 자신도 언제나 실수할 수 있는 사실을 인정하면서 나에 대한 비판을 수용하는 것입니다. 그래서 잠언 28장 13절에서는 "자기의 죄를 숨기는 자는 형통하지 못하나 죄를 자복하고 버리는 자는 불쌍히 여김을 받으리라"라고 말씀합니다. 그러므로 우리는 갈등으로 고통받을 때마다 "주님, 저는 이 모든 갈등을 주님께 내어놓습니다. 주님께서 해결해 주십시오. 그렇지만 제 잘못을 고치는 일부터 먼저 시작하게 해주세요"라고 기도해야 합니다.

다른 사람과의 갈등을 해결하는 두 번째 원리는 상대방에 대한 나의 감정적 반응을 내가 책임지는 것입니다. 만약 내가 기분이 나쁘다고 무조건 다른 사람을 탓한다면, 그것은 상대방에 앞서 나의 내면의 성품이 잘못되어 있음을 스스로 보여주는 것이기 때문입니다.

갈등을 해결하는 세 번째 방법은 나와 갈등 관계에 있는 상대방의 입장에 서보는 겁니다. 그러면 왜 그가 그런 생각과 감정을 갖게 되었는지를 이해할 수 있기 때문입니다. 그래서 과거 친구와의 갈등 때문에 고통받았던 경험이 있는 어떤 사람은, 다른 사람에게 자기를 이해시키려고 애쓰기보다, 오히려 다른 사람을 이해하려고 자기 자신을 매일 다그친다고 했습니다. 이는 성 프랜시스의 "주님, 이해받기보다 남을 이해하기 위해 더 많이 애쓰게 해주소서"라는 기도문이 기억나게 하는 매우 지혜로운 태도라고 할 수 있습니다. 이처럼 대부분의 갈등은 각자의 다른 입장 때문에 생겨납니다. 따라서 입장을 바꾸어 보면 모든 갈등은 소리 없이 사라져 버립니다.

우리는 갈등으로 인하여 자신의 정체성을 잃어버리는 경우가 많습니다. 어른과 성도로서 그 품위와 사명을 버리고 세상 사람들과 똑같이 사는 것입니다. 세상의 모든 것이 변해도 우리는 세상의 빛과 소금의 사명을 감당해야 합니다(마 5:13-16). 무엇보다 하나님의 말씀에 전적으로 순종하지 못할 때 갈등이 일어나 타락하고, 점점 더 하나님에게서 멀어지게 됩니다. 그래서 마지막에는 사명은커녕 주님을 부인하고 배반하고 저주했던 가룟 유다와 베드로의 처지가 되어 버립니다(마 26:70-75). 어떠한 상황과 위치에서도 우리는 하나님의 특별한 소유이며 우리에게는 사명이 있다는 사실을 기억하여 하나님의 기쁨이 되고, 또 그 하나님을 자손에게 전하는 성도가 다 되시기를 축원합니다.

3. 제사장 나라임을 기억하라

"너희가 내게 대하여 제사장 나라가 되며 거룩한 백성이 되리라 너는 이 말을 이스라엘 자손에게 전할지니라"(6절).

이스라엘이 하나님의 보배가 된 것을 구체적으로 설명하는 것으로, 이스라엘이 국가적으로 제사장의 사명을 받은 것을 뜻합니다. 이스라엘은 세계 모든 나라의 백성을 하나님께 인도하고 하나님에 대한 참된 지식을 가르쳐주어야 하는 사명을 받은 것입니다. 하나님은 세계의 만민을 부르시기 위해 그중에서 이스라엘이라는 한 민족을 택하시어 그들에게 유일하신 여호와를 알게 하시고, 그들을 통해 세계 만민을 주 앞으로 부르시는 것입니다. 모든 일에는 질서와 계획과 방법이 있으며, 이 일에서는 이것이 하나님의 의도이며 방법입니다. 이스라엘은 그들 안에 제사장을 둘뿐더러, 그들 나라가 다른 나라에 대해 제사장 나라가 되었습니다(사 6:6). 이스라엘은 하나님을 향한 신앙을 얻었고, 이 믿음을 세상에 전달해야 했습니다. '거룩한 백성'은 '성별된 백성'을 뜻합니다. 이스라엘은 제사장 나라가 되기 위해 성별되었습니다. 그들은 거룩한 부담감을 가지고 제사장 나라가 되고, 또 모든 열방을 하나님 앞에 서게 해야 했습니다.

화목하지 못한 한 가정이 있었습니다. 매일 부부싸움이 끊이지 않았습니다. 사소한 일로 언쟁을 벌이다가도 살림을 부수고 상대를 때리는 폭력으로 비화해 가는 것이 보통이었습니다. 그러다 보니 부부의 얼굴에 상처가 가실 날이 없었고, 살림살이도 성한 것이 없었습니다. 이래서는 안 되겠다고 생각한 부인이 정신과 의사를 찾아갔습니다. "선생님, 우리 부부는 싸움이 너무 잦아서 불행합니다. 싸우지 않게 하는 처방이 있으면 좀 가르쳐주십시오." 의사는 빙그레 웃더니 "염려 마십시오. 우리 병원에는 싸우지 않게 하는 묘약이 있습니다. 조제해 드릴 테니 잠깐만 기다리십시오" 하고는 약국으로 들어갔습니다. 잠시 후 의사는 노란 물약이 들어 있는 큼직한 병 하나를 들고나왔습니다. 그리고 부인에게 그 약을 주면서 이렇게 당부했습니다. "싸움이 시작되었을 때 이 약을 세 숟가락 정도 드십시오. 그러나 주의 사항이 있습니다. 이 약을 입에 넣고 3분 이상 있나가 삼켜야 합니다. 그렇지 않으면 약효가 없습니다."

부인은 약을 가지고 집으로 와서 의사의 지시대로 했습니다. 신기할 정도로 약효가 좋았습니다. 약을 복용하는 동안 그 집은 싸움 없이 평온하게 지낼 수 있었습니다. 얼마 후 약이 다 떨어졌습니다. 부인은 다시 의사를 찾아가 말했습니다. "선생님, 지난번에 좋은 약을 지어주셔서 감사합니다. 그 약의 효험을 많이 보았습니다. 약이 다 떨어졌으니 한 병 더 조제해 주십시오." 의사는 미소 띤 얼굴로 부인을 쳐다보면서 이렇게 말했습니다. "부인, 약은 이제 더 가져가실 필요가 없습니다. 이전의 그 약은 맹물에 색소를 조금 탄 것입니다. 약효는 3분간 참는 데 있었습니다."

옛말에 '어부지리'(漁父之利)라는 말이 있습니다. 그 말의 유래는 다음과 같습니다. 두루미가 해변을 날고 있다가 큰 조개가 입을 딱 벌리고 있는 것을 보고 쏜살같이 내려가 주둥이로 조개의 속살을 쪼았습니다. 깜짝 놀란 조개는 껍질을 세게 닫아 두루미의 주둥이를 물었습니다. 둘 다 양보 없이 서로 상대의 입을 물고는 놓아주지 않았습니다. 그때 마침 한 어부가 근방을 지나다가 서로 물고 있는 두루미와 조개를 잡아갔습니다. 결국 두루미와 조개는 싸우다가 모두 생명을 잃고 말았습니다.

제사장 나라가 되고 거룩한 백성이 되기 위해서는 3분이 아니라 끝까지 참아야 합니다. 하나님과 복음과 교회와 선교를 위해 모든 성질과 혈기를 참아야 합니다(눅 22:51). 제사장 나라와 거룩한 백성의 사명은 영적 이스라엘인 우리 모두에게도 주신 사명이며, 우리는 왕 같은 제사장들입니다(벧전 2:9). 더욱 거룩해야 제사장이 되고, 제사장 나라가 될 수 있습니다(레 11:44, 19:2). 우리 모두는 거룩한 백성이 되고 제사장 나라가 되어야 함을 기억하고, 또 자손들에게 전하시기를 축원합니다.

사랑하는 번동 가족 여러분!

하나님은 우리에게 큰 기대가 있기에 기억하라고 명령하셨습니다. 하나님의 은혜와 우리의 정체성과 제사장 나라 됨을 기억하고, 또 이 은혜를 자녀와 다음 세대에게 전하는 교회와 성도들이 되시기를 축원합니다.

에바다

(막 7:31-37)

“동물의 세계”라는 다큐멘터리를 보면, 동물마다 독특한 장점을 가지고 환경에 적응함을 알 수 있습니다. 사자나 표범은 날쌔게 달려 날카로운 이빨로 다른 동물을 물어뜯습니다. 노루 같은 동물은 뛰어난 청각과 빨리 도망갈 수 있는 능력이 있습니다. 소는 뿔이 있고, 하마나 악어는 물속에 자기 몸을 숨깁니다. 이런 동물에 비하면 인간은 참으로 연약합니다. 사자처럼 빨리 달릴 수 있는 것도 아니고, 표범처럼 날카로운 이빨도 없으며, 덩치도 크지 않습니다. 그러나 인간에게는 다른 동물들과 비교할 수 없는 능력이 하나 있습니다. 바로 지혜입니다. 인간은 지혜로 이런 불리함을 극복하고 강한 존재가 되었습니다. 그러나 이 좋은 머리로도 할 수 없는 것이 있습니다. 죄로 인해 하나님과의 관계에 장벽이 생긴 이래로 인간은 스스로 하나님을 알 수 없습니다. 성령의 조명하심이 있어야 하고, 먼저 알게 된 누군가가 알려줘야 합니다. 하나님을 알게 되었다 해도,

인간은 자주 하나님을 잊습니다. 자기를 믿고 하나님을 떠나는 죄에 빠질 때가 많습니다. 정욕과 죄의 유혹을 스스로 해결할 수도 없습니다. 본래 하나님의 지혜는 그냥 주어지는 것이 아닙니다. 하나님 말씀을 붙들고 씨름하는 가운데 체득되는 것입니다. 그렇게 갖게 된 신앙을 자손에게 물려주십시오. 그들은 불필요한 시행착오를 반복하지 않고, 실패한 조상의 전철을 밟지 않는 거룩한 지혜를 갖게 될 것입니다.

오늘 본문에는 귀먹고 말 더듬는 한 사람이 등장합니다. 인간은 많은 것을 가지고 있어도 살아가는 것을 두려워하고 불안해하며 힘들어합니다. 몸과 정신이 건강하고 온전해도 세상 살기가 너무나 힘듭니다. 그래서 자살하고, 삶을 포기하고, '3포', '5포', '7포' 등과 같이 다 포기한 'N포' 세대가 생겨납니다. 많은 것을 가진 건강한 사람도 살기가 어렵고 힘든데, 본문의 귀먹고 말 더듬는 사람은 인생이 얼마나 답답하고 고통스러웠겠습니까? 그런데 이 사람이 예수님 만나 새로운 사람이 되고, 목숨 걸고 예수님을 전하는 전도자가 되었습니다. 이것이 바로 에바다의 역사와 은혜입니다. 이런 기적이 오늘 우리 모두에게 임하기를 축원합니다.

1. 장소가 생명입니다

"예수께서 다시 두로 지방에서 나와 시돈을 지나고 데가볼리 지방을 통과하여 갈릴리 호수에 이르시매"(31절).

예수님께서 두로를 떠나 다른 이방인의 땅을 순회하신 후 갈릴리 호수에 도착하셨습니다. 두로에서 북향하셔서 시돈에 이르시고, 다시 동남으로 우회하셔서 데가볼리를 거쳐 갈릴리 호수에 이르셨습니다. 이와 같이 우회하신 특별한 이유를 밝히고 있지 않아, 시돈을 통과하신 것에 대해 의문을 표하는 사람들이 있으나, 그렇게 여행하시지 못할 이유도 없다고 봅니다. 본문에서는 지리적인 설명이 분명합니다. 여러 곳을 통과하여 갈릴리 호수에 이르신 것을 강조하고 있습니다. 갈릴리 호수에 오시기 위해 여러 곳을 통과하신 것입니다. 오로지 갈릴리 호수에 오는 것이 목적이었습니다. 그 순회의 목적지가 바로 갈릴리 호수였던 것입니다. 우리에게도 오늘 하나님께 예배드리는 이 자리가 우리의 목적지입니다.

시편에는 '성전에 올라가는 노래'라는 표제가 붙은 시가 열다섯 편 있습니다. 순례자들이 각각의 처소에서 예루살렘 성전을 향해 걸어 올라가는 동안 부르는 노래들입니다. 그렇게 보면 성전에 도착해서 성전 뜰에 들어가는 순간이 아니라, 예배하러 가기 위해 길을 나서는 순간부터 이미 예배가 시작된 것입니다. 예배는 자신의 관심을 오롯이 하나님께 드리고 집중하는 것인데, 사실 현대인들은 무언가에 집중하기를 힘들어합니다. 주의를 분산시키는 문화에서 살고 있기 때문입니다. 한적한 시간에 산책하다 땅에 떨어지는 사과를 보고 위대한 원리를 발견한 뉴턴과 같은 과학자를 오늘날 만나기란 쉽지 않을 것입니다. 사과나무 밑에서도 통화하고 검색하며 유튜브를 보느라 분주할 테니 말입니다. 이렇게 마음이 고요해지거나 무언가에 집중하기 힘든 환경이다 보니, 하나의 대상에 집중하는 능력도 점점 사라지고 있습니다. 어떤 교회에서는 이렇게 안내하기도 합니다. '예배당에 들어가기 전에 휴대전화의 전원을 끄십시오. 그리고 당신의 모든 염려도 끄십시오.' 우리도 휴대전화의 전원을 끄는 행동을 통해 스스로 무언가를 끌 수 있음을 자각해 보는 것도 좋을 듯

합니다. 나아가 끊임없이 찾아오는 걱정과 다른 사람을 판단하는 마음을 예배 시간에는 꺼 버리십시오. 우리 마음을 하나님께 온전히 구별해서 드리려고 의도적으로 노력하십시오. 오롯이 하나님만을 주목하여 예배하는 기쁨과 감격을 누리십시오.

오늘 우리가 이 지역에 살기까지 우리는 여러 지역과 도시를 거쳐 왔고, 또 이 교회에 정착하기까지 여러 교회를 통과하고 또 통과해 여기에 이르렀습니다. 그 과정에서 많은 아픔과 기쁨, 이익과 손해가 있었을 것입니다. 그 모든 것을 거쳐 지금 우리가 여기에 있는 것입니다. 예수님의 목적지가 최종적으로 갈릴리 호수였던 것처럼, 지금 여기가 우리가 예수님께 예배하고 집중하기 위한 최종 목적지가 되기를 축원합니다.

2. 사람이 생명입니다

"사람들이 귀먹고 말 더듬는 자를 데리고 예수께 나아와 안수하여 주시기를 간구하거늘"(32절).

데가볼리 지방에서 귀신 들린 자를 고치신 일이 있었으므로(막 5:20) 예수님에 대한 소문은 이미 파다했습니다. 그래서 각색 병자들이 모여온 것입니다. 마가는 그중에서 특히 귀먹고 말 더듬는 자에 대한 이야기를 전합니다. 귀를 먹으면 듣지 못하므로 차차 말이 어눌하게 되어 말을 더듬거나 말을 못 하게 됩니다. 이 장애인은 주위에 좋은 사람들이 있었습니다. 사람들이 일부러 이 장애인을 예수님께 데리고 와서 안수해 주시기를 간구했습니다. 이 사람들은 이 장애인을 사랑하고 예수님의 능력을 믿었기에 예수님께로 일부러 그를 데려온 것입니다. 오히려 이런 사회적 약자들을 방해하고 쫓아 버리는 악한 사람도 많은데 이들은 너무나 선한 이웃이었습니다. 이런 만남은 복이고, 선물이며, 최고의 행운입니다.

어느 동네에서 다른 곳으로 이사 가는 사람이 새로 이사 오는 사람에게 말했습니다. "이 동네는 사람이 살 곳이 못 됩니다. 사람들이 너무 예절도 모르고, 이기적이고, 싸움만 일삼습니다. 그래서 생각다 못해 제가 이 동네를 떠나기로 한 것입니다." 그러자 그 동네로 이사 온 사람이 이렇게 말합니다. "그렇습니까? 저는 이 동네 사람들이 가난하고 병에 자주 걸려 무척 힘들게 산다고 들었습니다. 그래서 그들의 이웃이 되려고 이사 오기로 결심했지요." 이 두 사람의 차이는 간단합니다. 내가 다른 사람들의 좋은 이웃이 되려 하느냐, 아니면 다른 사람들이 내게 좋은 이웃이 되어주기를 바라느냐의 차이입니다. 바로 이 차이에 따라 삶은 완전히 달라집니다. 자신은 좋은 이웃이 되려 하지 않으면서 다른 사람만 자기에게 좋은 이웃이 되어주기를 바라는 사람은, 언제나 자신을 괴롭힌다고 생각하는, 소위 나쁜 이웃만 만나게 될 것입니다. 하지만 자기 자신이 먼저 좋은 이웃이 되려는 사람은 언제나 자신에게 호감이 있는 좋은 이웃들 속에서 살아가게 됩니다.

성경은 선한 사마리아인처럼 내가 먼저 좋은 이웃이 되어 그들을 내 몸같이 사랑하며 섬기라고 가르칩니다. 그렇게 할 때 그들도 좋은 이웃으로 거듭날 수 있기 때문입니다. 이처럼 사랑을 베풀며 살면서 이웃에게 최고의 사랑인 복음을 전해줄 때, 그날 천국에서는 새로운 생명을 얻게 됨을 기뻐하는 잔치가 열릴 것입니다. 이 같은 좋은 이웃의 삶이 우리 모두의 삶이 되기를 축원합니다. 여기에 감동이 있고, 성령의 열매가 맺힙니다(갈 5:22-23).

사람은 어떤 사람을 만나느냐에 따라 죽기도 하고, 살기도 합니다. 우리는 모두 사람을 죽게도 하고, 살게도 할 수 있습니다. 내가 남을 보고 판단하는 것도 중요하지만, 남이 나를 어떻게 보고 판단하는지를 생각하고 점검해야 합니다. 사람들의 말은 대부분 자기 자랑 50퍼센트와 다른 사람에 대한 비난 50퍼센트로 되어 있습니다. 우리는 여기서 벗어나 겸손하고 다른 사람을 존경하는 100퍼센트의 온전한 인격과 인품으로 변해야 합니다. 좋은 사람을 만나기 전에 우리가 먼저 좋은 사람이 되고, 먼저 선한 사마리아인이 되어야 합니다(눅 10:37). 그것이 예수님의 명령입니다. 가정과 교회와 사회 그 어디든 우리가 있는 그곳에서 사람을 사랑하고 살리는 바로 그 사람이 되면, 하나님이 복을 주시어 모든 문이 열리는 에바다의 복이 임하게 됩니다.

3. 예수님이 생명입니다

"예수께서 그 사람을 따로 데리고 무리를 떠나사 손가락을 그의 양 귀에 넣고 침을 뱉어 그의 혀에 손을 대시며 하늘을 우러러 탄식하시며 그에게 이르시되 에바다 하시니 이는 열리라는 뜻이라 그의 귀가 열리고 혀가 맺힌 것이 곧 풀려 말이 분명하여졌더라" (33-35절).

병을 치료하시는 예수님의 방법은 다양하고 그때그때 다릅니다. 본문에서는 그 사람을 따로 데리고 무리를 떠나셨습니다. 특이한 행동입니다. 이는 그 사람이 예수님께 집중하고 믿음을 갖게 하기 위함이며, 이적을 드러내지 않고자 하신 예수님의 겸손함 때문입니다.

예수님께서는 손가락을 그의 양 귀에 넣고 침을 뱉어 그의 혀에 손을 대시고 하늘을 우러러 탄식하시며 '에바다'라고 기도하셨습니다. 예수님께서 이적을 행하시면서 이처럼 매우 구체적인 방법을 취하신 것은 매우 특별한 경우입니다. 의학이나 전통적인 방법을 따라 하신 것이 아닙니다. 어떤 의식이나 쇼도 아닙니다. 이런 방법들은 예수님의 필요에 의해서가 아니라, 병자의 믿음 상태에 따라 어떤 면에서는 가장 적합한 방법이었을 것입니다. '에바다'는 아람어로 '열리라'라는 명령형입니다. 마가복음에는 이방인 독자를 위해 아람어로 번역한 것이 많이 있는데, 이것이 본서의 특징입니다(막 5:41). 예수님의 탄식은 곧 사탄의 속박으로 인해 범죄한 인생들에게 나타나는 이와 같은 불쌍한 현실에 대한 예수님의 공감이며 동정입니다. 나사로의 죽음 앞에서 눈물을 흘리신 것과 같습니다. 마음이 간절할 때 탄식이 나오며, 그 힘은 강합니다. 곧 그 사람의 귀가 열리고 혀가 맺힌 것이 풀려 말이 분명해졌습니다. 귀와 혀의 장애가 동시에 해결된 기적입니다. 청각과 언어의 기능이 회복된 것입니다.

19세기 프랑스 신학자 르낭(Joseph Ernest Renan)은 예수님의 죽음에 대해 "정치적 혁명을 통해 이스라엘을 독립시키려다 실패해서 처형되었다"라고 주장했습니다. 간혹 예수님을 박애주의자나 정의를 위해 희생한 인물이나 독립 투사의 표본으로 설명하려는 목회자들이 있습니다. 그런 사람들은 설교의 방향을 인권이나 복지 향상에 두고 예수님의 사상과 가르침만 중시합니다. 영혼 구원에는 관심을 두지 않고, 가난한 사람들에게 집을 지어주고 먹을 것을 주는 것에 매진합니다. 죄 사함을 받지 않아도 좋고, 부활하지 않아도 좋으니 예수님의 정신만 따르겠다는 것입니다. 이런 주장은 공산주의자들의 박해보다 더 해롭습니다. 기독교를 윤리나 도덕 중심의 종교로 만드는 것은 짝퉁 기독교로 전락시키는 것입니다. 기독교의 핵심은 예수 그리스도의 십자가 죽음과 부활입니다. 십자가가 삭제된 기독교는 생명을 잃은 것입니다. 기독교에서 부활을 삭제하면 아무것도 남지 않는다고 해도 과언이 아닙니다. 부활이 없다면 예수님 말씀은 좋은 가르침일 뿐이며, 결코 구원의 말씀이 될 수 없습니다. 교회가 십자가와 부활을 버리고 도덕과 윤리와 인권에 매달려서는 안 됩니다. 불량 기독교를 믿지 않으려면 예수님의 십자가와 부활을 단단히 붙들어야 합니다. 그럴 때 예수 그리스도가 죄인인 나의 구주시며 내 삶의 왕이심을 고백할 수 있습니다(고전 2:2; 갈 6:14).

아무리 좋은 장소에 사람이 많이 모여 있어도 예수님이 계시지 않으면, 그곳에 생명과 영생은 없습니다. 세상의 모든 것이 있는 곳이라도 예수님 없는 곳은 지옥일 뿐입니다. 오직 예수님만이 생명이십니다(요 11:25, 14:6). 이 에바다의 기적을 본 사람들은 심히 놀라 예수님이 모든 것을 잘했다고, 예수님이 못 듣는 사람도 듣게 하고 말 못 하는 사람도 말하게 한다고 고백했습니다. 오직 예수님만이 우리의 영원한 치료자이시며 생명이십니다.

사랑하는 번동 가족 여러분!

장소와 사람과 예수님이 생명입니다. 예수님만이 우리를 영원히 온전하게 치료하시는 에바다의 주님이심을 믿는 성도들이 되시기를 축원합니다.

이세벨을 내려 던지라

(왕하 9:30-37)

사역자에게 가장 위험한 것은 영적 방종입니다. 오스왈드 챔버스는 그의 저서 《주님은 나의 최고봉》에서 사역자들이 종교적 유행이나 세상의 흐름에 취해 영적 성공에 눈독을 들이는 것이 영적 방종의 시작이라고 말합니다. 누가복음에서 70인의 제자가 사역에서 가시적 성공을 거두고 돌아와 그 사실을 보고하자 예수님은 "귀신들이 너희에게 항복하는 것으로 기뻐하지 말고 너희 이름이 하늘에 기록된 것으로 기뻐하라"(눅 10:20)라고 말씀하셨습니다. 챔버스는 계속해서 이렇게 말합니다. "사람들은 얼마나 많은 영혼이 구원을 받아 교회에 나오는가를 계산하면서 하나님께 감사하고, 그것으로 모든 것이 잘되어 간다고 생각하며 흥겨워합니다. 그러나 우리의 사역은 하나님이 은혜로 기초를 놓으신 곳에서 시작합니다. 우리는 영혼을 구원하는 데 머물면 안 되고, 그를 제자로 만들어야 합니다." 영혼 구원은 오직 하나님의 은혜로 이루어지는 것이며, 진정한 사역은 구원받은 사람들이 제자가 되어 하나님께 순종하게 하는 것입니다. 하나님의 일을 하는 사역자는 마치 최선을 다하는 것과 자랑하지 않는 것 사이의 외줄타기를 하는 것과도 같습니다. 자랑하려 하지 않을 때 우리는 비로소 사역자의 올바른 자세를 갖추게 됩니다. 사탄은 우리에게 교만을 슬쩍 집어넣어 우리를 무너뜨리려고 합니다. 그러므로 우리는 사소한 유혹들에 날마다 유의하며 깨어 있는 겸손한 사역자가 되어야 합니다.

'이세벨'이란 이름은 '정결하다'라는 뜻이나, 그녀의 행적은 악하고 더러웠습니다. 남편인 아합왕은 물론 북이스라엘 전체를 우상숭배로 타락시키고, 수많은 하나님의 선지자들을 잡아 죽인 장본인이었습니다. 이세벨은 시돈 왕 엣바알의 딸이며 베니게 종족 출신인데, 아합왕은 이방 민족과는 결혼하면 안 된다는 모세의 율법을 무시하고 이세벨을 아내로 맞았다가 자기 자신까지도 악명높은 사람이 되었습니다. 이세벨은 이방과 이스라엘을 사로잡았지만, 그 마지막은 참으로 비참했습니다. 하나님의 예언의 말씀에는 누구도 거역하거나 피할 수 없는 공의로운 심판이 있기 때문입니다. 오늘 본문을 통해 이세벨의 모습을 살펴보면서 우리 안에 살아 꿈틀거리고 있는 저주의 이세벨을 다 내려 던지는 큰 결단의 은혜가 있기를 축원합니다.

1. 악함을 내려 던지라

"예후가 이스르엘에 오니 이세벨이 듣고 눈을 그리고 머리를 꾸미고 창에서 바라보다가 예후가 문에 들어오매 이르되 주인을 죽인 너 시므리여 평안하냐 하니"(30-31절).

당시 이세벨은 이스르엘에 머물고 있었습니다. 거기서 예후가 반란을 일으켜 자기 아들 요람이 죽임을 당하고, 유다 왕 아하시야까지 죽임을 당했다는 소식을 들었습니다. 이세벨은 자신도 곧 죽게 될 운명인 것을 알고 비장한 각오를 했습니다. 최후를 맞기 위해 얼굴에 화장을 하면서 기다리고 있었습니다. 당시엔 죽음이 임박한 여성이 몸단장으로 화장을 하는 것이 상례였습니다. 이세벨은 예후가 들이닥치자 창문으로 내려다보면서 그를 향하여 "주인을 죽인 너 시므리여 평안하냐" 하고 비아냥거리며 죽음 앞에서도 여유를 부렸습니다. 시므리는 엘라 왕을 죽이고 왕위를 찬탈했다가 일주일 만에 죽은 반역자였습니다(왕상 16:15-18). 이세벨은 예후를 향해 얼마 못 갈 반역자라고 조롱했던 것입니다. 악녀다운 최후의 발악이었습니다. 끝까지 악한 마음과 악한 말을 버리지 못했습니다.

영국의 총리까지 지낸 군인이자 정치가인 아서 웰즐리 웰링턴은 1815년 워털루 전쟁에서 나폴레옹에 승리했습니다. 그는 이를 기념하기 위해 승전 만찬회를 개최했습니다. 그런데 만찬회 중 웰링턴은 다이아몬드가 박혀 있는 자기 지갑이 사라졌다는 것을 알게 되었습니다. 결국 손님들의 주머니를 하나하나 검사하게 되었고, 순간 만찬회장의 분위기는 가라앉아 버렸습니다. 그때 볼품없는 옷차림으로 구석에 있던 한 나이 많은 부사관이 화를 벌컥 내며 주머니를 검사하는 것은 손님의 인격을 모독하는 것이라며 반대했습니다. 하필 주머니까지 두툼해 의심을 받았지만, 그는 결백을 주장하며 주머니 내용물을 끝까지 검사받지 않겠다고 버텼습니다. 사람들은 그가 범인이라고 의심했습니다. 만찬회의 주최자로서 입장이 몹시 난처해진 웰링턴은 그냥 없었던 일로 하자며 검색하려던 군인들을 만류했고, 그 일은 그렇게 넘어갔습니다. 해가 바뀌어 또다시 만찬회를 개최한 웰링턴은 전에 입었던 만찬회 옷을 입어보다 깜짝 놀랐습니다. 그 옷 주머니에 그때 잃어버린 다이아몬드 지갑이 있었던 것입니다. 아무 잘못도 없는 부사관을 의심했던 자신이 몹시 부끄러워진 웰링턴은 그 부사관을 찾아가 그때 일을 사과하고 용서를 구하며 물었습니다. "그런데 자네는 왜 의심을 받으면서까지 그렇게 몸수색을 거부했나?" 그러자 부사관은 참았던 울음을 터트리며 말했습니다. "부끄럽습니다만, 그때 제 주머니에는 만찬회 음식이 들어 있었습니다. 한 번도 배불리 먹어보지 못한 자식들에게 주려고 그랬지만, 대영제국의 군인이 만찬회의 음식에 손댔다는 사실이 알려지는 게 싫었습니다." 그는 명예를 지키기 위해 도둑의 누명까지 감내한 것입니다. 때로는 개인의 자존심보다 국가 구성원으로서 지녀야 할 자존심을 지키기 위한 노력이 요구되고, 또 개인의 이익만을 앞세우기보다 모두를 생각하는 넓은 시선이 필요합니다.

사람은 누구나 부족하고 이기적이고 악합니다. 착하고 선한 사람은 아무도 없습니다. 모두가 용서받아야 할 죄인이고, 또 용서받은 죄인입니다(롬 3:23). 과거에 아무리 악했던 자라도 회개하면 용서와 구원과 복을 받게 됩니다. 이미 늦은 사람도 없고, 너무 이른 사람도 없습니다. 회개하는 바로 그 시간이 용서와 은혜의 시간(카이로스)인 것입니다. 끝까지 자신의 악함을 모르고 회개하지 않은 애굽의 바로나 소돔 사람들이나 이세벨과 같이 하지 말고, 하나님 앞에 무릎 꿇고 회개함으로 용서와 구원의 은혜를 받는 성도가 다 되시기를 축원합니다.

2. 욕심을 내려 던지라

"예후가 얼굴을 들어 창을 향하고 이르되 내 편이 될 자가 누구냐 누구냐 하니 두어 내시가 예후를 내다보는지라 이르되 그를 내려 던지라 하니 내려 던지매 그의 피가 담과 말에게 튀더라 예후가 그의 시체를 밟으니라"(32-33절).

열왕기상 21장 1-16절을 보면, 아합왕과 이세벨이 나봇의 포도원이 탐이 나 빼앗으려고 하는 장면이 나옵니다. 나봇이 이에 응하지 않자, 이세벨이 불량배를 세워 거짓 증거를 하게 함으로 돌로 쳐 죽이고 포도원을 빼앗습니다. 이세벨은 욕심이 끝이 없었습니다. 자기 욕심을 채우기 위해서는 누구의 것이라도 빼앗고, 누구라도 죽일 수 있는 사람이었습니다. 자기 욕심 때문에 다른 사람에 큰 상처를 입히고 죽이더니, 결국 그 욕심으로 인하여 자기 자신도 비참하게 죽게 됩니다. 예후가 자기를 반역자라고 비아냥거리는 이세벨을 올려다보면서 "내 편이 될 자가 누구냐 누구냐" 했더니 두어 내시가 내다봤고, 그들이 이세벨을 높은 곳에서 던짐으로 그의 피가 담과 말에게 튀었고 예후가 그의 시체를 발로 밟았습니다. 이세벨은 욕심으로 결국 비참하게 죽어 개의 밥이 되고 말았습니다.

인간은 가치지향적 존재입니다. 인간이 인간다운 것은 가치를 추구하기 때문입니다. 한 사람의 가치는 그가 어떤 가치관을 지녔느냐에 따라 규정됩니다. 그러나 때와 상황에 따라 가치를 지향하는 마음이 둔해지거나, 더러는 마비되기도 합니다. 그렇게 되면 그 사람은 가치가 아니라 본능과 충동에 따라 행동하게 됩니다. 오늘날 우리가 날마다 듣고 보는 각종 부패와 비리는 그 밑바닥에 가치관의 상실

혹은 부재가 원인으로 숨어 있습니다. 가치에는 크게 두 가지가 있습니다. 정신적 가치와 물질적 가치입니다. 오늘날 우리가 직면하는 위기 상황은 물질적 가치에 사로잡혀 정신적 가치를 잊고 있음에 원인이 있습니다. 이런 증세가 심해지면 정신적 가치가 물질적 가치 앞에 굴복하게 되고, 정신적 가치가 물질적 가치에 예속됩니다. 심지어 그리스도인들에게도 이 사실은 동일합니다. 예수를 믿는 동기가 물질적 복을 받고 세상적인 영화를 누리는 것에 있는 경우가 적지 않습니다. 특히 한국교회 교인들 중에 이런 식으로 예수를 믿는 경우가 많습니다. 이를 일컬어 배금주의(拜金主義, mammonism)라고 합니다. 배금주의가 지배하는 사회나 신앙은 돈이 우상이 됩니다. 돈이 우상이 되고 재물이 하나님이 되면, 사람들은 돈을 얻기 위해 수단과 방법을 가리지 않습니다. 그래서 선과 악에 대한 의식과 판단이 사라집니다. 이 문제의 해결 방법은 물질적 가치가 정신적 가치에 예속되는 것입니다. 정신이 물질을 다스리고, 정신이 본능을 지배할 때라야 비로소 인간은 인간답게 살 수 있습니다. 그런 점에서 종교가 중요하고 문화가 값진 것입니다. 물질이 사람이나 하나님보다 우선시되거나 위에 있으면 큰 파멸을 초래합니다.

이세벨은 욕심을 내려 던지지 못해 결국 가장 가까이에 있었던 내시들에 의해 죽었습니다. 적이 아니라 충성을 맹세한 종들에 의해 죽었습니다. 돈과 사람은 죽음을 막아주지 못합니다. 이세벨은 자기가 그렇게 사랑하고 믿었던 돈과 사람들에게 버림받았습니다. 내가 욕심을 신앙으로 내려 던지지 못하면, 욕심과 물질과 사람에 의해 내가 내려 던져진다는 사실을 기억하고, 모든 욕심을 내려 던지고 하나님만 믿으며 사시기를 축원합니다.

3. 우상을 내려 던지라

"돌아와서 전하니 예후가 이르되 이는 여호와께서 그 종 디셉 사람 엘리야를 통하여 말씀하신 바라 이르시기를 이스르엘 토지에서 개들이 이세벨의 살을 먹을지라 그 시체가 이스르엘 토지에서 거름같이 밭에 있으리니 이것이 이세벨이라고 가리켜 말하지 못하게 되리라 하셨느니라 하였더라"(36-37절).

이세벨의 몸은 두골과 발과 손만 남았습니다. 개들이 이세벨의 살을 먹을 것이라고 했던 엘리야의 예언이 그대로 이루어졌습니다. 그의 시체는 밭의 거름이 되었습니다. 시체를 개들이 먹는다는 것은 그가 가장 부정한 사람이고, 그것이 그의 최후라는 뜻입니다. 이세벨은 아합왕을 바알 숭배로 이끌고, 사마리아에 바알 신전을 건립했으며, 이스라엘 종교를 박해했습니다. 수많은 여호와의 선지자를 죽이기도 했습니다. 자신은 물론 왕과 온 백성을 하나님에게서 우상에게로 돌아서게 한, 용서받을 수 없는 큰 죄를 범한 것입니다. 그 결과 그 시체가 개의 밥이 되고, 밭의 거름이 되었습니다.

유명한 복음 전도자였던 어느 목사님에게 기자들이 물었습니다. "앞으로 10년간 세상에 어떤 일들이 일어날 것이라고 보십니까?" 그러자 그 목사님이 이렇게 대답했습니다. "나는 세상의 미래를 알지 못합니다. 그러나 어떤 분이 세상의 미래를 붙들고 계신지는 알고 있습니다. 나는 그분을 신뢰할 따름입니다." 아마도 기자들은 이 목사님이 제대로 답하지 못하면 가까운 미래조차 알지 못하면서 무슨 근거로 천국을 전하느냐고 비판하려고 했을 것입니다. 그런 사람들에게 그 목사님은 가장 적절한 답변을 해준 것입니다. 인간 존재의 불안은 미래를 알지 못하는 데서 비롯됩니다. 그래서 누군가가 미래를 예언할 때 우리는 자연스럽게 호기심을 갖고 그에게 끌립니다. 어느 시대, 어느 사회에서나 예언 장사는 인기 있는 비즈니스로 통합니다. 수많은 미신이 여기서 파생하기도 합니다. 그런 까닭에 우리는 건강하고 참된 신앙과 우리에게 궁극적으로 아무 유익이 없고 유해하기만 한 미신의 차이를 분별하기가 어렵습니다. 그러나 성경에 기록된 하나님의 약속을 굳게 붙든다면 주술적인 예언에 미혹될 이유가 없습니다. 설사 하나님 말씀이 속히 이루어지지 않는 것 같아도 의심하거나 다른 데를 보지 말아야 합니다. 그분의 말씀을 믿고 따르는 자에게는 약속된 복이 임하고, 거절하는 자에게는 약속된 심판이 이루어질 것입니다(마 24:36).

누구든 우상 숭배자는 지옥에 갑니다(계 21:8). 십계명의 제1계명과 2계명은 우상 숭배를 하지 말라는 명령입니다. 하나님 외에 다른 신을 섬기지 말아야 함은 물론 하나님보다 더 앞세우거나 사랑하거나 중요하게 여기는 것이 있으면 바로 그것이 우상입니다. 모든 우상을 내려 던지고 오직 하나님만 믿고 하나님께만 충성하는 성도들이 되시기를 축원합니다.

사랑하는 번동 가족 여러분!

이세벨은 과거에 있거나 멀리 있지 않고, 우리 안에 있습니다. 우리가 바로 이세벨입니다. 이를 부정할 수 있는 사람은 아무도 없습니다. 자신 안에 있는 악함과 욕심과 우상을 내려 던지고 하나님만 잘 섬기는 성도들이 되시기를 축원합니다.

감사하며 기도할 때

(살전 1:1-4)

우리의 삶을 평생 괴롭히는 '고질병'에 점 하나를 찍으면 '고칠 병'이 됩니다. 연약하고 작은 마음[心]에 굳건하고 당당한 신념의 막대기 하나만 꽂으면 무엇이든 반드시[必] 할 수 있습니다. 우리가 시도해 보지도 않고 불가능(Impossible)하다고 여기는 일이라도 점 하나를 찍으면 '나는 할 수 있다'(I'm possible)가 됩니다. 우리의 현재는 물론 미래까지 어둡게 짓누르는 '빚'에 점 하나를 찍어보면 우리의 앞날을 환히 밝혀주는 '빛'이 됩니다. '꿈이 어디에도 없다'(Dream is nowhere)라고 생각되는 인생이라도, 띄어쓰기만 다시 하면 '꿈은 바로 여기에 있다'(Dream is now here)라고 말할 수 있는 인생으로 바뀝니다. 부정적인 것에 찍는 긍정의 점은 다른 곳이 아닌 우리의 마음에 있습니다. 결국 절망을 희망으로 바꾸는 그 하나의 획은 바로 우리의 것입니다. 우리의 마음은 불가능한 것도 한순간에 가능한 것으로 만드는 힘이 있습니다.

"우리의 인생은 우리가 생각하는 대로 만들어집니다"(마르쿠스 아우렐리우스의 '따뜻한 하루' 중에서).

누구나 어려운 일을 당하면 걱정과 초조와 두려움에 사로잡히게 됩니다. 근심은 더 큰 염려를 낳고, 두려움은 계속 커지기 마련입니다. 그러나 이 모든 두려움은 다리만 쭉 뻗으면 닿을 수 있는 높이에 있을 수 있습니다. 우리는 멈춰서 두려움에 떨게 만드는 모든 경험을 통해 강인함, 용기, 자신감을 얻게 됩니다. '이런 공포를 이겨냈으니 다음에 오는 것도 문제없어'라고 스스로 되뇌일 수 있게 됩니다. 모든 것은 마음먹기에 달렸습니다.

미국의 제24대 대통령이었던 클리블런드(Grover Cleveland, 1837~1908)는 젊은 시절 한때 술꾼이 되어 세월을 허랑방탕하게 보냈습니다. 그러다 어느 교회의 예배에 참석한 후 변화되어 새사람이 되었고, 마침내 대통령까지 되었습니다. 복음은 인간의 삶을 변화시켜 인생을 성공으로 이끌어줍니다. 하나님의 자녀로 선택받은 성도는 이전과는 다른, 세상과 구별된 생활을 해야 합니다. 만일 성도의 삶에 변화가 없다면, 그것은 자신과 다른 사람과 하나님을 속이고 있는 것입니다. 바울은 본문에서 데살로니가 성도들이 하나님을 믿는 선택된 자들의 아름다운 삶을 보여주고 있다고 칭찬하고 있습니다. 이런 변화의 삶은 성도들이 하나님께 감사하며 기도할 때 일어납니다. 매일 그리고 평생 감사하며 기도하는 성도가 되어 하나님이 기뻐하시는 거룩한 삶을 사시기를 축원합니다.

1. 믿음의 역사가 있어야 합니다

"바울과 실루아노와 디모데는 하나님 아버지와 주 예수 그리스도

안에 있는 데살로니가인의 교회에 편지하노니 은혜와 평강이 너희에게 있을지어다 우리가 너희 모두로 말미암아 항상 하나님께 감사하며 기도할 때에 너희를 기억함은 너희의 믿음의 역사와 사랑의 수고와 우리 주 예수 그리스도에 대한 소망의 인내를 우리 하나님 아버지 앞에서 끊임없이 기억함이니"(1-3절).

사도 바울은 어느 교회나 성도를 대하든 먼저 감사하기를 잊지 않았고, 반드시 그들을 위하여 기도했습니다. 감사는 그들의 장점을 보았기 때문이고, 기도는 약점을 보완하는 것이었습니다. 감사와 기도는 균형을 이루어야 합니다. 데살로니가 교회와 성도들에게는 믿음의 역사가 있었습니다. 믿음은 쉬지 않고 역사합니다. 진실한 믿음은 열매를 맺고, 거짓 믿음은 문제만 일으킵니다. 바울은 로마서와 갈라디아서와 야고보서에서 우리는 율법의 행위가 아니라 오직 믿음으로만 의롭게 된다고 단정했습니다(롬 1:7; 갈 2:16, 3:11). 야고보는 행함이 없는 믿음은 죽은 것이라고 선언했습니다(약 2:17).

하나님은 구약의 선지서를 통해 이스라엘 백성에게 음란함으로 가득한 그 모든 우상에서 돌이키라고 애타게 말씀하십니다. 어떤 우상으로도 우리 내면이 결코 채워질 수 없다는 사실을 목이 터져라 말씀하십니다. 인간이 스스로 만든 우상은 영적 간음의 노리개이자, 몸의 음란을 위한 가림막에 불과한데도, 하나님에게서 돌아선 자들은 마치 불나방처럼 그것을 향해 달려갑니다. 그것은 죽음의 길이자 심판을 자초하는 것입니다. 현시대의 도덕적 혼돈은 인간 존재의 디폴트 곧 기본값인 하나님을 부정하는 데서 시작되었습니다. 성경은 하나님을 떠난 것이 죄라고 말합니다. 하나님을 향해야 할 인생이 다른 곳을 향해 걸어가고, 하나님을 바라봐야 할 시선을 다른 데로 돌리며, 하나님을 찬양하라고 주신 입술로 자신이나 다른 대상을 찬양하고, 하나님을 경배해야 할 인간이 하나님이 지으신 또 다른 피조물을 숭배하는 것은 죄입니다. 결국 자신이 하나님처럼 선악을 판단하는 주체가 되려는 것이 죄의 본질입니다. 이런 죄로 인해 세상은 하나님이 다스리는 곳이 아니라, 인간의 힘이 지배하는 만인 대 만인이 투쟁하는 곳이 되었습니다. 이제는 우리 마음을 새롭게 함으로 하나님을 기쁘시게 하는 영적 예배를 드려야 합니다. 우상을 버리고 성령을 따르며 우리 몸을 거룩한 산 제사로 드려야 합니다.

데살로니가 교회 교인들은 믿음을 삶에서 실천하고 나타냈습니다. 이에 대해 사도 바울은 항상 하나님께 감사한다고 말했습니다. 교회와 교인들의 태도와 행동이 너무나 믿음으로 충만하여 감사를 드리는 것입니다. 우상이나 세상이나 물질이나 사람이 아닌 오직 하나님만 믿는 믿음의 역사를 통하여 하나님께 감사하는 성도들이 되시기를 축원합니다.

2. 사랑의 수고가 있어야 합니다

"너희의 믿음의 역사와 사랑의 수고와 우리 주 예수 그리스도에 대한 소망의 인내를 우리 하나님 아버지 앞에서 끊임없이 기억함이니"(3절).

사랑은 계산 없이 수고합니다. 사랑은 소비된 고통을 뜻하며, 그 자신이 직접 수고한 것과 그리스도를 위한 봉사를 뜻합니다. 수고는 귀찮은 일입니다. 이기적인 사람은 결코 할 수 없는 일입니다. 《그리스도를 본받아》라는 책으로 유명한 토마스 아 켐피스는 고통이 없는 사랑에는 삶이 없다고 말했습니다. 사랑에는 고통이 따른다는 의미입니다. 어떤 의미에서 희생과 수고가 따르지 않는 사랑은 참된 사랑이라고 할 수 없습니다. 예수님은 겟세마네 동산에서 다가올 십자가의 쓴 잔에 대해 고민하고 슬퍼하셨으나 '나의 원대로 마옵시고 아버지의 원대로 하옵소서'라고 기도하셨습니다(마 26:36-39). 참된 사랑이란 주고받는 것이 아니라 주는 것입니다. 예수님은 주는 것이 받는 것보다 복이 있다고 하셨습니다(행 20:35). 데살로니가 교회 성도들은 가족 간에도 하기 어려운 참사랑을 실천했습니다. 사랑의 수고를 절대 아끼지 않았습니다. 사랑과 수고는 비례하는 것입니다.

이스라엘에는 대표적인 호수가 두 개 있는데, 곧 북쪽의 갈릴리 바다와 남쪽의 사해입니다. 갈릴리 바다는 사해보다 규모가 작지만 살아 있는 호수입니다. 그곳으로 물이 들어가기도 하고, 다른 곳으로 나가기도 하기에 언제나 물의 유동이 있어 살아 있는 바다가 된 것입니다. 그리고 그 바다에는 물고기들이 많이 살기 때문에, 그 바다를 삶의 터전으로 삼고 살아가는 사람이 많습니다. 이에 반해 사해는 그곳으로 들어오는 물은 있어도 다른 곳으로 빠져나가는 물은 전혀 없습니다. 얼마나 바다 밑이 깊고 깊은지 그 많은 물을 다 받아 저장합니다. 그러다 보니 사해는 염도가 매우 높아 물고기가 살지 못하는 죽은 바다가 되었습니다. 우리는 종종 무엇이든 받기만 하면 좋을 줄 알고, 또 많이 받으면 행복하고 부자가 되는 줄 압니다. 우리의 삶은 지금 받기만 좋아하고 나누어줄 줄 모르는 사해와 같습니까, 아니면 나누어주며 더불어 사는 갈릴리 바다와 같습니까? 우리 하나님은 복을 주시는 하나님이십니다. 그리고 모든 복은 하나님에게서 옵니다. 사람이 복을 받지 못하는 것은 복의 물줄기를 막

아버렸기 때문입니다. 그런데 여기서 우리가 알아야 하는 것은 복의 물줄기는 들어오는 물줄기가 아니라 나가는 물줄기라는 사실입니다. 이것이 바로 복의 통로인 것입니다. 나가는 물줄기의 길이 열려 있지 않으면 그 물은 얼마 안 가 썩어 악취만 풍기는 죽은 호수가 되고 맙니다. 복의 물줄기와 통로를 막고 사는 사람도 이와 같습니다. 이런 사람은 제대로 되는 일이 없습니다. 그러면 복의 물줄기가 끊어지는 이유는 무엇일까요? 나누어줄 줄 모르기 때문입니다. 남에게 평생 얻어먹기만 하고 받기만 했지, 전혀 베풀 줄 모르는 인색한 사람에게는 삶의 기쁨이 없습니다. 혹 재물을 모으는 데서 오는 기쁨은 있을지 몰라도 진정한 만족은 없습니다.

넝마주이로 일평생을 보낸 한 할머니가 평생 모은 수억의 돈을 지방대학에 장학금으로 희사했다는 보도를 본 적이 있습니다. 텔레비전에 비친 이 할머니의 얼굴이 얼마나 밝은지, 마치 근심 걱정이 없는 부잣집 노인같이 환했습니다. 할머니는 비록 평생 혼자 살면서 남의 쓰레기통을 뒤지는 비천한 일을 하며 돈을 모았지만, 그가 이루고자 한 장학생 지원의 꿈을 가지고 그 일을 했으니 얼마나 보람이 있었겠습니까? 아마 이 세상의 그 무엇으로도 얻을 수 없는 기쁨이 늘 있었을 것입니다.

사랑의 수고는 다른 사람과 이웃을 위한 일이지만, 결국은 나 자신을 위한 일이기도 합니다. 사랑의 수고를 하면 마음에 평화와 행복이 깃들고, 얼굴색과 건강이 좋아지며, 좋은 인간관계를 형성하게 되고, 궁극적으로 하나님의 인정과 사랑과 복을 받습니다. 그리고 천국에서 다양한 면류관을 씁니다. 사랑의 수고는 하면 할수록 평안과 건강과 에너지가 흘러넘칩니다. 그래서 사랑의 수고를 하는 것입니다. 시편 34편 8-10절에서는 "너희는 여호와의 선하심을 맛보아 알지어다 그에게 피하는 자는 복이 있도다 너희 성도들아 여호와를 경외하라 그를 경외하는 자에게는 부족함이 없도다 젊은 사자는 궁핍하여 주릴지라도 여호와를 찾는 자는 모든 좋은 것에 부족함이 없으리로다"라고 말씀합니다. 하나님께서 이렇게 약속하셨고, 반드시 말씀대로 이루실 것입니다. 사랑의 수고가 넘치는 성도와 교회가 되기를 축원합니다.

3. 소망의 인내가 있어야 합니다

"너희의 믿음의 역사와 사랑의 수고와 우리 주 예수 그리스도에 대한 소망의 인내를 우리 하나님 아버지 앞에서 끊임없이 기억함이니 하나님의 사랑하심을 받은 형제들아 너희를 택하심을 아노라" (3 4절).

소망은 끝없이 그리고 끝까지 인내합니다. 진정한 소망은 우리 주 예수 그리스도의 재림에 대한 소망입니다. 이와 같은 종말 사상이 바울 신학과 신앙의 근간입니다. 본서의 중심사상도 이런 종말론이며, 그중에서도 본문은 가장 중요한 말씀입니다. 여기서 인내란 여러 가지 역경과 박해에 대한 용감한 인내일 수도 있고(Chrysostom), 일상생활에서 만나는 각종 유혹에 대한 소극적 인내일 수도 있으며, 교회와 가정에서 봉사하는 가운데 오는 여러 가지 시험에 대한 인내일 수도 있습니다. 크고 작은 모든 어려움과 시험을 참고 끝까지 믿고 충성하는 것이 소망의 인내입니다. 하나님 앞에 서는 그리스도의 재림이 있기까지 믿음을 지키고 충성하는 것이 진정한 소망의 인내입니다. 인내 없는 소망은 없고, 소망 없이는 결코 끝까지 인내할 수 없습니다. ‘인내’의 헬라어 ‘휘포모네스’(ὑπομονῆς)는 진취적이고 용기 있는 그리스도인의 특질로서, 용감한 군인이 극한 상황에서도 꿋꿋하게 버텨나가는 태도를 의미합니다. 그리스도인은 재림의 소망이 있으므로 막다른 골목처럼 보이는 어려움 가운데서도 결코 낙심하지 말고 인내로 전진해야 합니다.

자녀가 부모에게서 가장 듣기 싫어하는 꾸중이 무엇일까요? 부산시 청소년 종합 상담실은 부모 교육 자료에서 ‘자녀를 슬프게 하는 말 8가지’를 소개했습니다. 자료에 따르면 “나가버려!”, “네 형은 안 그러는데, 너는 왜 그래!” 등과 같이 자녀를 밀어내거나 형제간에 비교하는 말이 자녀를 가장 슬프게 하는 것으로 나타났습니다. 이 밖에 “다시 한번 그런 짓 하면 그냥 안 둔다”(위협하는 말) “답답해 죽겠다”(재촉하는 말) “엄마는 화내고 싶어서 화내는 줄 아니?”(변명하는 말) “너는 정말 어쩔 수 없다”(가능성을 부정하는 말) “너는 왜 그렇게 머리가 나쁘니”(결점을 비난하는 말) “너는 몰라도 돼”(무시하는 말) 등도 자녀가 듣기 싫어하는 말 가운데 하나였습니다. 상담실은 또 부모가 버려야 할 불합리한 생각으로 ‘나와 내 자녀는 완벽해야 한다’, ‘나와 내 자녀는 서로 같아야 한다’, ‘부모는 자녀와의 싸움에서 반드시 이겨야 한다’ ‘우리 아이는 철이 없어 부모 마음을 모른다’, ‘나보다 자녀를 언제나 우선적으로 생각한다’ 등을 들었습니다.

부모가 자녀에게 하는 말 한마디 한마디는 자녀의 가슴속에 저장됩니다. 때로는 그것이 힘이 되기도 하고, 또 상처가 되기도 합니다. 그러므로 부모 자녀에게 부정적인 말보다는 긍정적인 말, 칭찬하는 말, 사랑의 말을 통해 힘을 북돋워 주는 것이 필요합니다. 이렇게 하기 위해서는 먼저 자녀는 하나님께서 나에게 주신 소중한 선물이자, 나의 소유가 아닌 하나님의 선물임을 인정해야 합니다. 부모가 언제나 하나님의 말씀으로 양육하는 것이 필요합니다.

감사하며 기도할 때 이 모든 것이 가능합니다. 신앙생활과 교회 봉사와 가정생활과 자녀 교육은 주님 만나는 마지막 순간까지 계속 되어야 합니다. 사도 바울처럼 "내가 달려갈 길과 주 예수께 받은 사명 곧 하나님의 은혜의 복음을 증언하는 일을 마치려 함에는 나의 생명조차 조금도 귀한 것으로 여기지 아니하노라"(행 20:24)라고 고백하며 사명을 감당해야 합니다. 우리 교회와 모든 성도에게 이런 소망의 인내가 충만하기를 축원합니다.

사랑하는 번동 가족 여러분!

데살로니가 교회는 어려운 상황에서도 믿음의 역사와 사랑의 수고와 소망의 인내가 있어 바울을 기쁘게 했고 그에게 칭찬을 받았습니다. 우리 교회와 모든 성도도 더욱 감사하며 기도하여 이 시대의 데살로니가 교회와 그 성도가 되기를 축원합니다.

나는 누구입니까?

(대상 17:16-20)

웃지 않는 사람은 장사를 하지 말라는 탈무드의 교훈이 있습니다. 다 웃는데 혼자만 웃지 않는 사람은 불감증 환자입니다. 웃음과 낙하산은 활짝 펴져야 합니다. 안 그러면 죽습니다. 늘 웃을 준비를 하고 다니면 재미있는 일이 많이 일어납니다. 웃는 표정을 지으면 마음이 달라지고 삶이 달라집니다. 당장 죽을 지경이라도 웃으면 그때부터 살아납니다. 웃음이 늘어날수록 행복도 갑절로 늘어납니다. 이왕이면 활짝, 박장대소하며 웃으십시오. 자주 웃으면 얼굴 모습이 복이 들어오는 웃는 상이 됩니다. 웃음은 사랑과 감사와 기쁨이 가득 들어있는 주머니입니다. 웃는 데는 자격증도, 입장료도 필요 없습니다. 성전에 오기만 하면 웃음이 나고, 하나님 생각만 하면 미소가 지어지는 성도들이 되시기를 바랍니다.

인간은 태어나면서부터 '나는 누구인가'라는 실존적 질문을 끊임없이 합니다. 마지막 숨을 거둘 때까지 이 질문을 하다가 죽습니다. 인류 역사에서 이 질문에 완벽하게 대답한 이는 아무도 없습니다. 오늘 본문에서 다윗 역시 같은 질문을 하나님께 드리고, 하나님께 확실한 대답을 듣게 됩니다. 다윗은 독특하게도 이것을 사람이나 세상이 아니라 하나님께 묻습니다. 이 질문의 답을 알고 계시는 유일한 분이시기 때문입니다. '나는 누구인가'라는 질문의 답은 오직 여호와께 있습니다. 많은 사람이 이 답을 외면하고 다른 곳에서 찾다 보니 평생 방황하는 것입니다. 우리 모든 성도가 다윗처럼 '나는 누구입니까'라는 질문에 대한 답을 하나님께 들을 수 있기를 축원합니다.

1. 생명이 하나님의 은혜입니다

"다윗왕이 여호와 앞에 들어가 앉아서 이르되 여호와 하나님이여 나는 누구이오며 내 집은 무엇이기에 나에게 이에 이르게 하셨나이까"(16절).

본문은 자신은 성전을 지을 수 없다는 하나님의 말씀을 나단 선지자에게 들은 다음 다윗이 드리는 감사의 기도입니다. 무언가 거절을 당하면 원망과 분노의 기도를 드리는 것이 당연한데, 지금 다윗은 오히려 하나님께 감사의 기도를 드리고 있습니다. 그 내용은 넘치는 하나님의 은총에 감사하고, 이스라엘에 나타난 하나님의 영광을 찬미하며, 하나님의 언약의 성취를 소망하는 것입니다. '여호와 앞'은 법궤가 안치된 성막의 바깥뜰이었을 것입니다. 다윗이 그곳에 앉아 오랜 시간 기도를 드린 것입니다. 자신은 과거 보잘것없는 베들레헴의 사랑받지 못한 목동이었는데, 하나님이 오늘날 이처럼 이스라엘의 왕으로 높여주신 은혜에 깊이 감사를 드리고 있습니다. 우리의 생명과 모든 것이 하나님의 은혜입니다. 우리의 것은 아무것도 없고, 모든 것이 하나님의 것이며, 하나님의 선물입니다(창 2:7). 우리의 생명이 하나님이 주신 것임을 믿는 자에게는 영원한 부활 생명을 주십니다(요 11:25). 이는 최고의 은혜이자 선물이며 복입니다. 영원한 생명을 얻은 자는 가장 성공한 것이며 복을 받은 것입니다. 이런 은혜가 우리 모두에게 충만하기를 축원합니다.

인류 최초의 살인자 가인에게 하나님은 이렇게 경고하셨습니다. "죄가 문에 엎드려 있느니라 죄가 너를 원하나 너는 죄를 다스릴지니라"(창 4:7). 사람들이 말하는 화를 다스리는 방법은 수백 가지입니다. 그러나 그리스도인이 가장 먼저 해야 할 것은 하나님과의 관계가 건강한지 따져보는 일입니다. 이것이 화를 다스리는 첫 단계입니다. 만약 가인이 하나님과 건강한 관계를 맺고 있었다면, 자신의 제사를 받지 않으신 하나님께 화가 났을 때, "하나님, 왜 제 제사는 받지 않으셨습니까?"라며 정직하게 물었을 것입니다. 하지만 가인은 그러지 않았습니다. 하나님께 품은 섭섭한 마음을 약한 대상인 아우에게 풀어 버렸습니다. 동일한 사건을 겪어도 어떤 사람은 분노하고, 어떤 사람은 분노하지 않습니다. 어떤 사람은 화를 드러내고, 어떤 사람은 화를 다스립니다. 그런 점에서 화를 내는 것은 바깥에 원인이 있다기보다 내적인 문제일 수 있습니다. 나 때문에 예수님이 십자가를 지신 사실을 믿으면 어떤 것도 시험거리가 되지 않습니다. 십자가에 못 박혀 비참하게 죽을 사람은 나였는데 예수님이 대신 죽으심으로 내 생명이 보전된 것입니다. 그것을 알면 더는 자존심을 내세울 수 없습니다. 나를 생각할수록 자존심이 강해지고, 십자가를 묵상할수록 내가 소멸합니다. 예수님은 생명을 던져 나를 살리셨습니다. 그 사랑이 내 안에 차오르면 분노가 쫓겨 나가고 순종의 마음이 열립니다.

우리의 생명은 하나님이 주셨기에 최고의 가치입니다. 누가 만들었느냐가 중요합니다. 우리는 하나님의 걸작품입니다(포이에마 ποίημα, 엡 2:8-10). 그래서 자살하면 안 되고, 살인해도 안 됩니다. 내 소유가 아니기에 내 맘대로 하면 안 됩니다. 하나님이 주신 생명이기에, 우리는 먹든지 마시든지 무엇을 하든지 하나님의 영광을 위해 그것을 사용하고 드려야 합니다(고전 10:31). 그렇게 할 때 생명은 건강하고 가치 있게 됩니다. 우리의 생명이 하나님의 은혜임을 고백할 수 있는 성도들이 되기를 축원합니다.

2. 소유가 하나님의 은혜입니다

"하나님이여 주께서 이것을 오히려 작게 여기시고 또 종의 집에 대하여 먼 장래까지 말씀하셨사오니 여호와 하나님이여 나를 존귀한 자들같이 여기셨나이다"(17절).

베들레헴 목동에서 왕이 된 것만도 너무나 큰 은혜인데, 하나님께서는 그의 자손과 먼 장래까지 복을 주심으로 영원한 왕위를 주겠다고 약속하셨습니다. 왕은 모든 재산과 재물을 가진 자입니다. 부족함이 없는 부자입니다. '존귀한 자들같이 여기셨다'는 것은 하나님이 다윗을 고귀한 신분을 가진 자처럼 대하셨다는 것입니다. 사람이 고귀한 사람을 극진히 대하는 것처럼, 하나님이 다윗 자신을 극진히 대하셨다는 것입니다. 사람들은 자신이 가진 소유를 통해 자신이 누구인지 스스로 평가하며, 또 다른 사람들이 그것으로 자신을 평가해 주기를 원합니다. 자신의 소유가 하나님의 은혜라고 믿는 자만이 인생이 무엇이며, 어떻게 살아야 하는지를 깨닫게 됩니다. 사람이나 물질 자체로는 자신을 정확하게 평가하거나 하나님의 본질적인 뜻을 결코 깨달을 수 없습니다. 하나님 앞에서 자신이 누구인지에 대해 겸손하게 질문을 드려야 합니다. 사람들의 인정이나 인기나 물질적인 소유로는 결코 자신을 평가할 수 없습니다. 사람의 인기나 물질은 한순간에 다 사라지는 안개와 같은 것이기 때문입니다(약 4:14).

기독교 역사상 로렌스 형제의 이야기는 참으로 유명합니다. 그가 머물던 카르멜 수도원에서 항상 후미진 자리를 좋아했던 그는 정식 수도사가 아닌 평신도 수도사로서 수도원 부엌에서 항상 음식을 만들고 설거지하는 일만 했습니다. 그러나 그 일을 정말 기쁘게 했습니다. 그는 정식 수도사들을 하나님이 보낸 천사로 생각하며 섬겼습니다. 수도사들이 식사하는 모습을 지켜보면서 항상 흐뭇함을 느꼈습니다. 그리고 그는 기도했습니다. "하나님! 이 부엌이 천국이 되게 하소서!" 이 기도처럼 그는 부엌에서 항상 하나님이 함께하심을 체험했습니다. 그런데 신기하게도 자기와의 싸움에 지친 수도사들이 이 식당에 들어서기만 하면 하나같이 마음에 하나님의 평화가 임하는 것을 느끼는 것입니다. 한두 명도 아니고 모든 수도사가 매일 식당에 올 때마다 그런 감동을 받으면서, 그가 있는 후미진 식당은 그 수도원에서 가장 영광스러운 자리가 되었습니다. 그곳의 위치가 특별히 좋아서 신기한 영적 기운이 흐른 것이 아닙니다. 하나님을 지극히 사랑했던 한 영혼이 아무도 보지 않는 장소에서 겸손하게 다른 사람들을 위해 헌신하는 모습을 보시고 하나님이 그와 함께하셨기 때문입니다. 그처럼 하나님은 보이지 않는 곳에서 헌신하는 심령을 참으로 기뻐하십니다. 나중에 그 카르멜 수도원에서 원장을 뽑는 투표를 하게 되었습니다. 그런데 원장 후보조차 될 수 없었던 평신도 수도사인 로렌스 형제가 원장으로 뽑히는 놀라운 기적이 일어났습니다. 하나님은 후미진 곳에서 헌신하는 사람을 반드시 높이 세우십니다. 오늘날 우리의 모습은 어떻습니까? 좋은 자리는 정말 좋아합니다. 그러나 헌신은 좋아하지 않습니다. 그래서 좋은 자리를 차지하려는 사람은 많지만, 헌신을 해야 진짜 좋은 자리를 차지한다는 것은 잘 모릅니다.

건강과 물질과 직업 등 우리가 가진 그 모든 것은 하나님의 소유이며, 하나님이 잠깐 우리에게 맡기신 것입니다(마 25장). 영원한 내 것으로 착각하면 안 됩니다. 오늘 우리의 모든 소유는 하나님의 것이고, 언젠가 하나님께서 반드시 다시 찾으십니다. 우리는 사도 바울처럼 자족하는 마음과(딤전 6:6-8) 어떠한 상황에도 처할 줄 아는 일체의 비결을 배워야 합니다(빌 4:11-12). 물질적인 것이 아니라 그 모든 것을 주신 하나님을 소유하고, 모든 사람을 섬기며, 영원한 것을 위해 영원하지 않은 일시적인 소유로 하나님께 헌신하며 살아가는 영원한 부자가 다 되시기를 축원합니다.

3. 영예가 하나님의 은혜입니다

"주께서 주의 종에게 베푸신 영예에 대하여 이 다윗이 다시 주께 무슨 말을 하오리이까 주께서는 주의 종을 아시나이다 여호와여 주께서 주의 종을 위하여 주의 뜻대로 이 모든 큰 일을 행하사 이 모든 큰 일을 알게 하셨나이다 여호와여 우리 귀로 들은 대로는 주와 같은 이가 없고 주 외에는 하나님이 없나이다"(18-20절).

다윗은 하나님이 자기에게 베푸신 영예가 너무 커 감사할 말을 찾지 못하겠다고 말합니다. 하나님께서 큰 일을 행하시고, 큰 일을 알게 하셨다고 고백합니다. 자신은 작지만 하나님은 크시고, 하나님이 하신 모든 일이 너무 크다며 감사와 찬양을 돌리는 것입니다. 당연한 것이 아니라, 분에 넘치는 은혜라는 것입니다. 이어 하나님은 위대하셔서 하나님과 비교할 이가 없고, 하나님 외에는 다른 신이 없다고 고백합니다. 여호와 유일신관입니다. 하나님 한 분만이 참 신이시고 하나님이십니다. 하나님은 이러한 고백을 기뻐하시고 원하십니다(겔 11:19-20). 그러므로 하나님께 영광을 돌리지 않거나(행 12:23), 하나님의 영광을 가로채는 어리석음을 범해서는 안 됩니다. 모든 영광을 하나님께 돌릴 때 하나님은 우리를 영화롭게 하십니다.

예수님이 성취하신 삶의 원형을 한 단어로 표현하면 '피스메이커'(peace-maker, 평화를 이루는 자)입니다. 예수님은 산상수훈에서 "화평하게 하는 자는 복이 있나니 그들이 하나님이 아들이라 일컬음을 받을 것임이요"(마 5:9)라고 말씀하셨습니다. 평화를 이루는 자로 살 때 그 대가로 하나님의 자녀가 되는 것이 아니라, 하나님의 자녀이기에 평화를 이루며 살아가는 것입니다. 평화를 이루어가는 사람은 평화 애호가와 다릅니다. 고통스러운 세상에서 도망하는 현실 도피자나 정치적 독재자도 평화 애호가는 될 수 있습니다. 그러나 평화를 이루어가는 사람은 모두가 진정으로 살기 좋은 세상을 만들기 위해 힘쓰는 사람입니다. 이를 위해 고난이나 위협을 뚫고 평화를 창출해 가는 사람입니다. 평화를 이룬다는 것의 참 의미는 정치적인 것이 아니라 영적인 것입니다. 평화를 이루려면 건강한 정신, 마음, 생각, 습관, 행동이 수반되어야 하는데, 전인적으로 건강한 삶은 오직 하나님과의 사귐에서만 이루어지기 때문입니다. 평화를 이루어가는 사람은 온전한 평화의 세상을 만들 수 있는 능력이 자신에게 없음을 시인합니다. 오직 하나님만이 온전한 평화의 세상을 만드실 수 있습니다. 평화는 인간의 속성이 아닌, 거룩하신 하나님의 속성이기 때문입니다. 완전한 평화의 삶을 성취하신 예수 그리스도를 따를 때 우리는 평화를 이루는 자로 살아갈 수 있습니다.

인간의 욕심과 욕망이 있는 곳에서는 평화가 깨지고 미움과 분열과 전쟁이 일어납니다. 이 모든 것은 마귀의 작전이고 작품입니다(엡 6:12). 모든 영예와 영광은 하나님에게서 나오며, 또 하나님께로 돌아가야 합니다. 하나님이 인간을 창조하신 목적은 하나님을 찬양하며(사 43:21) 하나님께 영광을 돌리게 하려 함입니다(마 5:16). 모든 영광과 영예는 우리 것이 아닌 하나님의 것입니다. 오직 하나님께만 영광과 영예를 돌려 드리는 성도와 교회가 되기를 축원합니다.

사랑하는 번동 가족 여러분!

'나는 누구입니까?' 우리는 다윗처럼 하나님께 질문하고 하나님의 음성을 들어야 합니다. 우리 모두 자신의 생명과 소유와 영예가 모두 하나님의 은혜임을 깨달아 하나님께 감사하며 살아가는 이 시대의 다윗이 다 되기를 축원합니다.

신앙의 단계

(요 6:60-71)

상암 서울월드컵경기장 주변에는 '하늘공원', '노을공원'이라 불리는 아름다운 쉼터가 있습니다. 이곳의 원래 이름은 난지도였습니다. 이곳은 1992년까지 서울시 쓰레기 매립지로 사용되었는데, 쓰레기가 무려 100미터 이상 쌓이면서 매립 가스로 인한 악취가 극심했습니다. 그리고 쓰레기 하수가 주변을 오염시키는 주범이 되었습니다. 정부에서 그 땅을 회복시키기로 결정하고 각종 환경 공학적 복원 정책을 써 보았지만 좀처럼 생태계가 회복되지 않았습니다. 그런데 놀랍게도 회복이 불가능해 보였던 난지도 여기저기서 어느 날부터인가 개망초가 피기 시작했습니다. 작은 생명의 꽃이 여기저기서 피기 시작하자 인간의 힘으로는 복원이 불가능했던 땅에 변화가 일어났습니다. 생태계가 살아나기 시작한 것입니다. 16세기 종교 개혁의 핵심 내용 중 하나는 '오직 말씀'입니다. 거짓 가르침이 중세를 지배하고 있을 때 종교개혁자들은 하나님 말씀으로 삶을 다시 세워야 성도와 교회와 나라가 회복된다고 믿었습니다. 회복은 우리 안에 하나님 말씀이 들어올 때 시작됩니다. 난지도에 생명의 꽃이 피어나 회복 불능의 땅이 아름다운 쉼터가 되었듯, 살아 역사하는 말씀의 능력이 거짓과 멸망의 세력을 무너뜨릴 것입니다. 진리의 말씀이 여기저기서 뿌리내릴 때 쓰레기 같은 거짓 가르침이 청소되고 공동체가 온전해질 것입니다.

교회 안에는 확연히 구별되지는 않지만 여러 종류의 신앙인이 공존하고 있습니다. 길가, 돌밭, 가시떨기, 좋은 땅 등 다양한 심령이 있습니다(마 13:3-9). 모두 그 심령이 좋은 땅이 되어 백 배의 열매를 맺기를 바랍니다(마 13:8). 이것이 은혜이고, 선물이고, 최고의 복이고, 성공이고, 승리입니다. 본문은 수많은 무리가 오병이어의 표적을 보고 예수님을 따랐으나, 각자의 욕심과 생각과 기대감과 신앙의 깊이가 달라 대부분 예수님을 버리고 자기 갈 곳으로 돌아가는 모습을 보여줍니다. 오늘 본문을 통해 나의 신앙의 현주소는 어디인지 점검함으로 더욱 성숙한 신앙의 단계로 나아가고자 결단하는 성도들이 되시기를 축원합니다.

1. 믿지 않는 단계

"그러나 너희 중에 믿지 아니하는 자들이 있느니라 하시니 이는 예수께서 믿지 아니하는 자들이 누구며 자기를 팔 자가 누구인지 처음부터 아심이러라"(64절)

유대인 가운데는 오병이어로 오천 명을 먹이신 표적으로는 예수 그리스도를 믿기에 부족하다고 생각하는 사람들이 있었습니다. 그들은 과거 광야에서 먹은 만나를 최대의 표적으로 보았고, 모세를 가장 큰 선지자로 생각했습니다. 예수님은 유대인들의 이러한 잘못된 생각을 바로잡기 위해 만나를 주신 이는 모세가 아니라 하나님이시며, 참 양식은 오천 명이 먹고도 남은 보리떡이 아니라 생명의 떡이신 예수 그리스도 자신이라는 것을 가르치셨습니다. 만나를 먹으면 하루를 살 수 있지만, 예수 그리스도를 믿으면 영생을 얻습니다(요 6:35). 신앙은 사람의 뜻이 아닌 하나님의 뜻을 믿는 것이며, 하나님이 택하신 자는 다 믿고 구원에 이르게 됩니다. 그러므로 예수님을 믿게 되는 것은 최고의 은혜이며 복입니다. 유대인들은 생명의 떡이신 예수님을 불신하고 비난하며 오히려 죽이려 했고, 결국 십자가에 못 박아 죽였습니다. 그러나 불신의 끝은 영원한 지옥입니다. 예수님은 우리의 마음과 믿음을 아실 뿐 아니라 정확하게 보고 계십니다. 이때도 처음부터 자신을 따라온 군중의 마음과 신앙을 다 아셨고, 열두 제자 중 누가 예수님을 팔지도 이미 알고 계셨습니다(요 6:70). 슬프지만 예수님은 이것을 공개하셨습니다.

심리학자 에릭 프롬(Erich Fromm)은 현대 사회를 '물건을 사랑하고 사람을 사용하는'(Love things, Use person) 시대라고 규정했습니다. 그러면서 우리 시대의 온갖 병폐가 여기서 비롯된다고 지적했습니다. 나아가 이런 시대적 병폐가 해결되려면 '사람을 사랑하고 물건을 사용하는'(Love person, Use things) 시대로 전환되어야 하는데, 이런 전환을 위해서는 다섯 가지가 있어야 한다고 말했습니다. 첫째는 사람에 대한 관심입니다. 둘째는 사람에 대한 책임감입니다. 셋째는 사람을 존경하는 마음이요, 넷째는 사람을 이해하는 마음입니다. 다섯째는 다른 사람에게 자신을 주는 것입니다. 사랑은 나눌 때 배가하고, 슬픔은 나눌 때 반감합니다. 위대한 교육자 페스탈로치의 묘비에는 다음과 같은 말이 기록되어 있습니다. "모든 것을 주고, 하나도 가져가지 않은 사람의 묘." 누가복음은 아낌없이 주는 사람이 받는 복에 대해 이렇게 말씀합니다. "주라 그리하면 너희에게 줄 것이니 곧 후히 되어 누르고 흔들어 넘치도록 하여 너희에게 안겨주리라"(눅 6:38).

아무 생각 없이 다른 사람이 하니 나도 한다는 식의 태도를 '부화뇌동'(附和雷同)이라고 합니다. 다른 사람들이 교회에 가고 예배를 드리니, 나도 교회에 가고 예배를 드리는 것입니다. 다른 가족들이 교회에 다니니 어쩔 수 없이 따라다니며 시늉만 하는 것입니다. 아무리 가족과 친구와 이웃을 따라 교회에 다녀도 자신의 믿음이 있어야 합니다. 자기 믿음을 가지고 교회에 다니며 예배하고 봉사하며 섬겨야 합니다. 주체성 없이 그저 다른 사람이 하는 대로 따라 하는 로봇처럼 교회에 다니는 사람은 결코 구원받을 수 없고, 천국 백성이 될 수 없습니다. 성전 뜰만 밟고 가는(사 1:12) 교인이 아니라, 예수 그리스도를 잘 믿는 성도가 다 되시기를 축원합니다.

2. 떠나는 단계

"그때부터 그의 제자 중에서 많은 사람이 떠나가고 다시 그와 함께 다니지 아니하더라"(66절).

오병이어의 기적을 경험하고 열광적으로 따라왔던 것과는 대조적입니다. 참 진리를 이해하지 못하거나 예수님을 따르는 데 다른 목적이 있는 사람은 언제든지 이탈할 가능성이 있습니다. 예수님 자신을 구하지 않고, 주님을 이용해 자기 유익을 구하며 세속적인 욕망을 추구하는 자에게는 예수님을 떠나는 슬픈 파국이 반드시 오게 됩니다. 이들은 예수님을 따르기 위해 버렸던 과거의 일로 돌아간 것입니다. 예수님을 메시아로 믿기를 거부함과 동시에 예수님을 따르기 위해 포기했던 이전의 삶으로 미련 없이 돌아갔습니다. 요한이 당시의 상황을 이처럼 자세히 묘사한 것은, 하나님께서 이끌어주시지 않으면 예수님을 믿을 수 없고 끝까지 따를 수 없음을 말하고자 함입니다. 믿음이 없으면 한두 가지 이유만으로도 예수님을 떠나고, 어떤 구실을 만들어서라도 떠납니다. 믿음이 없거나 부족하면 바로 그 틈을 사탄이 뚫고 들어와 반드시 하나님에게서 그를 분리시킵니다(디아볼로스-분리, 고발).

세상의 모든 것을 가졌지만 정작 자신은 행복하지 않았던 왕이 있었습니다. 어느 날 왕은 주방 근처에서 한 요리사가 행복한 얼굴로 휘파람을 불며 채소 다듬는 것을 보게 되었습니다. 왕이 요리사를 불러 그의 행복의 비결을 묻자, 요리사는 이렇게 답했습니다. "저는 말단 요리사에 불과하지만 제 아내와 아이를 먹여 살릴 수 있고, 비바람을 피할 수 있는 집 한 칸과 배를 채울 수 있는 따뜻한 음식이 있습니다. 게다가 아무리 보잘것없는 물건을 가져가도 제 가족은 기뻐합니다. 그러한 가족으로 인해 세상을 살아갈 힘을 얻으니 기쁘고 행복할 수밖에요." 왕은 요리사를 물러가게 하고는 사람들에게 현명하다고 알려진 한 재상을 불러 요리사에 관해 이야기해 주었습니다. 그러자 그 재상이 빙그레 웃으며 말했습니다. "저는 그 요리사가 아직 '99의 노예'가 되지 않았기 때문에 그렇게 행복한 것이라고 봅니다." 그것이 무슨 뜻인지 왕이 의아해하자, 재상은 말했습니다. "'99의 노예'가 무엇인지 알고 싶으시다면, 가죽 주머니에 금화 99개를 넣어 요리사의 집 앞에 가져다 두십시오." 그날 저녁 왕은 재상의 말대로 금화 99개가 든 주머니를 요리사의 집 대문 앞에 몰래 가져다 두게 했습니다. 일과를 마치고 집으로 돌아온 요리사는 집 앞에 있는 금화 주머니를 발견했고, 얼른 집 안으로 갖고 들어가 금화를 세어보기 시작했습니다. 당연히 금화는 99개였습니다. 그러자 요리사는 혹시나 한 닢을 어딘가에 떨어뜨렸나 싶어 집 안팎으로 금화를 찾으러 다녔지만, 금화는 보이지 않았습니다. 그러자 요리사는 생각했습니다. '열심히 일해서 금화 100개를 마저 채워야겠다.' 그다음 날부터 그는 아침 식사도 제대로 하지 않고 출근해 미친 듯이 일에 몰두했습니다. 예전처럼 콧노래를 부르거나 휘파람을 불지도 않았습니다. 얼마나 일에 몰입했던지 왕이 자신을 몰래 지켜보고 있다는 것도 알아채지 못했습니다. 어제의 행복해하던 모습이 완전히 사라진 요리사를 보면서 왕은 매우 놀랐습니다. '금화가 생겼는데 더 행복해지지 못하고 오히려 불행해지다니….' 왕이 재상에게 그 이유를 물었습니다. 재상은 이렇게 설명했습니다. "그 요리사는 이제 '99의 노예'가 된 것입니다. '99의 노예'란 가진 것이 아무리 많아도 만족하지 못하고 부족한 '1'을 채워 '100'을 만들기 위해 사력을 다해 일에 매달리는 사람을 말합니다."

혹시 지금 부족한 '1'을 채우기 위해 '99의 노예'가 되어 극심한 스트레스를 참아가며 살고 계시지는 않습니까? 우리 모두 부족한 '1'에 대한 욕심 때문에 가지고 있는 '99'에 대한 만족과 감사를 잊지 않기를 바랍니다.

우리는 어떠한 상황에서도 교회와 예수님을 떠나지 않고 꼭 붙어 있는 구심력 있는 성도가 되어야 합니다. 여러 다른 이유로 예수님을 떠나 세상으로 미련 없이 나가는 원심력의 성도가 되어서는 안 됩니다. '표리부동'(表裏不同)이란 겉과 속이 다른 것을 뜻합니다. 성도 중에도 교회에 다니고 기도하는 목적이 세상적인 부와 명예와 권력

등에 있는 사람이 종종 있습니다. 우리는 자기 생각이나 목적에 맞지 않다고 예수님과 교회를 떠나는 사람이 아니라, 예수님과 교회에 꼭 붙어 있는 성도가 다 되기를 축원합니다.

3. 따르는 단계

"예수께서 열두 제자에게 이르시되 너희도 가려느냐 시몬 베드로가 대답하되 주여 영생의 말씀이 주께 있사오니 우리가 누구에게로 가오리이까 우리가 주는 하나님의 거룩하신 자이신 줄 믿고 알았사옵나이다"(67-69절).

예수님은 '다른 사람들은 다 떠나도 너희는 떠나면 안 된다'는 뜻으로 이렇게 말씀하십니다. 아마 열두 제자 중에도 예수님을 떠나려는 사람이 있었을 것입니다. 예수님의 질문에는 다른 사람들이 떠난 것에 대한 제자들의 반응을 아시고자 하는 의도도 있었을 것입니다. 베드로의 고백은 생명의 떡에 관한 예수님의 말씀의 마지막을 멋지게 장식하는 대답입니다. 영생의 말씀이신 예수님을 떠나 누구에게도 갈 수 없다는 것입니다. '말씀'의 헬라어 '레마'(ῥῆμα)는 영원히 살아 있는 말씀을 뜻합니다. 베드로는 예수님만이 영생의 말씀을 소유하고 있으므로 결코 떠날 수 없다는 든든한 신앙고백을 하고 있는 것입니다. 베드로다운 고백입니다.

〈뉴욕타임스〉에 의하면, 금세기 갑부 16인 중 미국의 석유왕으로 알려진 록펠러가 1위입니다. 록펠러는 33세에 백만장자가 되었으며, 10년 후에는 세계에서 가장 큰 회사를 소유하게 되었습니다. 그리고 53세 때는 세계 최고의 부자가 되었는데, 당시에는 억만장자가 록펠러 한 명뿐이었으며, 일주일 수입이 1백만 달러나 되었습니다. 그가 이렇게 엄청난 재력을 가질 수 있었던 것은 어릴 때부터 유대인 어머니에게서 다음의 열 가지 사항을 철저하게 교육받았기 때문입니다.

① 하나님을 육신의 아버지 이상으로 섬겨야 한다. 육신의 아버지가 생계를 위해 필요한 모든 것을 공급하지만, 더 중요한 공급자는 바로 하나님이시다.

② 목사님을 하나님 다음으로 섬겨야 한다. 목사님과 좋은 관계 속에서 하나님의 말씀을 듣고 따르는 것이 복된 길이기 때문이다.

③ 주일예배는 본 교회에서 드려야 한다. 하나님의 자녀로서 당연히 교회에 충성해야 하며, 가능한 한 주일예배만큼은 본 교회에 참석하여 예배드리는 것이 중요하다.

④ 오른쪽 주머니는 항상 십일조 주머니로 사용해야 한다. 이것은 십일조는 하나님의 것이므로 먼저 구별한 후 나머지를 가지고 필요한 데 사용해야 한다는 뜻이다.

⑤ 아무도 원수로 만들지 말아야 한다. 다른 사람들과의 관계가 좋지 않으면 사람들이 거리를 두기 때문에 일에 장애 요소가 될 수 있다.

⑥ 아침에 목표를 세우고 기도해야 한다. 하루를 시작하기 전 오늘 해야 할 일을 하나님께 맡기며, 하나님이 모든 일에 함께해 주실 것을 온전히 믿는 기도가 필요하다.

⑦ 잠자리에 들기 전 하루를 반성하고 기도해야 한다. 알게 모르게 계속적으로 짓는 죄를 가능한 한 빨리 회개해 죄로 인한 어려움과 고통을 피해야 한다.

⑧ 아침에는 꼭 하나님의 말씀을 읽어야 한다. 하나님께서 말씀하시는 것을 듣는 시간이 반드시 필요하다.

⑨ 남을 도울 수 있으면 힘껏 도와야 한다. 그리고 도와준 일에 대해 절대로 나팔을 불지 말아야 한다.

⑩ 예배 시간에 항상 앞에 앉아야 한다. 예배드리고 말씀 듣는 일에 누구보다 앞장서서 하려는 노력이 필요하다.

록펠러처럼 하나님을 섬기는 사람은 예수님을 잘 따르는 사람입니다. 외형주의는 겉으로 드러난 모양에만 관심을 쏟는 것입니다. 진정한 성도는 외형이 아닌 내적인 것에 관심을 두어야 합니다. 내적으로 충실하여 어떠한 상황에서도 예수님을 끝까지 따르는, 군중이나 팬이 아닌 진정한 제자가 다 되시기를 축원합니다.

사랑하는 번동 가족 여러분!

우리 모두 예수님을 진정으로 믿지 않거나 상황에 따라 예수님을 떠나는 사람이 아니라, 어떠한 상황에서도 끝까지 예수님을 따르는 진정한 제자가 되기를 축원합니다.

모세가 죽은 후에

(수 1:1-9)

사람들은 돈이 많으면 행복할 것이라는 생각을 무슨 변하지 않는 진리처럼 믿고 있는 것 같습니다. 그래서 밤낮 돈, 돈, 돈, 돈타령입니다. 돈이 있으면 행복하고, 돈이 없으면 불행하다는 생각은 잘못된 것입니다. 행복은 돈을 주고 얻는 것이 아니라, 처음부터 하나님께서 공짜로 주신 것입니다. 처음부터 있는 행복이기에 누구든지 그냥 갖기만 하면 됩니다. 그 행복은 바로 예수님이십니다. 예수님이 행복 그 자체이십니다. 이 땅에 예수님이 오셨다는 그 한 가지만으로도 우주 가운데 지구는 정말 큰 복을 받은 곳입니다.

출애굽한 이스라엘 백성이 가나안 입성을 눈앞에 둔 상황에서 지도자 모세가 죽은 것은 그들에게 큰 충격이었으며 낙심할 만한 일이었습니다. 그러나 이스라엘 백성은 가나안으로 들어가야만 했습니다. 하나님은 모세를 데려가시고 여호수아를 지도자로 세우셨습니다. 오늘 본문에서 우리는 하나님의 계획과 인간의 역할에 관한 중

대한 교훈을 배우게 됩니다. 하나님께서 주시는 이 교훈을 통해 삶에서 만나는 여러 어려운 상황을 극복할 수 있는 힘을 얻으시길 축원합니다.

1. 사람은 죽습니다

"여호와의 종 모세가 죽은 후에 여호와께서 모세의 수종자 눈의 아들 여호수아에게 말씀하여 이르시되"(1절).

신명기는 모세의 죽음으로 끝나고(신 34:12), 여호수아서는 모세의 죽음으로 시작됩니다. 죽음은 모든 것의 끝이자 새로운 시작입니다. 모세는 민족의 해방자이자 율법의 수여자였으며, 이스라엘의 건국자였습니다. 그러나 하나님 편에서는 하나님의 종이었습니다. 이것이 그에게는 가장 존엄한 명칭이었습니다. 이 말은 경건한 성도와 메시아에게도 적용됩니나. '여호수아'는 '여호와께서 구원신다', '여호와는 구원이시다'라는 뜻입니다. 본래는 '호세아'가 그의 이름이었으나, 모세가 그를 여호수아로 불렀습니다(민 13:8, 16). 여호수아는 예수 그리스도와 이름까지 같은 예수님의 그림자입니다. 여호수아가 모세가 시작한 출애굽 역사를 완성하여 백성을 가나안에 정착시킨 것은, 율법이 시작한 구원의 역사를 예수 그리스도가 완성하신 것의 그림자인 것입니다. 여호수아는 모세에게 그를 그늘처럼 따라다니며 수종 든 충성된 종이었습니다. 모세는 120년을 살았습니다. 신명기 34장 7절은 "모세가 죽을 때 나이 백이십 세였으나 그의 눈이 흐리지 아니하였고 기력이 쇠하지 아니하였더라"라고 말씀합니다. 사람은 아무리 장수하고 건강해도 반드시 죽음이 있고 끝이 있습니다.

재미있는 우화가 있습니다. 숲에서 진박새가 야생 비둘기에게 묻습니다. "눈송이 하나의 무게가 얼마인지 알아?" 야생 비둘기가 말합니다. "무게가 거의 없지." 그러자 진박새가 말합니다. "그럼 내가 믿기 어려운 이야기를 하나 해주지. 내가 전나무 둥치 바로 옆 가지에 앉아 있었는데 눈이 내리기 시작했어. 많이 오는 것도 아니고, 심한 눈보라도 아니었어. 전혀 격렬하지도 않고, 마치 꿈에서 내리는 것처럼 내렸어. 나는 달리 할 일이 없었기에 내가 앉은 자리에 내려앉는 눈송이들의 숫자를 세었어. 정확하게 3,741,952개였지. 네 말대로라면 무게가 거의 없는 그다음 번째 눈송이가 내려앉는 순간 나뭇가지가 부러졌어." 우리는 별 생각 없이 하나님과의 언약을 어기고 죄를 짓지만, 그 죄과는 눈송이처럼 소리 없이 무겁게 쌓입니다. 무슨 죄를 짓든 눈에 띄지 않을 것이고, 그 죄가 마치 눈송이처럼 큰 무게가 나가지 않을 것이라고 생각해서는 안 됩니다. 그 작은 눈송이가 우리 인생을 단번에 무너뜨릴 수도 있습니다. 잠시 뉘우치며 후회하는 것만으로는 부족합니다. 온전한 회개가 필요합니다. 회개란 나와 하나님이 생명의 관계를 맺는 일입니다. 만일 진정한 회개가 없다면 나무뿌리와도 같은 생명의 관계는 흔들릴 것입니다. 죄를 온전히 회개하지 않으면 죄의 영향력이 점차 커지면서 우리는 죄로 넘어질 수밖에 없습니다. 그러므로 후회를 넘어 온전한 회개를 해야 합니다.

하루하루 그리고 조금씩 살다 보면 어느 날 우리는 죽게 됩니다. 죽음을 넘어선 사람은 아무도 없습니다. 모세도 죽었고, 모든 사람이 죽으며, 반드시 우리도 죽습니다. 그러므로 우리는 죽음을 기억해야 합니다(메멘토 모리). 그러나 믿음을 가진 사람의 죽음은 영생의 시작입니다. 죽음을 기억하며 하나님을 믿는 믿음으로 영생을 준비하는 지혜로운 성도들이 되시기를 축원합니다.

2. 사람을 준비하십니다

"내 종 모세가 죽었으니 이제 너는 이 모든 백성과 더불어 일어나 이 요단을 건너 내가 그들 곧 이스라엘 자손에게 주는 그 땅으로 가라 내가 모세에게 말한 바와 같이 너희 발바닥으로 밟는 곳은 모두 내가 너희에게 주었노니 곧 광야와 이 레바논에서부터 큰 강 곧 유브라데강까지 헷 족속의 온 땅과 또 해 지는 쪽 대해까지 너희의 영토가 되리라 네 평생에 너를 능히 대적할 자가 없으리니 내가 모세와 함께 있었던 것같이 너와 함께 있을 것임이니라 내가 너를 떠나지 아니하며 버리지 아니하리니"(2-5절).

여호와께서 여호수아에게 내리신 가나안 진군 명령입니다. 하나님의 종 모세는 죽고, 하나님의 아늘 여호수아가 그 지도권을 계승했습니다. 본문은 이스라엘이 진군하는 곳마다 그들의 영토가 된다는 약속으로, 아브라함 이후 모세에 이르기까지 하나님께서 거듭 약속하신 바입니다(창 13:14-17). 하나님은 이 역사적 약속을 성취하시기 위해 여호수아를 준비하셨습니다. 하나님은 큰 사명을 맡기실 때 반드시 큰 약속을 같이 주십니다. 여호수아의 평생에 아무도 그를 당하지 못하고, 그가 가는 곳마다 승리를 거두게 될 것인데, 그 이유는 하나님께서 모세와 같이하신 것처럼 여호수아와 함께 계시고 떠나지 않으실 것이기 때문입니다. 이러한 약속으로 여호수아가 이끄는 군대는 가나안 일곱 족속의 넓은 영토를 점령할 수 있었습니다. 하나님은 하나님의 뜻을 이루기 위해 땅과 사람과 모든 것을 준비하시는 분이십니다(여호와이레, 창 22:14).

우리는 보통 '하나님 말씀대로 살면 복 받는다. 순종하면 복 받는다'라고 말합니다. 그러나 하나님 말씀에 순종하는 것 자체가 복입니다. 말씀대로 순종하는 것은 하나님의 통치를 받는 것입니다. 하나님 말씀이 곧 하나님 나라의 칙령이기에, 말씀을 따르는 것은 곧 하나님의 통치를 받는 것입니다. 하나님의 통치 아래 있을 때, 내가 사는 것이 아니라 하나님이 내 안에서 사시는 것을 경험합니다. 내가 나를 지키는 것이 아니라, 하나님이 나를 지켜주시기에 평안을 누립니다. 하나님이 함께하시면, 내가 하나님의 통치 아래 있으면, 불안과 두려움이 물러가고 평안과 담대함이 그 자리를 대신합니다. 이것이 복입니다. 이 복을 받은 상태가 행복입니다. 그래서 성경은 말씀대로 행하는 자들을 향해 복이 있다고 선포하는 것입니다. 삼위일체 하나님은 우리에게 오실 때 빈손으로 오시지 않습니다. 하나님이 갖고 계신 좋은 것들을 다 하늘에 둔 채, 빈손으로 우리에게 오시는 것이 아닙니다. 예수님이 우리에게 오실 때, 하나님이 가지고 계신 것들도 다 가지고 오셨습니다. 그러므로 예수님을 왕으로 모시고 따르는 사람은 하나님의 크고 놀랍고 귀한 모든 것을 그분과 함께 받습니다. 그러므로 우리는 이미 모든 복을 받은 존재입니다.

하나님께서는 인간의 모든 상황을 초월하여 자신의 계획을 펼치시기 위해 모든 환경과 물질과 사람을 완벽하게 준비하십니다. 하나님이 택한 사람이 죽으면 또 다른 사람을 준비하시기에, 하나님의 역사와 계획은 차질 없이 그대로 진행되고 완성됩니다. 특별한 누군가가 없으면 안 되는 것이 아니기에, 나를 사용하심에 감사해야 합니다. 하나님의 나라와 역사를 위해 나를 사용하시는 하나님께 감사하는 성도들이 되시기를 축원합니다.

3. 하나님께서 일하십니다

"강하고 담대하라 너는 내가 그들의 조상에게 맹세하여 그들에게 주리라 한 땅을 이 백성에게 차지하게 하리라 오직 강하고 극히 담대하여 나의 종 모세가 네게 명령한 그 율법을 다 지켜 행하고 우로나 좌로나 치우치지 말라 그리하면 어디로 가든지 형통하리니 이 율법책을 네 입에서 떠나지 말게 하며 주야로 그것을 묵상하여 그 안에 기록된 대로 다 지켜 행하라 그리하면 네 길이 평탄하게 될 것이며 네가 형통하리라 내가 네게 명령한 것이 아니냐 강하고 담대하라 두려워하지 말며 놀라지 말라 네가 어디로 가든지 네 하나님 여호와가 너와 함께하느니라 하시니라"(6-9절).

'강하고 담대하라'라는 명령을 네 번이나 하시며 강조하십니다(6, 7, 9, 18절). 여호수아도 목자라는 책임감과 두려움이 있었을 것입니다. 성경에 365회나 '두려워하지 말라'는 말이 나옵니다. 강하고 담대할 수 있는 비결은 말씀과 율법을 지켜 하나님과 정상적인 관계를 유지하고, 하나님을 가까이하며, 하나님과 친밀하게 지내는 것입니다. 사탄이 장난치지 못하게 해야 합니다. 말씀을 입으로 암송하고, 마음으로 묵상하고, 손발로 행해야 합니다. 전천후로, 전인격적으로, 총체적으로 순종해야 합니다. 그래야 살아계신 하나님이 크게 일하십니다.

운전자들은 자기를 앞질러 가는 차를 보면 무의식적으로 '미친놈, 그렇게 빨리 가서 뭐 하려고?'라고 생각한다고 합니다. 자기가 천천히 가는 것은 생각하지 않고, 무조건 자기를 앞질러 가는 차가 빠르다고 생각합니다. 또 운전자들은 자기의 뒤로 처지는 차를 보면 자기도 모르게 '멍청아! 그렇게 운전을 못 하냐?'라고 생각한다고 합니다. 자기가 빨리 가는 것은 생각하지 않고, 무조건 자기 뒤로 처지는 차가 느리다고 생각합니다. 즉, 자기보다 빨리 달리는 운전자는 미친 사람이고, 자기보다 느리게 달리는 운전자는 멍청한 사람입니다. 오직 자기 자신만 옳고, 다른 사람은 다 잘못되었다는 극도의 자기중심적인 폐쇄적인 사람이 되는 것입니다. 의외로 이런 사람이 참 많습니다. 멀리서 찾을 필요도 없습니다. 어쩌면 우리가 바로 그런 사람일지도 모릅니다. "어찌하여 형제의 눈 속에 있는 티는 보고 네 눈 속에 있는 들보는 깨닫지 못하느냐"(마 7:3).

모든 인간은 자기중심적이고 이기적입니다. 그러나 모든 것의 중심과 표준은 인간이 아니라 하나님이시며, 그분의 말씀입니다. 우리가 믿고 기도할 때 하나님이 안전하고 완전하게, 그리고 영원히 일하십니다. 그 모든 것은 결국 하나님의 구원을 위한 것입니다.

사랑하는 번동 가족 여러분!

어떠한 상황에서도 모든 것을 초월해 오직 하나님만 잘 섬기는 이 시대의 모세와 여호수아 같은 성도가 다 되시기를 축원합니다.

이러한 여자를 돌로 치라

(요 8:1-11)

나이를 먹어도 언제나 밝은 얼굴과 선한 인상으로 호감을 주는 사람이 있는가 하면, 가만히 있어도 성깔이 있어 보이는 얼굴이 있습니다. 얼굴은 그 사람이 어떻게 살아왔는지를 말해줍니다. 인간의 노화는 의학적으로도 막을 길이 없습니다. 그래서 늙어갈수록 노화를 아름답고 우아하게 바꾸려는 노력이 중요합니다. 스트레스를 줄이고 편안한 마음을 가지면 노화는 줄어들 것입니다. 이 세상에 그치지 않는 비는 없습니다. 멈추지 않는 바람도 없습니다. 지지 않는 꽃도 없습니다. 그 무엇도 영원한 것은 없습니다. 기쁨도, 슬픔도, 사랑도, 우정도, 젊음도, 심지어 내가 도저히 빠져나올 수 없을 것 같던 고통의 시간조차도 영원하지 않습니다. 사람이 살다 보면 별의별 일들과 부딪치게 되지만, 언제나 편안한 마음으로 긍정적으로 생각하며 살아가면 곱게 늙어갈 수 있습니다. 한 살 한 살 먹어갈수록 긍정적인 사고와 베푸는 마음과 사랑하는 마음만이 멋지고 아름답게 늙어가는 비결이 될 것입니다. 반대로 늘 불평하고 의심하고 경쟁하고 집착하는 것은 흉하게 늙어가게 만듭니다. 우리 모두 세월을 인정하고 우아하게 늙어가기를 바랍니다. 잘 물든 단풍은 봄꽃보다 예쁘다고 합니다. 봄꽃은 예쁘지만 떨어지면 지저분합니다. 그래서 주워 가는 사람이 없습니다. 잘 물든 단풍은 떨어져도 주워 갑니다. 때로는 책갈피에 끼워 오래 간직하기도 합니다. 잘 물든 단풍은 봄꽃보다 예쁜 것입니다.

인간은 누구나 행복하게 살다가 행복하게 인생이 끝나는 일종의 '해피 엔딩'(happy ending)을 원합니다. 그러나 오늘 본문은 슬픈 인생 드라마를 보여줍니다. 간음하다 현장에서 붙들린 여인을 서기관들과 바리새인들이 예수님께 끌고 와 죽일지, 살릴지를 묻고 있습니다. 예수님이 없었다면 이 여인은 현장에서 돌에 맞아 죽었을 것입니다. 그러나 예수님을 만남으로 용서받고 새로운 인생을 살 수 있게 되었습니다. 누구든지 예수님을 만나면 쓰레기 같은 인생이 장미꽃 같은 인생이 되고, 죽어야 할 인생이 영원히 사는 최고의 인생으로 바뀌는 것입니다. 우리는 모두 이 여인처럼 돌에 맞아 죽을 수밖에 없는 죄인이었으나, 예수님 덕분에 구원받아 영원한 천국 백성이 된 사람들입니다. 이러한 은혜에 늘 감사하며 살아가는 성도들이 되시기를 축원합니다.

1. 예수님을 시험하는 사람들

"서기관들과 바리새인들이 음행 중에 잡힌 여자를 끌고 와서 가운데 세우고 예수께 말하되 선생이여 이 여자가 간음하다가 현장에서 잡혔나이다 모세는 율법에 이러한 여자를 돌로 치라 명하였거

니와 선생은 어떻게 말하겠나이까 그들이 이렇게 말함은 고발할 조건을 얻고자 하여 예수를 시험함이러라 예수께서 몸을 굽히사 손가락으로 땅에 쓰시니"(3-6절).

거룩한 장소인 성전에 어울리지 않는 광경입니다. 예수님은 밤새 하나님과 교제하시다 오셨고, 서기관들과 바리새인들은 예수님을 죽이기 위해 음모를 꾸미다 온 것입니다. 성전을 찾아온 무리를 가르쳐 생명을 구원하려는 예수님과 돌을 들어 사람을 쳐 죽이려는 사람들의 모습이 대조적입니다. 본문에는 예수님, 교권주의자들, 부화뇌동하는 군중, 죽음 앞에 떨고 있는 여인의 네 가지 인간상이 나타나고 있습니다. 율법에 따르면, 약혼한 사람이 간음한 경우에는 돌로 쳐 죽여야 합니다(신 22:23-24). 예수님께서 어떻게 말씀하셔도 그들의 고소의 올무에 빠질 수밖에 없는 상황이었습니다. 만약 돌로 치지 말라고 하면 모세의 율법을 범하게 됩니다. 반면 만약 돌로 치라고 하면 예수님이 전하셨던 사랑과 용서의 정신에 어긋나는 것입니다(어거스틴, 칼빈). 또 로마의 법에도 위배됩니다. 당시 로마법은 유대인들의 사형 집행을 금했습니다. 공회가 사형을 구형할 수 있으나, 그 집행에는 로마 총독의 허락이 필요했으므로(요 18:31), 만일 이때 예수님이 돌로 치라고 하셨으면 로마의 법에 저촉되었을 것입니다. 좌우간 피할 수 없는 교활한 딜레마에 예수님을 밀어 넣은 것입니다. 그들은 돌로 예수님을 치기를 원했을 것입니다. 사람을 살리기 위해 주신 율법이 오히려 죽이는 데 이용되었습니다(롬 7:11). 그리스도의 복음은 남을 죽이는 데 이용되어서는 안 됩니다. 예수님은 그들의 시험 수준보다 훨씬 높은 지혜를 가지고 계셨습니다.

이솝우화에 나오는 이야기입니다. 옛날 어느 마을에 여우가 살

왔습니다. 여우는 근처 농부의 집에 몰래 들어가 닭을 물어갔습니다. 농부는 오죽 배가 고팠으면 그랬을까 하며 참기로 했습니다. 이튿날 또 여우가 나타나 이번에는 오리 한 마리를 물어갔습니다. 농부는 한 번 더 참기로 했습니다. 얼마 후 여우가 또 찾아와 닭을 물어가자, 농부는 덫을 놓고 마침내 여우를 잡았습니다. 농부는 그냥 죽이는 것으로 분이 풀리지 않아 여우 꼬리에 짚을 묶은 후 불을 붙였습니다. 여우가 괴로움을 견디지 못해 이리저리 뛰어다니는 것을 보며 농부는 기분이 좋아졌습니다. 그러나 여우가 뛰어간 곳은 농부가 1년 내내 땀 흘려 농사를 지은 밀밭이었습니다. 여우가 지나갈 때마다 불길이 번졌고, 밀밭은 순식간에 재로 변했습니다. "빈대 한 마리 잡으려다 초가삼간 다 태운다"라는 속담이 있습니다. 자신을 화나게 한 대상에게 자제심을 잃고 복수했을 때, 그 행위로 인한 화가 결국 자신에게로 돌아온다는 말입니다. 사람은 약하고 완전하지 않기에 충동을 억제하지 못할 때가 많습니다. 그러나 감정대로 말하고 행동한다면 그 책임은 결국 자기 자신에게 돌아올 것입니다.

우리는 짧은 인생을 살면서 누군가를 죽이고, 손해를 끼치고, 분노하고 화나게 하는 사람이 되어서는 안 됩니다. 간음한 여인과 예수님을 죽이기 위해 시험했던 서기관들과 바리새인들 같은 인생이 되지 말아야 합니다. 시험하는 사람이 아니라, 위로하고 격려하고 사랑하고 축복하며 사람을 세우고 살리는 성도들이 되시기를 축원합니다.

2. 손에 돌을 들고 있는 사람들

"그들이 묻기를 마지 아니하는지라 이에 일어나 이르시되 너희 중에 죄 없는 자가 먼저 돌로 치라 하시고 다시 몸을 굽혀 손가락으로 땅에 쓰시니 그들이 이 말씀을 듣고 양심에 가책을 느껴 어른으로 시작하여 젊은이까지 하나씩 하나씩 나가고 오직 예수와 그 가운데 섰는 여자만 남았더라"(7-9절).

서기관들과 바리새인들과 성난 군중은 자기들이 예수님에게서 심판받고 있다는 것을 아직도 알지 못하고 있습니다. "너희 중에 죄 없는 자가 먼저 돌로 치라"는 말씀은 누구도 예측하지 못했던 말씀이었습니다. 이 말씀은 오답이나 정답을 넘어 예수님만이 할 수 있는 명답이었습니다. 율법을 폐하기 위해서가 아니라 완성하기 위해 오신 모습을 보여줍니다(마 5:17). '죄 없는 자'란 죄를 짓지 않는 정도가 아니라 죄를 지을 욕망까지 없는 것을 말합니다. 예수님의 단호한 선언은 그곳에 있는 모든 사람에게 자신도 이 여자보다 나은 것이 없다는 양심의 가책을 느끼게 했을 것입니다. 율법에는 먼저 돌로 치는 자가 증인이 되는 법이 있었습니다(신 17:7). 몰려올 때는 떼를 지어 왔으나, 나갈 때는 하나씩 하나씩 빠져나갔습니다. 하나님의 말씀 앞에서는 각각 개인적으로 반응하게 됩니다. 하나님 앞에서는 누구나 단독자로 서는 것입니다.

영국 최고의 명문 고등학교로 이튼 칼리지가 있습니다. 이 학교는 무려 600년 전에 세워졌으며, 지금까지 총 19명의 영국 총리를 배출한 곳입니다. 이 학교는 자기 자신만 아는 엘리트는 원하지 않습니다. 교과목 중 제일 중요한 과목으로 체육을 듭니다. 하루에 꼭 한 번 함께

축구를 해야 하며, 공휴일이면 두 번 운동을 해야 합니다. 그렇지 않으면 벌금을 내고 몰매를 맞아야 합니다. 공부보다 체육을 통해 함께하는 정신을 강조합니다. 한겨울이면 진흙탕에서 레슬링을 하기도 하는데, 그것은 페어플레이 정신을 기르기 위해서입니다.

어느 해 졸업식 송별사에서 어떤 교장 선생님은 이렇게 말했습니다. "우리 학교는 자신이 출세하는 것이나 자신만이 잘되기를 바라는 사람은 원하지 않습니다. 주변을 돌아보고, 사회나 나라가 어려울 때 제일 먼저 달려가 선두에 설 줄 아는 사람을 원합니다." BBC 방송에서도 '그들은 입학할 때부터 자신이 나라를 이끌어갈 사람이라는 독특한 생각을 하고 있다'라는 내용을 방송했습니다. 실제 이 학교 학생들은 제1차, 2차 세계대전에 참전해 무려 2,000명이나 전사했습니다. 헨리 6세의 동상 앞에 그들의 기념비가 있는데, 전쟁 중 어떤 때는 전교생의 70퍼센트나 참전해 전사하기도 했습니다. 공부를 먼저 강조하지 않는 이 학교는 놀랍게도 졸업생 중 대부분이 대학에 진학합니다. 그중 삼 분의 일은 옥스퍼드나 케임브리지에 진학합니다. 공부를 강조하지 않고 자긍심과 국가관 특히 사명감만 강조하지만, 그것이 학생들에게 엄청난 학습 유발 효과를 가져다준 것으로 보입니다.

이튼 칼리지는 다음과 같은 교훈이 전통으로 내려옵니다. '첫째, 남의 약점을 이용하지 말라. 둘째, 비굴하지 않은 사람이 돼라. 셋째, 약자를 깔보지 말라. 넷째, 항상 상대방을 배려하라. 다섯째, 잘난 체하지 말라. 여섯째, 공적인 일에는 용기 있게 나서라.' 공부만 잘하는 사람보다, 대학 진학과 취직을 위한 사람보다, 포용성과 다른 사람에 대한 배려를 기르며 무엇보다 인성을 중요시하는 진정한 엘리트의 산실입니다. 그들은 항상 마음에 새기고 있는 구호가 있습니다. '약자를 위해, 시민을 위해, 나라를 위해!'가 그것입니다.

우리는 서기관들이나 바리새인들처럼 자기와 다른 사람을 향하여 손에 돌을 들고 기회만 되면 돌을 던져 죽이려고 하는 악한 습성을 버려야 합니다. 나만 거룩하며 완전하고, 다른 모든 사람은 돌에 맞아 죽어야 할 죄인이라고 착각해서는 안 됩니다. 이 세상에 죄 없는 사람은 없습니다. 그리고 내가 죄인 중의 괴수입니다(딤전 1:15). 우리는 돌을 던지는 자가 아닌 돌에 맞아야 할 죄인입니다. 손에 든 미움과 비난의 돌을 내려놓고, 그 손으로 주님의 십자가를 붙들고 기도하며 이웃을 섬기는 성도들이 되시기를 축원합니다.

3. 정죄함에서 용서받은 사람들

"예수께서 일어나사 여자 외에 아무도 없는 것을 보시고 이르시되 여자여 너를 고발하던 그들이 어디 있느냐 너를 정죄한 자가 없느냐 대답하되 주여 없나이다 예수께서 이르시되 나도 너를 정죄하지 아니하노니 가서 다시는 죄를 범하지 말라 하시니라"(10-11절).

손에 돌을 들고 간음한 여인을 죽이려 했던 사람들은 죄 없는 자가 먼저 돌로 치라는 예수님의 말씀에 양심의 가책을 받아 하나씩 하나씩 다 가버렸습니다. 고소하던 자들이 돌을 놓고 떠났습니다. 심판의 대권을 잡고 계시는 그리스도 앞에(요 5:27) 고소자가 달리 있을 수 없습니다(사 50:6-9). 불의의 고소자들에 대해 그렇게도 준엄하셨던 예수님은 이 간음한 여인에 대해서는 한없이 온유하셨습니다. 차별이 아닌 거룩한 구별입니다. 돌아오는 양을 맞이하는 선한 목자의 태도입니다. 정죄는 죄를 확정하거나 심판하는 행위입니다. 성경에서는 하나님께서 죄를 선언하시거나 유죄 판결을 내리시는 것을 뜻하며, 인간의 죄로 인해 하나님의 진노를 받는 상태를 말합니다. 정죄는 심판보다 더 무거운 말입니다. 예수님은 우리를 정죄하러 오신 분이 아니라, 구원하러 오신 분이십니다. 예수님 안에서는 결코 정죄함이 없습니다(롬 8:1). '다시는 죄를 범하지 말라'는 것은 용서와 함께 변화를 기대하시는 말씀입니다.

어느 병원에서 말하는 행복하게 장수하는 비결입니다.

① 밝게 사십시오. 마음이 밝으면 병이 발을 붙이지 못합니다.

② 열 받지 마십시오. 열을 자주 받으면 건강만 해칩니다.

③ 맨손체조와 걷기는 헬스클럽에 다니는 것보다 낫습니다.

④ 느긋하게 사십시오. 성질이 급한 사람은 단명합니다.

⑤ 고민하지 마십시오. 고민은 병을 부릅니다.

⑥ 남을 미워하지 마십시오. 미움은 피를 탁하게 하는 주범입니다.

⑦ 일찍 자고, 일찍 일어나십시오. 수면 부족이 노화를 앞당깁니다.

⑧ 흙을 자주 밟으십시오. 자연이 명의입니다.

⑨ 과로를 삼가십시오. 과로는 조용히 찾아오는 죽음의 사자입니다.

⑩ 맑은 공기와 좋은 물과 소금을 섭취하십시오. 이보다 확실한 장수 비결은 없습니다.

이 열 가지는 모든 나라의 건강 관련 학자들이 공통으로 주장하는 내용입니다. 행복하게 장수하고 싶은 마음은 누구나 똑같습니다. 신분의 높고 낮음, 재산이나 권력의 유무 등과 관계없이 누구나 건강하게 오래 사는 비결과 방법을 궁금해합니다. 꽃은 다시 필 날이 있어도, 인생은 다시 젊음으로 돌아갈 수 없습니다. 단지 우리에게는 건강을 지키는 방법밖에 없습니다.

건강처럼 믿음도 거저 주어지는 것이 아니라 노력이 필요합니다.

이미 하나님께 죄를 용서받은 사람은 그 용서하심을 생각하면서 그 역시 다른 사람들을 정죄하지 말고 용서해야 합니다. 누구도 용서 없이 살 수는 없습니다. 정죄하지 않는 용서가 우리 마음과 가정과 교회와 사회를 천국으로 만듭니다.

사랑하는 번동 가족 여러분!

예수님을 시험하려 하는 사람이나 누군가를 죽이려고 손에 돌을 든 사람이 아니라, 예수님의 용서를 받고 또 다른 사람을 용서하는 사람으로서 이 땅에서 천국을 누리며 살아가는 성도들이 되시기를 축원합니다.

롯이 아브람을 떠난 후에

(창 13:14-18)

목회자들은 늘 설교 준비를 하면서 삽니다. 수도 없이 드리는 예배마다 설교는 빠지지 않기 때문입니다. 애써 준비해서 설교를 하고 나면, '설교가 은혜롭네, 마네' '어렵네, 쉽네' '기네, 짧네' '설교가 누구를 공격하네' 등 설교에 대해 이러쿵저러쿵 말도 많습니다. 그래서 목회자에게 설교는 언제나 내려놓을 수 없는 커다란 짐 같은 것입니다. 어떤 목사님이 일주일 내내 세미나에 다니시느라 그만 주일예배 설교를 준비하지 못했습니다. 주보에 성경 본문과 설교 제목을 게재하기는 했지만, 시간이 없어서 정말 아무것도 준비하지 못했습니다. 그동안 설교한 것이 몇 년인데 할 말이 없겠냐는 심정으로 시간이 되어 강단에 올라서기는 했지만, 목사님의 등에서는 식은땀이 줄줄 흘러내렸습니다. 그런데 갑자기 무슨 말을 어떻게 시작해야 할지 아무것도 생각이 나지 않으면서 머릿속이 백지상태가 되어버렸습니다. 그래서 목사님은 속으로 '아이고, 주여!' 하면서 어색함을 미소로 위장하고는 환한 얼굴로 멍하니 그냥 서 있었습니다. 처음에는 '무슨 일인가?' 하며 어리둥절하던 교인들이 평소에 근엄하던 목사의 웃는 표정이 너무 재미있어서 여기저기서 킥킥대기 시작했습니다. 그러다 한순간 교회는 웃음바다가 되었습니다. 그렇게 다 같이 한바탕 웃고 나니 할 말이 떠올라 목사님은 설교를 편하게 시작할 수 있었고, 평소보다 짧게 설교를 끝냈습니다. 그 후 그 웃음 설교는 두고두고 성도들이 이야기하는 명설교가 되었습니다.

우리는 깨어있는 순간에는 항상 무엇인가를 바라보며 살아갑니다. 무엇을 바라보느냐에 따라 우리의 생각과 행동과 삶의 목적은 현저하게 달라집니다. 성경은 우리에게 두 종류의 눈에 대해 가르칩니다. 하나는 육신의 눈이며, 다른 하나는 영의 눈입니다. 육신의 눈이 세상의 것과 깊은 관련이 있듯, 영의 눈은 영적인 것과 깊은 관련이 있습니다. 본문에는 눈을 들어 앞을 바라보는 두 사람이 나옵니다. 아브람과 그의 조카 롯입니다. 두 사람은 서로 가지고 있는 눈이 달랐고, 바라보는 곳이 달랐습니다. 롯은 육신의 눈으로 오직 세상과 땅과 눈에 보이는 것만 바라보았으나, 아브람(창 17:5)은 영적인 눈으로 하나님과 사명과 자신의 정체성과 보이지 않는 무한한 영적인 세계와 영원을 바라보았습니다. 롯은 육신의 눈으로 요단 들판과 소돔과 고모라를 선택하고 미련 없이 큰아버지 아브람을 떠났습니다. 롯을 아들처럼 생각하고 사랑하고 축복했던 아브람은 많은 상처를 받고 섭섭했지만, 하나님만 바라보고 동행하는 역전의 기회로 삼아 놀랍고 복된 생애가 펼쳐지게 되었습니다. 롯이 아브람을 떠난 후 아브람에게 말씀하시고 그의 삶을 인도해 주셨던 하나님의 은혜가 힘든 시대를 살아가고 있는 우리 모두에게 동일하게 임하기를 축원합니다.

1. 눈을 들어라

"롯이 아브람을 떠난 후에 여호와께서 아브람에게 이르시되 너는 눈을 들어 너 있는 곳에서 북쪽과 남쪽 그리고 동쪽과 서쪽을 바라보라 보이는 땅을 내가 너와 네 자손에게 주리니 영원히 이르리라" (14-15절).

롯이 떠난 후 하나님은 아브람에게 가나안 땅에 대한 언약을 하십니다. 아브람은 단독으로 약속의 땅 가나안을 차지하게 되어 헤브론에 거주지를 확정합니다. 본문 바로 앞의 10절에서 "롯이 눈을 들어"라고 기록하고 있는 것처럼 롯은 자의적으로 물욕으로 가득한 눈을 들었으나, 아브람은 하나님의 명령을 따라 보았고, 신앙의 눈을 들어 보았습니다. 결국 롯은 땅과 현재에 산 사람이었으나, 아브람은 하나님과 미래에 산 사람이었습니다. 하나님이 아브람에게 나타나신 것은 아브람과 롯의 분리를 승인하신 것이고, 또 조카와의 이별로 받은 상처를 위로해 주시는 것입니다(칼빈). 하나님은 아브람에게 눈을 들어 북, 남, 동, 서를 바라보라고 하셨습니다. 동쪽은 모압의 산맥들과 요단의 골짜기이고, 서쪽은 지중해이며, 남쪽은 헤브론의 산맥이고, 북쪽은 유다와 비옥한 사마리아 평야를 나누는 산들입니다. 벧엘과 아이 중간의 고지대에서 동서남북으로 볼 수 있는 땅 전부를 아브람에게 허락하셨습니다. 아브람은 땅의 좋은 부분을 롯에게 양보했으나, 하나님은 전부를 아브람에게 주셨습니다.

상처를 드러내지 않는 그리스도인이 참 많습니다. 그래서 어떤 사람들은 교회에는 상처받은 이들이 설 자리가 없다고 말하기도 합니다. 상처를 부인하고 숨기고 대수롭지 않게 여기는 것은 결국 주님의 치유하심을 부인하고 숨기고 대수롭지 않게 여기는 것입니다. 경천동지할 부활의 소식이 우리 삶에서는 한낱 개미 소리 같은 소곤거림으로 전락하는 셈입니다. 세상 사람들이 하나님의 능력을 믿게 되는 것은 우리의 상처 하나 없이 완벽한 삶을 통해서가 아닙니다. 예수 그리스도의 본을 따라 우리의 상처를 과감하게 드러낼 때 비로소 사람들은 그리스도의 치유하시는 능력에 관심을 가집니다. 사람들에게 자신의 상처를 보이기 싫어하면서 어떻게 상처 입으신 구주를 소개한다는 말입니까? 자신의 상처는 드러내지 않으면서 어떻게 교회에서는 누구든 편하게 상처를 드러내도 괜찮다고 말할 수 있겠습니까? 우리가 지어낸 쉬운 예수님은 우리를 고통에서 구해주는 존재입니다. 하지만 진짜 예수님은 우리가 고통의 터널을 잘 통과하도록 이끌어주십니다. 그분은 오직 절망만 보이는 곳에서 희망이 나오게 하십니다. 먼저 예수님을 따라 고통으로 들어가지 않으면 고통에서의 구속을 경험할 수 없습니다. 자신의 고통에서 눈을 들어 예수님을 바라보십시오. 그리고 그분의 손을 잡고 고통을 통과해 영원한 생명을 얻으십시오.

아무리 어렵고 힘들고 고통스러운 상황이라도 눈을 감거나 땅만 바라보지 말고 고개를 들고 눈을 들어 위에 계신 하나님을 보아야 합니다. 절망하거나 다른 사람을 미워하지 않고 눈을 들어 하나님을 먼저 바라보면 반드시 희망이 생기고 기적이 일어납니다. 광야에서 뱀에 물려 죽어가던 사람들이 하나님의 종 모세가 장대에 매단 놋뱀을 바라보았을 때 치료와 생명의 기적이 나타났습니다(민 21:4-9). 힘들고 어려운 일들로 인해 고개를 숙이거나 눈을 감지 말고 하나님의 말씀대로 눈을 들어 동서남북을 바라보는 이 시대의 아브람이 다 되시기를 축원합니다.

2. 일어나 다녀보라

"내가 네 자손이 땅의 티끌 같게 하리니 사람이 땅의 티끌을 능히 셀 수 있을진대 네 자손도 세리라 너는 일어나 그 땅을 종과 횡으로 두루 다녀보라 내가 그것을 네게 주리라"(16-17절).

아브람의 자손을 땅의 티끌 같게 하신다는 언약입니다. "너로 큰 민족을 이루고"(창 12:2)보다 강한 표현입니다. 계속해서 하늘의 뭇별(창 15:5)과 바닷가의 모래(창 22:17)로 이어지는 후손에 대한 약속은 당시 늙고 무자(無子)한 아브람에게는 꿈과 같은 소망이었습니다. 그러나 이것은 오늘날 역사적으로(왕상 4:20), 또 영적으로도 성취되었으니(마 8:11; 롬 4:16; 갈 3:7) 하나님의 약속은 분명히 성취되고, 또 하나님의 말씀은 능치 못함이 없음을 다시금 깨닫게 됩니다(막 9:23; 눅 1:37-38). 하나님은 아브람에게 눈을 들어 동서남북을 바라보게 하신 뒤 일어나 종과 횡으로 다녀보라고 하셨습니다. 그리고 그가 밟는 모든 땅을 그에게 주겠다고 약속하셨습니다. 아브람이 밟는 모든 땅을 땅의 티끌 같게 하실 후손들에게 상속하게 하신다는 말씀입니다. 곧 많은 자손과 넓은 땅을 주신다는 약속인데, 이는 곧 하나님이 다 이루실 것이라는 뜻입니다.

역사학자 토인비는 "역사적인 성공의 절반은 죽을지도 모른다는 위기의식에서 비롯되었고, 역사 속 실패의 절반은 찬란했던 시절에 대한 향수에서 비롯되었다"라고 말했습니다. 인류의 생존은 자신들의 흔적이 이 땅에서 사라질지도 모른다는 절박함으로 만들어져 왔습니다. 무슨 일이든 절박한 상황에 있는 사람이 더 간절하고, 더 열정적이며, 더 최선을 다합니다. 절박함이 인생의 성공을 만든다면,

그 반대의 태도라 할 수 있는 안일함은 퇴보를 가져옵니다. 이 정도면 괜찮다며 포기하고 안주하는 안일함이 자신을 죽게 합니다. 무엇보다 안일함은 하나님 백성에게 어울리는 자세가 아닙니다. 그것은 편안함만을 누리려는 태도이기에 우리의 신앙과 지혜를 퇴보시킵니다. 우리는 문제를 세상의 시각으로 보며 어쩔 수 없는 일이라고 핑계하기보다, 우리를 향한 하나님 뜻이 무엇인지를 찾아야 합니다. 결핍과 상실이 주는 절박함은 우리를 더 강하게 하는 수단이 됩니다. 일명 '헝그리'(hungry) 정신이 있는 권투 선수가 승리를 쟁취하듯, 믿음 생활에도 하나님만을 간절히 찾는 헝그리 신앙이 있어야 합니다. 극심한 어려움이 닥치면 자연스럽게 헝그리 정신이 생기겠지만, 그렇지 않은 경우에도 뜻을 정해 금식하며 하나님께 간구할 필요가 있습니다. 안일함에서 벗어나려는 노력은 고통스럽지만, 인생 전체를 놓고 보면 누구나 반드시 거쳐야 할 과정입니다.

보통 상황이 힘들고 어려우면 다 포기하고 울면서 주저앉게 됩니다. 이러한 아브람에게 하나님은 눈을 들고 일어나 종과 횡으로 다녀보라고 명령하셨습니다. 아브람에 믿음이 없었다면 불순종했을 것입니다. 그러나 아브람은 말씀 그대로 순종했습니다. 믿음만큼 순종하고, 순종만큼 기적과 복이 임합니다. 반항과 거역에는 기적이 없습니다. 그러므로 생각하는 믿음에서 행동하는 믿음이 있어야 합니다. 야고보 사도는 이렇게 말합니다. "이와 같이 행함이 없는 믿음은 그 자체가 죽은 것이라"(약 2:17). "영혼 없는 몸이 죽은 것같이 행함이 없는 믿음은 죽은 것이니라"(약 2:26). 우리는 행동하는 큰 믿음의 사람이 되어야 합니다. 아브람처럼 하나님의 말씀에 순종해 일어나 행동하는 이 시대의 아브람이 다 되시기를 축원합니다.

3. 제단을 쌓으라

"이에 아브람이 장막을 옮겨 헤브론에 있는 마므레 상수리 수풀에 이르러 거주하며 거기서 여호와를 위하여 제단을 쌓았더라"(18절).

아브람은 장막을 헤브론으로 옮겨 그의 가나안 거주의 중심지로 삼았습니다. 헤브론은 예루살렘 남방 35킬로미터 거리에 있습니다. 브엘세바로 가는 도상에 있으며, 애굽의 소안보다 7년 앞서 세워진 옛 도시로 '기럇 아르바'라고도 불립니다. 헤브론이 최초의 이름이었는데 아모리인이 들어와 기럇 아르바로 고쳤고, 여호수아가 정복한 이후 다시 헤브론으로 고쳤으며, 7년 동안 다윗 왕국의 수도였습니다(왕상 2:11). 아브람 일가의 묘지인 막벨라 굴도 이곳에 있습니다(창 23:19). '마므레'는 아모리족의 족장으로 이 수풀의 소유자로 보이며, 아브람과는 우호 관계였기에 이 수풀을 아브람에게 주었습니다. 바로 거기서 아브람은 여호와를 위하여 제단을 쌓고 여호와께 제사를 드렸습니다. 아브람은 어디를 가든지 먼저 제단을 쌓고 여호와의 이름을 불렀으며, 여호와를 섬기는 백성임을 모든 사람에게 공포했습니다. 아브람은 하나님께서 명령하시는 즉시 행동에 옮기는 신앙의 성숙함을 보여주고 있습니다. 이 헤브론은 이스라엘 역사에서 매우 중요한 위치를 차지하는 영적인 도시입니다.

어느 날 한 부인이 가정생활을 비관하며 하나님께 간절히 기도했습니다. "하나님! 빨리 천국에 가고 싶어요. 정말 힘들어요." 하나님께서 말씀하셨습니다. "살기 정말 힘들지? 네 마음을 이해한다. 이제 네 소원을 들어줄 테니, 그 전에 몇 가지만 내 말대로 해보겠니?" 부인이 그러겠다고 하자 하나님이 다시 말씀하셨습니다. "얘야! 집 안이 지저분한 것 같은데, 네가 죽은 후 마지막 정리를 잘하고 갔다는 말을 듣도록 집 안 청소 좀 할래?" 그녀는 며칠 동안 열심히 집 안 청소를 했습니다. 3일 후 하나님이 또 말씀하셨습니다. "얘야! 아이들이 맘에 걸리지? 네가 죽은 후 아이들이 엄마가 우리를 정말 사랑했다고 느끼게 3일 동안 최대한 사랑을 표현해 볼래?" 그 후 3일 동안 그녀는 아이들을 더욱 사랑으로 품어주고 정성스럽게 요리를 만들어주었습니다. 다시 3일 후 하나님이 말씀하셨습니다. "이제 갈 때가 됐다. 마지막 부탁 하나만 하자! 그동안 남편 때문에 상처 많이 받고 미웠지? 그래도 장례식 때 '참 좋은 아내였는데'라는 말이 나오게 3일 동안 남편에게 최대한 친절하게 대해줘 볼래?" 마음에 내키지 않았지만 천국에 빨리 가고 싶어 그녀는 3일 동안 최대한 남편에게 친절하게 대했습니다. 다시 3일 후 하나님이 말씀하셨습니다. "이제 천국으로 가자! 그런데 그 전에 네 집을 한번 돌아보려무나!" 그래서 집을 돌아보니 깨끗한 집에 오랜만에 아이들 얼굴에 웃음꽃이 피었고, 남편 얼굴에도 흐뭇한 미소가 설려 있었습니다. 그 모습을 보니 천국으로 떠나고 싶지 않았고, 부인은 결혼 후 처음으로 '내 집이 천국이구나!' 하는 생각이 들었습니다. 부인이 말했습니다. "하나님! 갑자기 이 행복이 어디서 왔죠?" 하나님이 말씀하셨습니다. "지난 9일 동안 네가 만든 거야!" 부인이 기뻐하며 말했습니다. "정말이요? 그러면 이제부터 여기서 천국을 만들어가며 살아볼래요!"

9일 동안 천국 만들기의 기적은 어디서나 누구에게나 가능합니다. 희생의 길은 행복으로 가는 밝은 길입니다. 희생의 짐을 지면 인생의 짐이 가벼워집니다. 희생은 부담스럽지만, 그 부담을 각오할 때 행복의 신비가 찾아옵니다. 자기 몰입의 신비주의자는 되지 말아야 하지만, 희생의 신비는 알아야 합니다. 살고자 하면 죽고, 죽고자 하면 삽니다. 더 나아가 죽이고자 하면 죽고, 살리고자 하면 삽니다. 이 역설의 진리를 잘 소화해 낼 때 행복의 키가 부쩍 자라 있음을 보게 될 것입니다.

우리가 어디가 있든 우리는 바로 그곳에서 여호와를 위하여 제단을 쌓아야 합니다. 제단을 찾아가는 것이 아니라 삶의 자리에서 제단을 쌓아 그곳이 헤브론이 되어야 합니다. 모든 것이 다 있어도 제단을 쌓지 않으면 아무것도 아닙니다. 제단을 쌓는 것은 우리 삶의 목적이고, 삶 자체이며, 삶의 절대적 요소입니다. 선택이 아닌 필수이며, 지금 바로 쌓아야 합니다. 어디서나 제단을 쌓는 이 시대의 아브람이 다 되시기를 축원합니다.

사랑하는 번동 가족 여러분!

롯과의 이별을 맞이한 아브람처럼 누구에게나 고독과 고립의 시간이 찾아옵니다. 바로 이때 눈을 들고 일어나 다녀보고 제단을 쌓아 하나님께서 주시는 놀라운 은혜와 복을 받는 이 시대의 아브람이 다 되시기를 축원합니다.

행복한 사람

(신 33:26-29)

일본의 신학자 우치무라 간조는 "감사는 은혜를 받는 그릇이다"라고 했습니다. 이 감사의 그릇이 클수록 은혜가 크게 임하고, 또 감사하는 그릇이 많을수록 은혜도 많이 임하는 것입니다. 우리는 세상을 살면서 사람들에게 은혜를 입기도 하고, 베풀기도 하면서 많은 것을 배웁니다. 그런데 대체로 다른 사람에게서 은혜를 입고 사는 사람보다, 다른 사람에게 은혜를 베푸는 사람이 잘됩니다. 은혜를 입는 사람은 계속 그렇게 받기만을 좋아합니다. 또 받은 일에 만족하기보다, 더 많이 받지 못한 것에 아쉬워합니다. 그러나 은혜 베풀기를 좋아하는 사람은 베풀고 나서도 더 베풀려고 하고, 자기의 유익을 생각하기보다 베푸는 것에서 삶의 만족을 느낍니다. 이런 사람의 삶은 정말 행복할 수밖에 없습니다. 하나님께서는 은혜를 베푸는 것은 꾸어주는 것이라고 말씀하셨습니다. 우리가 남을 도와주는 것은 그에게 꾸어주는 것과 같습니다. 언젠가 그것을 돌려받을 날이 있다는 것입니다. 또 그렇게 하면 하나님에게서 더 많은 것을 받게 됩니다(잠 19:17, 11:24-25).

그리스의 철학자 아리스토텔레스는 인간 최고의 상태를 행복이라고 말했습니다. 행복은 모든 인간의 공통적인 관심이며 목표입니다. 우리는 돈과 건강과 권세와 명예와 형통함이 있으면 행복할 것이라고 생각합니다. 객관적으로나 확률적으로는 맞는 말입니다. 그러나 모든 것을 다 갖춘 사람에게도 때로는 비탄과 허무함이 찾아들 수 있습니다. 이러한 조건은 푸른 나무의 무성함(시 37:35-36)같이 잠시 잠깐 존재할 뿐입니다. 결코 영원하거나 고정적인 행복의 근본은 아닙니다. 오늘 본문에서 모세는 백성을 향한 인생의 마지막 축복을 통해 "이스라엘이여, 너는 행복한 사람이로다"라고 최종적인 결론을 내리고 있습니다. 이 시간 영적 이스라엘 백성인 우리도 행복한 사람임을 믿고 깨닫는 은혜가 우리 모두에게 임하기를 축원합니다.

1. 하나님이 도우셔서 행복합니다

"여수룬이여 하나님 같은 이가 없도다 그가 너를 도우시려고 하늘을 타고 궁창에서 위엄을 나타내시는도다"(26절).

'여수룬'은 '의로운 백성'이라는 뜻의 이스라엘의 또 다른 명칭입니다. 이스라엘을 명예롭게 일컫는 시적 표현입니다. 하나님의 사랑을 받아 의로운 자가 된 이스라엘을 의미합니다. 이처럼 명예롭고 존귀한 명칭이 여기서는 이스라엘의 악함을 드러내는 데 사용되었습니다. 마땅히 그 이름의 뜻답게 의로운 길을 걸으며 살아가야 할 백성이 오히려 악한 배교의 길을 걷고 있으므로, 이를 꾸짖기 위해 이스라엘을 풍자적으로 여수룬으로 부르고 있는 것입니다. 이는 천지를 창조하신 하나님의 영광을 노래할 때 사용되는 표현입니다. 천지를 창조하신 하나님께서 이스라엘을 도우신다면 감히 이스라엘을 대적할 자는 아무도 없습니다. 하나님께서 이스라엘을 돕기 위해 하늘을 타고 궁창에서 위엄을 나타내십니다.

미국의 경제공황 때 많은 사람이 매우 힘들게 살았습니다. 사람들은 일자리를 찾기가 힘들었고, 당연히 가난과 궁핍에서 벗어나기도 힘들었습니다. 한 청년도 계속 일자리를 얻지 못하고 있었습니다. 이제 청년의 주머니에는 겨우 지폐 한 장만 남게 되었습니다. 그 돈으로 한 끼 식사를 해결할 빵 한 덩어리를 샀지만, 이것을 먹고 나면 내일부터 어떻게 살아야 할지 암담한 상황이었습니다. 착잡한 마음으로 집으로 돌아가던 청년은 마침 구걸하는 한 노인을 보게 되었습니다. 청년은 측은한 마음이 들어 자신이 가진 전부라 할 수 있는 빵을 반이나 잘라 노인에게 주었습니다. 청년은 노인이 빵을 허겁지겁 먹을 줄 알았습니다. 그런데 노인은 오히려 지나가던 구두닦이 소년에게 자기가 받은 빵의 반을 나누어주었습니다. 그런데 갑자기 빵 냄새를 맡고 어디선가 강아지 한 마리가 달려와 소년의 다리에 매달려 낑낑거리는 것이었습니다. 잠시 고민하던 소년은 자신이 받은 빵의 반을 잘라 강아지에게 주었습니다. 한 번 빵 맛을 본 강아지는 이제 가장 큰 빵을 들고 있는 청년에게 달려와 다시 낑낑거렸습니다. 청년은 강아지가 자신의 처지와 비슷하다는 생각이 들어, 남은 빵을 조금 떼어 강아지에게 나눠주었습니다. 그때 마침 강아지 주인이 나타났습니다. 강아지 주인은 뜻밖에도 큰 회사를 경영하는 사람이었습니다. 잃어버린 강아지를 찾아 기뻐하던 주인은 청년에게 사례금을 주고, 이렇게 심성이 좋은 사람이라면 함께 일하고 싶다며 일자리까지 주었습니다. 우리가 세상을 향해 베푼 나눔은 절대로 사라지지 않습니다. 오히려 다른 사람들의 아름다운 나눔이 더해짐으로 더욱 커져 언젠가 부메랑처럼 우리에게 되돌아올 것입니다. 그것을 믿고 서로가 서로에게 도움을 주고 베풀고 정을 나눈다면 분명 아름다운 세상이 될 것입니다.

힘들고 어려울 때는 가족이나 친구나 주위 사람들이 조금만 도와주어도 큰 위로와 힘이 됩니다. 그러나 우리 주위에는 그런 사람보다 우리를 비난하고 어렵고 힘들게 하는 사람이 더 많습니다. 약한 사람일수록 더욱 강하게 방해합니다. 하나님은 우리를 과거에도 도우셨고, 지금도 돕고 계시며, 미래에도 도와주실 것입니다. 사람의 도움은 한계가 있지만, 하나님의 도우심은 끝까지 계속됩니다. 언제나 함께하시는 임마누엘의 하나님입니다(마 1:23). 우리가 하나님의 사랑과 도우심을 받을 수 없는 죄인임에도, 하나님은 아무런 조건 없이 끝까지 완전하게 우리를 도와주십니다. 하나님의 도우심이 함께하는 우리는 모두 행복한 사람입니다. 하나님으로 인해 행복한 교회와 가정과 성도가 된 것입니다. 우리를 행복하게 하신 하나님께 감사하며 더 충성함으로 더 행복한 사람이 되시기를 축원합니다.

2. 하나님이 처소가 되셔서 행복합니다

"영원하신 하나님이 네 처소가 되시니 그의 영원하신 팔이 네 아래에 있도다 그가 네 앞에서 대적을 쫓으시며 멸하라 하시도다" (27절).

결코 힘이 다하지 않는 전능하신 하나님의 팔이 항상 이스라엘의 안전한 처소가 되어 그들을 돌보고 붙들어 주십니다. 이스라엘이 모든 대적을 담대히 물리칠 수 있는 근거는 곧 이스라엘 군대의 대장 되시는 전능하신 여호와께서 친히 그들을 지휘하시고 명령하시기 때문입니다. 하나님이 이스라엘의 처소가 되시고 함께하시기 때문에 그들은 행복한 사람입니다. 사람이 가정과 일터가 흔들리면 불안하고 불행할 수밖에 없습니다. 가정과 직장과 건강과 사업과 인간관계가 안정되면 행복합니다. 세상보다 크시고 온 우주를 운행하시는 하나님의 팔이 우리를 붙드시고, 그 하나님이 우리의 처소가 되시기에 우리는 행복한 것입니다. 이 세상에 나 혼자 있는 것이 아니라, 어디서나 하나님께서 함께하시기에 행복한 것입니다.

오성삼 교수는 자신의 책 《그치지 않는 비는 없다》라는 책에서 이런 이야기를 합니다. 두 친구가 길을 가고 있었습니다. 그런데 갑자기 하늘이 어두워지더니 비가 쏟아졌습니다. 할 수 없이 인근 처마 밑에서 비를 피하는데, 시간이 꽤 지나도록 비가 그치지 않았습니다. 한 친구가 중얼거렸습니다. “대체 이 비가 그치기는 할까?” 그러자 다른 친구가 빙그레 웃으며 말했습니다. “자네, 그치지 않는 비를 본 적이 있는가?” 영원히 멈추지 않을 것 같은 시련도 시간이 지나면 끝이 납니다. 이 세상에 그치지 않는 비는 없습니다. 우리는 살아가면서 수많은 상처를 받으며 자라나는 꽃과 같습니다. 비바람을 맞지 않고 자라나는 나무는 없습니다. 우리가 살아가는 인생에도 수많은 비와 바람이 몰아칩니다. 때로는 비바람에 가지가 꺾이듯 아파할 때도 있습니다. 그러나 아픔으로 인해 나무는 더 단단해짐을 압니다. 내가 겪는 한때의 아픔으로 인생은 더욱 깊어지고 단단해집니다. 비와 바람은 반드시 언젠가는 멈춥니다. 우리가 살면서 매번 상처를 받지는 않습니다. 비와 바람은 지나가는 한때임을 잊지 말아야 합니다. 비와 바람을 견디고 핀 꽃이 아름답습니다. 사는 것이 매번 아픈 것이 아니라 아름답게 피어나는 날이 있습니다. 삶의 아픔은 나를 더 아름다운 삶의 꽃이 되게 하는 과정입니다. 하루를 소중히 여기며 사는 사람은 내일의 기약을 믿고 사는 사람입니다. 아름답게 꽃을 피우며 살아가게 될 그날을 위하여 삽시다.

시련은 인생에 단단함과 충실함을 선물해 주는 고마운 것입니다. 한 번 아픔을 겪고 나면 그만큼 성숙해지는 것입니다. 이런 고난은 그야말로 '이 또한 지나가리라'라고 생각하고 더욱 노력하면 반드시 충실한 열매가 맺힐 것입니다.

부모가 함께하는 자녀는 든든하고 행복합니다. 주위에 위로하고 격려하고 도와주고 기도해 주는 이웃이 많으면 든든하고 행복합니다. 하나님은 우리가 있는 그곳에 함께하시고, 우리의 영원한 처소가 되어 주시며, 우리의 모든 일을 도와주십니다. 하나님은 여호수아에게 하나님이 함께하시니 강하고 담대하라고 말씀하셨습니다(수 1:6-7, 9). 하나님이 처소가 되어 주심에 감사함으로 더 행복한 사람이 되시기를 축원합니다.

3. 하나님이 복을 주셔서 행복합니다

"이스라엘이 안전히 거하며 야곱의 샘은 곡식과 새 포도주의 땅에 홀로 있나니 곧 그의 하늘이 이슬을 내리는 곳에로다 이스라엘이여 너는 행복한 사람이로다 여호와의 구원을 너 같이 얻은 백성이 누구냐 그는 너를 돕는 방패시요 네 영광의 칼이시로다 네 대적이 네게 복종하리니 네가 그들의 높은 곳을 밟으리로다"(28-29절).

‘야곱의 샘’은 이스라엘을 가리킵니다. 샘에서 물이 흘러나오듯, 족장 야곱에게서 시작된 이스라엘의 모든 지파를 가리키는 말입니다. ‘곡식과 새 포도주의 땅’은 젖과 꿀이 흐르며 이른 비와 늦은 비가 때를 따라 내리는 가나안 땅을 뜻합니다. ‘하늘이 이슬을 내린다’는 말은 하나님께서 은혜를 베푸신다는 의미를 함축하고 있는 수사적 표현입니다. ‘행복’에 해당하는 히브리어 ‘아쉬레’(אשר)는 충만한 행복과 완전한 행복을 의미합니다. 즉, ‘너는 지극히 행복한 사람이다’라는 뜻입니다. ‘높은 곳을 밟는다’는 것은 싸움에서 승리한다는 의미입니다. 싸움에서의 승리는 고지(高地)를 점령하는 것이 관건입니다. 70인역 성경에서는 ‘내가 그들의 목을 밟을 것이다’라고 번역했습니다.

세계적인 심리치료사이자 베스트셀러 작가인 레이먼드 코르시니의 사무실에 한 남자가 찾아왔습니다. 험한 인상에 덩치가 큰 이 남자는 레이먼드를 보자마자 환한 미소로 인사를 하며 말했습니다. “선생님과의 만남이 제 삶을 바꿨습니다. 사회에 나오자마자 바로 인사를 드리고 싶었습니다.” 하지만 레이먼드는 그 남자가 누구인지 기억이 나지 않았습니다. 양해를 구한 뒤 설명을 부탁하자 남자가 대답했습니다. “선생님이 교도소에 강의하려고 오셨을 때 제 아이큐를 검사해 주시고는 평균보다 매우 높다고 말씀하셨습니다. 생각해 보니 정말 그런 부분이 있었습니다. 그날 이후로 저는 공부를 시작했고, 교회에도 다시 나갔습니다. 이제 공부를 해서 대학에 가려고 준비 중입니다. 선생님이 제 인생을 바꿔주셨습니다.” 레이먼드는 검사 결과를 담담히 전달했을 뿐이었는데, 그 한마디가 한 사람을 변화시켰습니다. 칭찬과 격려에 인색하지 마십시오. 사랑이 담긴 격려의 말 한마디가 사람의 인생을 바꿀 수도 있습니다.

하나님께서 주시는 복은 다양합니다. 대적을 쫓아주시고, 안전하게 하시며, 곡식과 새 포도주와 하늘의 이슬이 있는 땅을 주시고, 방패와 영광의 칼이 되어 주시며, 대적을 이겨 높은 곳을 밟게 하십니다. 하나님과 원수 된 불행한 사람이 아니라, 하나님의 특별한 은혜와 복과 사랑을 받는 이 세상에서 가장 행복한 사람이 다 되시기를 축원합니다.

사랑하는 번동 가족 여러분!

누구나 행복한 사람이 되기를 원하지만, 누구나 행복한 사람은 아닙니다. 하나님이 도우시고 처소가 되시며 복을 주시는 행복한 교회와 가정과 성도가 되기를 축원합니다.

행복한 새해가 됩시다

(시 128:1-6)

19년 동안 감옥에 갇혀 젊은 시절을 다 보낸 어떤 사람이 있었습니다. 그는 19년 동안 감옥에 있으면서 단단히 결심했습니다. 앞으로 감옥에서 나가면 좀더 떳떳하고 바르게 잘 살아야겠다, 이웃을 도와주면서 의미 있게 살아야겠다고 말입니다. 이렇게 굳은 마음의 결심과 준비를 하고 이제 만기가 되어 감옥에서 나오게 되었습니다. 그런데 그날 밤이 다 가기도 전에 그는 자기를 따뜻이 영접해 주고 친절을 베풀어준 주교의 집에서 은촛대를 훔쳐 도망쳐 나오게 됩니다. 이 사람이 바로 빅토르 위고가 쓴 소설 《레 미제라블》에 나오는 '장발장'입니다. 19년 동안 단단히 다짐하고 결심하여 온 그 마음이 온데간데없어져 버렸습니다. 19년 동안 준비하고 결단했던 마음, 그 마음이 단 하룻저녁을 넘기지 못했습니다! 사람의 결심은 다 이와 같습니다. 이토록 연약하고 나약한 것이 사람의 마음입니다. 베드로도 자신은 절대로 주님을 부인하지 않겠다고 맹세했지만, 그 맹세는 얼마 가지 못했습니다(마 26:70-75). 이렇게 사람의 다짐과 결심은 불완전하지만, 하나님의 뜻과 의지는 완전합니다.

사람은 누구나 복을 원합니다. 그러나 성경이 가르치는 말씀은 외면한 채 그저 복만 구하는 신앙을 기복 신앙이라고 합니다. 하나님을 복 주는 대상으로만 생각하는 것입니다. 하나님을 하나님으로 인격적으로 섬기는 것이 바른 신앙이고, 복 받는 신앙입니다. 하나님을 성경적으로, 정상적으로 잘 섬겨 복 받는 인생과 가정이 되시기를 축원합니다.

1. 수고합시다

"여호와를 경외하며 그의 길을 걷는 자마다 복이 있도다 네가 네 손이 수고한 대로 먹을 것이라 네가 복되고 형통하리로다"(1-2절).

진실한 신앙이란 하나님을 경외하고 실생활에서 그 말씀대로 그대로 행하는 것입니다. 더하거나 빼지 않고 말씀 그대로 순종하는 것이 바른 신앙이고, 그런 신앙이 복을 받습니다. 본문은 진정한 복의 조건으로 수고를 말씀하고 있습니다. 남을 의지하며 살거나 남의 수고로 사는 것이 아니라, 스스로 수고하고 열심히 일해서 그 소득과 열매로 사는 것이 하나님이 주신 최고의 은혜이고 복입니다.

두 사나이가 교도소의 창문으로 똑같이 밖을 내다보았습니다. 그런데 한 사람은 높은 담을 보았고, 다른 한 사람은 하늘의 별을 보았습니다. 똑같은 처지에 있어도 보는 것이 이렇게 다를 수 있습니다. 사람은 그 마음에 따라 천국에도, 지옥에도 있을 수 있는 것입니다. 행복이란 대부분 쾌락이 아닙니다. 그것은 승리입니다. 인생의 승리자가 될 것인가, 패배자가 될 것인가, 그것은 자신의 선택에 달려 있습니다. "운명이 슬픔을 주었다면 그것을 기쁨으로 바꾸라"라는 명언이 있습니다. 모든 조건이 갖춰진 완벽한 환경에서 성공하는 것은 쉽습니다. 하지만 어려운 역경을 견디고 이루어냈을 때의 성취감은 승리한 사람만이 알 수 있는 것입니다. 어떠한 상황에서도 포기하지 않고 희망을 품기를 바랍니다.

언제나 희망을 품고 하나님을 바라보고 말씀에 순종하면서 주신 자리에서 열심히 수고하면 반드시 풍성한 열매가 맺힙니다. 그런데 그 수고도 하나님이 건강을 주시고, 기쁜 마음을 주시고, 희망을 주셔야 할 수 있습니다. 하나님의 주권과 은혜를 의식하고 가정과 교회와 사회에서 열심히 수고하여 하나님의 복을 받는 가정과 인생이 되시기를 축원합니다.

2. 더불어 삽시다

"네 집 안방에 있는 네 아내는 결실한 포도나무 같으며 네 식탁에 둘러앉은 자식들은 어린 감람나무 같으리로다"(3절).

이것이 가정의 축복입니다. 아내가 결실한 포도나무같이 많은 자녀를 낳고 훌륭하게 길러내는 것을 말합니다. 또 식탁에 둘러앉은 자식들이 어린 감람나무처럼 힘차게 자라 미래가 환하게 보이는 것을 말합니다. 감람나무는 설령 베어진다고 해도 베어진 그루터기에서 새로운 싹이 나옵니다. 이처럼 비록 부모가 나이 들어 세상을 떠난다고 할지라도 그 자손들이 새롭게 자라나 그 가정의 혈통을 유지하므로 그 가정은 계속 존립하고 번영하게 됩니다.

가끔 보면 아내를 부를 때 "야!", "너!" 하는 남편이 있습니다. 그런가 하면 아이들에게 "너희 아버지는 아무짝에도 쓸모없는 사람이야!" 하며 남편에 대해 막말을 해대는 아내도 있지요. 그러나 이처럼 아이들 앞에서 서로에 대한 욕설과 비난을 일삼는 부부의 앞날에는 희망이 보이지 않습니다. 어떤 부부는 친밀감을 유지하기 위해 서로 "야!", "너!"라고 부른다지만, 이들은 결국 배우자를 존중하는 마음을 잃어버린 채 고통의 나날을 살게 될 것이 분명합니다. 이 같은 언어 폭력은 신체 폭력과는 비교도 할 수 없을 정도로 사람을 심하게 무너뜨리는 강력한 사탄의 무기입니다. 사람의 마음속에 보이지 않는 상처를 남기면서 정신과 영혼까지 황폐하게 만들기 때문이지요. 그래서 "매를 맞으면 온몸에 멍이 들어 모두 그걸 보고 마음 아파하지만, 모욕당하고 욕을 먹어 마음에 생긴 상처는 눈에 보이지 않으니 아무도 알 도리가 없다. 그러나 아무리 큰 몸의 상처라도 자그마한 마음의 상처보다 훨씬 빨리 치유되는 법이다"라고 말하는 사람도 있습니다. 그런가 하면 성경도 길들여지지 않은 혀는 쉬지 않는 악이며, 죽이는 독이 가득한 것이라고 말씀합니다(약 3:8). 따라서 사람 앞에서 참된 것을 말하는 방법을 혀에 길들이기만 한다면, 그 혀는 세상에서 가장 아름다운 찬송의 도구가 될 것입니다. 문제는 우리가 말씀을 따라 살면서 이 죄악 된 언어습관을 고치겠다는 의지적인 선택을 하느냐 하는 것입니다. 결심을 행동으로 옮기는 것이 중요합니다.

부모와 자녀, 남편과 아내가 서로 존중하고 배려하며 함께 더불어 사는 가정이 천국이고 복된 가정입니다. 하나님을 가정의 주인으로 모시고 살면 이런 은혜가 임합니다. 모두 더불어 사는 행복한 가정이 되기를 축원합니다.

3. 하나님을 경외합시다

"여호와를 경외하는 자는 이같이 복을 얻으리로다"(4절).

여호와를 경외하면 복을 받습니다. '경외'는 좋은 마음 곧 존경하는 마음으로 삼가 조심한다는 뜻입니다(느 7:2). 이 경외는 절반은 두려움, 절반은 존경에서 나옵니다. 즉, 막연한 무서움이나 공포가 아니라, 하나님의 주권과 영광을 인정하는 자가 갖는 거룩한 두려움과 경건한 공경심을 뜻합니다.

어떤 목동이 하루는 몇 마리의 염소가 무리를 이탈하는 것을 보고 큰 소리로 휘파람을 불었습니다. 제자리로 돌아오라는 신호였지만 염소들은 들은 체도 하지 않고 무리를 벗어났습니다. 화가 난 목동이 염소들에게 소리를 질렀습니다. "지금 당장 돌아오지 않으면 큰일 날 줄 알아!" 그러나 무언가에 정신이 팔린 듯 염소들은 제자리로 돌아오지 않았습니다. 개까지 보내도 돌아오지 않자 단단히 화가 난 목동이 돌을 들어 염소들에게 던졌습니다. 그런데 그만 그 돌이 하필 주인이 아끼는 염소의 뿔에 맞아 뿔이 부러지고 말았습니다. 그 사실을 안 목동이 염소에게 간곡히 부탁했습니다. "염소야, 제발 부탁이니 주인에게는 비밀로 해다오." 그러자 뿔이 부러진 염소가 이렇게 말했다고 합니다. "이 한심한 친구야! 내가 입을 다물고 있으면 뭐 하겠어? 부러진 뿔이 다 말해줄 텐데?" 이솝 우화에 나오는 '염소와 목동' 이야기입니다. 진실은 감춘다고 해서 감추어지는 것이 아닙니다. 혹 이 세상에서 안 드러난다고 해도 하나님 앞에서는 다 드러날 것입니다.

하나님을 알고 경외하는 것이 최상의 복입니다. 하나님은 창조주이시며, 전지전능하시고, 무소부재하시며, 사랑이 많으신 분입니다. 이렇게 믿어지는 것이 복입니다. 하나님의 손안에는 모든 것이 가득합니다. 그리고 하나님을 경외하고 하나님께 구하는 자에게 가장 좋은 것을 주시는 분이 바로 우리 하나님이십니다. 모두 여호와만 경외하는 행복한 가정이 되기를 축원합니다.

4. 하나님께서 주시는 복을 받읍시다

"여호와께서 시온에서 네게 복을 주실지어다 너는 평생에 예루살렘의 번영을 보며 네 자식의 자식을 볼지어다 이스라엘에게 평강이 있을지로다"(5-6절).

이스라엘 백성은 하나님께서 주시는 복을 받기 위해 해마다 예루살렘에서 3대 절기를 지켰습니다. 순례의 복입니다. 순례자가 시온에서 복을 받으며 누리는 것입니다. 시온과 순례 자체가 복입니다. 자손이 번성하는 것도 하나님이 주시는 복입니다. 가정이 번영하고 자녀가 번성하는 것은 중요한 복이며, 우리의 소원입니다. 또 평강이 복입니다. 자녀와 평강은 하나님이 주시는 복이며 선물입니다.

대부분의 사람이 미켈란젤로의 이름은 기억하지만, 보톨도 지오바니라는 이름은 잘 알지 못합니다. 보톨도 지오바니는 미켈란젤로의 스승입니다. 미켈란젤로가 열네 살 때 보톨도의 문하생이 되기 위해 그를 찾아왔습니다. 그는 미켈란젤로의 놀라운 재능을 알아보고 그에게 이렇게 묻습니다. "너는 위대한 조각가가 되려면 무엇이 필요하다고 생각하느냐?" "제가 가지고 있는 재능과 기술을 더 갈고 닦아야 한다고 생각합니다." 그의 대답을 들은 보톨도가 말합니다.

"기술만으로는 안 된다. 너는 네 기술을 무엇을 위하여 쓸 것인가를 먼저 분명히 결정해야 한다." 그러고는 미켈란젤로를 데리고 나가 두 곳을 보여주었습니다. 처음 보여준 곳은 술집이었습니다. "스승님, 술집 입구에 아름다운 조각이 있어요." "이 조각은 아름답지만, 이 조각가는 결국 술집을 위해 자기의 재능을 사용한 것이지." 보톨도는 다시 어린 미켈란젤로의 손을 잡고 아주 거대한 성당으로 가서 아름다운 조각상을 보여주었습니다. 그리고 이렇게 물었습니다. "너는 이 아름다운 천사 조각상이 마음에 드느냐, 아니면 저 술집 입구에 있는 조각상이 마음에 드느냐? 똑같은 조각이지만 하나는 하나님의 영광을 위해, 또 하나는 인간의 쾌락을 위해 세워졌단다. 너는 네 기술과 재능을 무엇을 위해 쓰기를 원하느냐?" 스승의 물음에 어린 미켈란젤로는 세 번이나 대답했다고 합니다. "하나님을 위하여, 하나님을 위하여, 하나님을 위하여 쓰겠습니다!"

우리는 지금 우리의 몸과 시간과 기회 등 그 모든 것을 무엇을 위해 쓰고 있습니까? 우리가 하나님께 받은 자녀와 가정과 물질과 건강과 평강을 하나님의 영광을 위해 사용하면, 하나님께서는 더 많은 것을 우리에게 주십니다. 하나님께 드리는 모든 것은 영적 마중물입니다. 하나님이 주신 복으로 하나님을 섬기고 경외하는 행복한 성도와 가정이 되기를 축원합니다.

사랑하는 번동 가족 여러분!

우리 모든 성도와 가정이 수고하고, 더불어 살며, 하나님을 경외하고, 하나님께서 주시는 복을 받기를 축원합니다.

29번째 설교집

여호와를 아는 나무 같은 성도

1판 1쇄 인쇄 _ 2025년 11월 20일
1판 1쇄 발행 _ 2025년 11월 25일

지은이 _ 김정호
펴낸이 _ 이형규
펴낸곳 _ 쿰란출판사

주소 _ 서울특별시 종로구 이화장길 6
편집부 _ 745-1007, 745-1301~2, 743-1300
영업부 _ 747-1004, FAX 745-8490
본사평생전화번호 _ 0502-756-1004
홈페이지 _ http://www.qumran.co.kr
E-mail _ qrbooks@gmail.com / qrbooks@daum.net
한글인터넷주소 _ 쿰란, 쿰란출판사
등록 _ 제1-670호(1988.2.27)
책임교열 _ 김영미 · 이주련

 ISBN 979-11-24013-34-2 93230

책값은 뒤표지에 있습니다.